全国高职高专药学类专业规划教材(第三轮)

GSP实务

第 3 版

(供药学类、中药学专业用)

主　编　张　瑜　赵云虹

副主编　张发余　王　堃　郑金华　彭　屯　刘丹丹

编　者　(以姓氏笔画为序)

王　帅(泰安市中心医院)

王　堃(长江职业学院)

王立青(重庆三峡医药高等专科学校)

帅玉环(杭州第一技师学院)

冯玉静(山东医药技师学院)

庄　苒(漳州卫生职业学院)

刘丹丹(福建卫生职业技术学院)

刘宸菀(湖南食品药品职业学院)

张　瑜(山东医药技师学院)

张发余(山东医药技师学院)

陈　博(山东医药技师学院)

陈雪蕾(湖南省药品监督管理局)

金　爽(辽宁医药职业学院)

郑金华(漳州卫生职业学院)

赵云虹(黑龙江省高级技工学校)

彭　屯(长沙卫生职业学院)

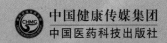

中国健康传媒集团

中国医药科技出版社

内 容 提 要

本教材是"全国高职高专药学类专业规划教材（第三轮）"之一，系根据学科发展和高等职业教育改革的新要求，紧密结合岗位知识和职业能力要求、理论与实践密切联系等特点编写而成。全书共包括 13 个项目，内容涵盖药品与药品质量管理，GSP 概述，GSP 对人员与机构的要求，GSP 对药品采购的管理，GSP 对药品收货与验收的管理，GSP 对储存养护设施设备的管理，GSP 对校准、验证的管理，GSP 对药品储存养护的管理，药品销售与广告宣传管理，出库与配送管理，药品售后与质量风险管理，质量管理体系文件，计算机系统。本教材为书网融合教材，即纸质教材有机融合电子教材、教学配套资源（PPT、微课、视频、图片等）、题库系统、数字化教学服务（在线教学、在线作业、在线考试），使教学资源更加多样化、立体化。

本教材主要供全国高等职业院校药学类、中药学专业师生教学使用，也可作为相关从业人员的参考用书。

图书在版编目（CIP）数据

GSP 实务 / 张瑜，赵云虹主编. -- 3 版. -- 北京：中国医药科技出版社，2024. 11. --（全国高职高专药学类专业规划教材）. -- ISBN 978-7-5214-4973-0

Ⅰ. F721.8

中国国家版本馆 CIP 数据核字第 20244LH822 号

美术编辑 陈君杞

版式设计 友全图文

出版 **中国健康传媒集团** | 中国医药科技出版社

地址 北京市海淀区文慧园北路甲 22 号

邮编 100082

电话 发行：010 - 62227427 邮购：010 - 62236938

网址 www.cmstp.com

规格 889mm × 1194mm $\frac{1}{16}$

印张 15

字数 590 千字

初版 2015 年 8 月第 1 版

版次 2025 年 1 月第 3 版

印次 2025 年 1 月第 1 次印刷

印刷 天津市银博印刷集团有限公司

经销 全国各地新华书店

书号 ISBN 978-7-5214-4973-0

定价 55.00 元

版权所有 盗版必究

举报电话：010 - 62228771

本社图书如存在印装质量问题请与本社联系调换

获取新书信息、投稿、为图书纠错，请扫码联系我们。

数字化教材编委会

主 编 张发余 张 瑜 赵云虹

副主编 王 堃 彭 电 刘丹丹 郑金华 王立青

编 者 （以姓氏笔画为序）

王 帅（泰安市中心医院）

王 堃（长江职业学院）

王立青（重庆三峡医药高等专科学校）

冯玉静（山东医药技师学院）

帅玉环（杭州第一技师学院）

庄 苒（漳州卫生职业学院）

刘丹丹（福建卫生职业技术学院）

刘宸菀（湖南食品药品职业学院）

张 瑜（山东医药技师学院）

张发余（山东医药技师学院）

陈 博（山东医药技师学院）

陈雪蕾（湖南省药品监督管理局）

金 爽（辽宁医药职业学院）

郑金华（漳州卫生职业学院）

赵云虹（黑龙江省高级技工学校）

彭 电（长沙卫生职业学院）

出版说明

全国高职高专药学类专业规划教材，第一轮于2015年出版，第二轮于2019年出版，自出版以来受到各院校师生的欢迎和好评。为深入学习贯彻党的二十大精神，落实《国务院关于印发国家职业教育改革实施方案的通知》《关于深化现代职业教育体系建设改革的意见》《关于推动现代职业教育高质量发展的意见》等有关文件精神，适应学科发展和高等职业教育教学改革等新要求，对标国家健康战略、对接医药市场需求、服务健康产业转型升级，进一步提升教材质量、优化教材品种，支撑高质量现代职业教育体系发展的需要，使教材更好地服务于院校教学，中国健康传媒集团中国医药科技出版社在教育部、国家药品监督管理局的领导下，组织和规划了"全国高职高专药学类专业规划教材（第三轮）"的修订和编写工作。本轮教材共包含39门，其中32门为修订教材，7门为新增教材。本套教材定位清晰、特色鲜明，主要体现在以下方面。

1. 强化课程思政，辅助三全育人

贯彻党的教育方针，坚决把立德树人贯穿、落实到教材建设全过程的各方面、各环节。教材编写将价值塑造、知识传授和能力培养三者融为一体。深度挖掘提炼专业知识体系中所蕴含的思想价值和精神内涵，科学合理拓展课程的广度、深度和温度，多角度增加课程的知识性、人文性，提升引领性、时代性和开放性，辅助实现"三全育人"（全员育人、全程育人、全方位育人），培养新时代技能型创新人才。

2. 推进产教融合，体现职教特色

围绕"教随产出、产教同行"，引入行业人员参与到教材编写的各环节，为教材内容适应行业发展献言献策。教材内容体现行业最新、成熟的技术和标准，充分体现新技术、新工艺、新规范。

3. 创新教材模式，岗课赛证融通

教材紧密结合当前实际要求，教材内容与技术发展衔接、与生产过程对接、人才培养与现代产业需求融合。教材内容对标岗位职业能力，以学生为中心、成果为导向，持续改进，确立"真懂（知识目标）、真用（能力目标）、真爱（素质目标）"的教学目标，从知识、能力、素养三个方面培养学生的理想信念，提升学生的创新思维和意识；梳理技能竞赛、职业技能等级考证中的理论知识、实操技能、职业素养等内容，将其对应的知识点、技能点、竞赛点与教学内容深度衔接；调整和重构教材内容，推进与技能竞赛考核、职业技能等级证书考核的有机结合。

4. 建新型态教材，适应转型需求

适应职业教育数字化转型趋势和变革要求，依托"医药大学堂"在线学习平台，搭建与教材配套的数字化课程教学资源（数字教材、教学课件、视频及练习题等），丰富多样化、立体化教学资源，并提升教学手段，促进师生互动，满足教学管理需要，为提高教育教学水平和质量提供支撑。

前言 PREFACE

　　本教材根据本套教材编写总原则和要求，针对医药类高等职业院校学生的特点，以学生为中心，以培养学生的职业能力和职业素养为核心，对标药品经营各岗位职业能力，并将思政元素融入其中，兼顾职业技能考核和技能竞赛要求精心编写而成。是"全国高职高专药学类专业规划教材（第三轮）"之一，主要供全国高职高专院校药学类、中药学等专业师生教学使用，也可作为相关专业及医药职工培训、职业鉴定、自学的参考和培训用书。

　　本教材为深入学习贯彻党的二十大精神，落实《国务院关于印发国家职业教育改革实施方案的通知》《关于深化现代职业教育体系建设改革的意见》《职业教育提质培优行动计划（2020—2023年)》《关于推动现代职业教育高质量发展的意见》等有关文件精神，依据《中华人民共和国药品管理法》和《药品经营质量管理规范》编写而成。教材编写坚持产教融合，充分考虑行业发展动态和最新的法规要求，内容准确、科学、实用性强。通过本教材学习，将为学生未来的职业生涯打下坚实基础。

　　本版教材是在上一版教材的基础上进行了全面的梳理、调整和更新，具有以下特点。①有内涵：教材编写的各方面、各环节均贯穿"立德树人"的根本任务，将思政教育、职业素养教育与专业知识有机融合，用深刻的思想内涵引领学生理解并执行药品法律、法规，践行行业职业精神和职业道德，确保为患者提供优质服务，保障人民用药安全、有效、合理。②内容新：及时引入国家最新法律、法规，编写内容力求紧贴行业最新发展动态。③知识全：涵盖药品经营企业从人员、机构到设施设备、质量管理体系文件等所有质量管理要素。④结构优：采用"项目－任务－活动"式结构，每一项目前均有"学习目标""情境导入"，后有"重点小结""目标检测"，工学一体，学练结合，重点突出，便于学生理解和掌握 GSP 知识。"知识链接"有效拓展课程内容，延深课内所学，强化医药行业质量安全意识和治病救人的家国情怀。

　　本教材除纸质教材外，另有与教材配套的数字教材、教学配套资源库、题库系统，教材与数字化教学服务有机融合，提供全方位学习支持。

　　本教材由张瑜、赵云虹主编，负责完成本教材的整体策划、统稿和修订。本教材采用"横编竖统"的方式，即每位编者既要根据编写大纲和分工完成某部分内容的编写，又要根据编写大纲的统一性，确保教材的衔接性和完整性。本教材编写力求博采众长，追求新颖科学，使之扬长避短，不断完善，在此过程进行了大量的调研、讨论，得到了许多行业专家、企业专业技术人员的指点和帮助，在此，向给予大力支持的各位领导、专家、专业技术人员及各位参编老师表示衷心的感谢！

　　由于编者水平与经验有限，不足之处在所难免，望广大读者批评指正。

编　者
2025 年 1 月

CONTENTS 目录

项目一　药品与药品质量管理

PPT

学习目标

知识目标：通过本项目的学习，应能掌握药品的特殊性，全面质量管理的特点与方法，药品质量保证体系的概念与内容；熟悉药品的概念，药品质量与药品质量标准。

技能目标：能认知药品是特殊商品，其质量的优劣关系到人的生命健康。

素质目标：通过本项目的学习，能认知药品质量对经营企业的重要性；培养遵纪守法，用专业知识服务人民，严谨做事，做好药品经营活动，服务全民健康活动的意识。

情境导入

情境：药品是一种特殊的商品，药品的质量关系到人民群众的生命安全。注射青霉素前需要做皮试。其实青霉素本身并不导致过敏，导致过敏的物质是它的分解产物青霉噻唑酸和青霉烯酸。如果生产过程中混入的分解产物过多，就会导致质量不合格，轻者溶血性贫血、药疹、接触性皮炎、间质性肾炎、哮喘发作，重者过敏性休克，甚至死亡。

思考：1. 药品的特殊性表现在哪些方面？

　　　　2. 如何进行全面质量管理？

任务一　药品的概念与特殊性

活动一　药品的概念

1. 药品的定义　《中华人民共和国药品管理法》第二条对药品的定义："本法所称药品，是指用于预防、治疗、诊断人的疾病，有目的地调节人的生理机能并规定有适应症或者功能主治、用法和用量的物质，包括中药、化学药、和生物制品等"。

2. 药品的含义

（1）药品使用目的是预防、治疗、诊断人的疾病，有目的地调节人的生理功能。

这是区别药品与保健品、食品、毒品、化妆品的基本点。

（2）药品是人用药品，不包括农药和兽药。

（3）药品的范围，包括中药材、中药饮片、中成药、化学原料药及其制剂、抗生素、生化药品、放射性药品、血清、疫苗、血液制品和诊断药品等。

3. 药品的名称

（1）药品的通用名称　是指列入国家药品标准的药品名称，已经作为药品通用名称的，该名称不得作为药品商标使用。

（2）药品的商品名称　又称专用名称。是指经工商行政管理部门批准注册成为该药品的专用商品名称，是受到法律保护的药品名称。

（3）化学药品的名称　一般包括商品名称、通用名称、化学名称、英文名称、汉语拼音名称。

（4）中药材的名称　包括法定中文名称、汉语拼音名称、拉丁名称。

（5）中药制剂的名称　包括法定中文名称、汉语拼音名称。

（6）曾用名　执行地方标准时曾采用过已于2005年1月1日起停止使用的名称。

活动二　药品的特殊性

1. 药品的特性

（1）药品作用的两重性　药品可以防病治病、康复保健，管理得当、使用合理可以治病救人，有利于健康。但多数药品又有不同程度的毒副作用，如果管理不善、使用不当，不仅不能"治病"，还可能"致病"，影响人们的身体健康，甚至危及生命安全。

（2）药品使用的科学性　药品的使用方法、剂量、时间等多种因素在很大程度上决定其使用效果，大部分药品需要在通过医生检查、诊断明确疾病后，并在医生或执业药师的指导下合理使用，才能达到防病治病和康复保健的目的。若滥用药物就很可能造成中毒或产生药源性疾病。

（3）药品质量的严格性　药品质量直接关系到人们的身体健康，甚至生命安危。但是除了外观，医生和患者无法辨认其内在质量，因此，必须确保药品的安全、有效、均一、稳定。

（4）药品等级的一致性　一般商品有质量等级之分，如优等品、一等品、二等品等，均可以销售；而药品和其他商品不同，它只有合格与不合格之分，只有符合规定的合格品才允许销售，否则不得销售。

（5）药品监管的严肃性　一般消费者难以辨别药品的优劣真伪，必须由专门的技术人员和专门机构依据法定标准，用符合要求的仪器和设备，用正确的检验检测方法才能作出鉴定或评价。

（6）药品储备的时效性　药品是治疗疾病的物质基础，这就要求药品生产、经营企业及医疗卫生部门对药品要有适量的储备，但是药品又有一定的有效期，因此还应注意储备的数量不能过多。

（7）药品种类的复杂性　据不完全统计，全世界有20000余种药品，我国中药制剂有5000多种，西药制剂4000多种，由此可见药品的种类繁多而复杂。

2. 药品市场的特性　药品是一种特殊的商品，药品市场除了实行准入制度外，还具有如下特性。

（1）药品市场需求弹性较大。

（2）药品市场需求的多样化和差异性。

（3）药品市场被动消费现象突出。

（4）药品市场专业性强。

（5）药品市场竞争激烈。

（6）药品品种不断更新引导市场。

（7）药品市场分散，销售时间受到限制。

（8）药品市场监管难度比较大。

（9）广告媒体影响药品市场。

任务二　药品质量与药品质量监督管理

活动一　熟悉药品质量与药品质量标准

一、药品质量

国际标准化组织（ISO）对质量的定义是："质量是产品或作业所具有的、能用以鉴别其是否合乎规定要求的一切特性或性能"。"质"表示事物的本体、本性，"量"表示度，"质量"这个词一般表示为产品质量、工作质量和服务质量的优劣程度。

药品质量，是指药品能满足规定需求和特性的总和，它是衡量药品使用价值的尺度。随着科学技术的发展和人们对产品质量认识的不断提高，用户对药品质量的要求往往不仅是技术标准所规定的项目，而是在使用过程中产品所表现出来的特性，这些特性一般由产品的有效性、安全性、稳定性、均一性及经济性等诸因素表现出来。

二、药品质量标准

1.《中华人民共和国药典》 简称《中国药典》，是由国家药典委员会根据《中华人民共和国药品管理法》的规定，负责组织编纂及制定、修订，是法定的国家药品标准。由国家药品监督管理部门批准颁布实施。

中华人民共和国成立后，党和政府十分关心人民的医药卫生保健工作，1949 年 11 月卫生部召集有关医药专家研讨编纂药典问题。1950 年 1 月卫生部负责组建中国药典编纂委员会，筹划编制新中国药典。并于 1953 年颁布《中国药典》，以后又出版了 1953 年增补本（1957 年出版）；至今已颁布 1963 年版，1977 年版、1985 年版、1990 年版、2000 年版、2005 年版、2010 年版、2015 年版、2020 年版。

2.《中国药典》的收载范围 必须是医疗必需、临床常用、疗效肯定、质量好、副作用小、优先推广使用，并有标准规定的品种。具体规定如下：①工业生产的药品应是工艺成熟、质量稳定、可成批生产的；②中药材应是医疗常用，品种来源清楚，有商品经营的；③中成药应是使用面广、处方合理、工艺成熟，有较长期的使用经验；临床必需的验方、制剂，择优选收；医疗常用的辅料、基质等，适当收载。

3. 药品标准的作用 药品标准在药品管理中的作用可以归纳为：①药品标准是判断药品是否合格的法定依据；②药品标准是药品质量的法定目标；③执行和实现药品标准，是药品质量控制中的关键；④药品标准是药品质量保证和质量控制活动的重要依据；⑤药品标准是建立、健全药品质量保证体系的基础。

活动二 掌握全面质量管理的特点与方法

一、全面质量管理的概念

1. 质量管理 是对产品质量和影响产品质量的各项工作进行的管理活动。企业为生产出满足用户要求的高质量产品，就必须采用各种科学的方法，对影响产品质量的各项工作进行管理，它是企业管理的重要组成部分。

2. 全面质量管理 简称 TQC，是由美国费根堡姆博士首先提出，后经美国戴明博士和朱兰博士在日本大力推广而形成的质量管理模式。它以系统理论、控制理论为指导，运用数理统计、信息论、管理心理学等知识，在产品质量形成的各个阶段、各个环节，对于影响产品质量的各种因素进行全面系统的控制管理，以求取得满意的结果。

二、全面质量管理的特点

1. 全过程的质量管理 是指对直接或间接影响产品质量的全过程进行质量管理。包括产品设计开发过程、生产技术准备过程、加工制造过程、使用服务过程等各个阶段的质量管理。

2. 全员参加的质量管理 是指从事产品设计制造、管理服务、决策领导的所有人员都参与质量管理。处在直接质量工作点（如配料、温控、压片等岗位）和间接质量工作点（如科室人员等）的所有人员都参与的质量管理。使企业全体人员树立质量第一的观念，人人承担质量责任，人人把好质量关。

3. 全方位的质量管理 管理的对象是全面质量，包括产品质量、工作质量和服务质量。它的核心是提高人的工作质量，从而有效地开发、研制、生产和销售用户满意的产品，全方位提高企业社会效益和经济效益。

三、全面质量管理的方法

全面质量管理的方法主要包括基本方法和技术方法。基本方法主要包括行政方法、法律方法、经济方法；技术方法主要介绍 PDCA 循环。

1. PDCA 循环的概念及内容 PDCA 循环又称戴明循环，是美国质量管理专家戴明发明的，它体现了质量管理的思想方法和工作步骤。现已广泛应用于质量管理工作中。

PDCA 的四个阶段构成一个循环，即具体的一次质量管理的活动过程，如图 1-1 所示。

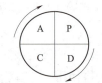

图 1-1 PDCA 循环

P（Plan）——计划。计划阶段，是在充分调查研究的基础上进行方针、目标、管理项目、办法、措施等活动计划的制定，称为第一阶段。

D（Do）——实施。执行阶段，根据第一阶段制定的计划，进行扎实的管理活动，称为第二阶段。

C（Check）——检查。检查阶段，指对计划的执行情况进行检查，哪些完成了计划，哪些没完成，哪些做对了，哪些做错了，是否合乎质量管理的要求，找出存在的问题，称为第三阶段。

A（Action）——处理。处理阶段，根据检查的结果，采取相应措施，成功的肯定，失败的纠正，并形成制度和标准，防止再犯。没有解决的问题转入下一个循环，作为下一次计划管理的目标之一。

2. PDCA 循环的特点

（1）阶梯式上升，循环前进 PDCA 循环反映药品质量管理工作循环前进，滚动上升的本质特征。每一过程的 PDCA 管理都不是简单的前一次 PDCA 过程的重复，而是在较高层次，较新内容上的继续。在药品质量管理工作中，每经过一次循环，就意味着解决了一些问题，质量水平有了新的提高。所以阶梯式上升，循环前进是 PDCA 工作的重要特点，如图 1-2 所示。

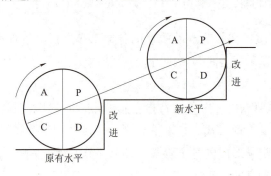

图 1-2 阶梯式上升，循环前进

（2）大环套小环、相互促进 医药企业药品质量管理工作存在着组织形式和管理内容的包容关系。从组织形式方面看，企业是一个大的 PDCA 循环，科室是下一层次的 PDCA 循环，仓库是再下一层次的 PDCA 循环。上一级 PDCA 循环是下一级 PDCA 循环的依据，下级 PDCA 循环是上一级 PDCA

循环的贯彻落实和具体化。从管理工作内容方面看，大管理内容的 PDCA 循环包容着小管理内容的 PDCA 循环，小管理内容的 PDCA 循环是大管理内容循环的基础和保证。从工作内容上看，PDCA 循环是大环套小环，有机联系，互相促进的。质量管理应注意组织层次和工作内容的上下衔接与协调，如图 1 - 3 所示。

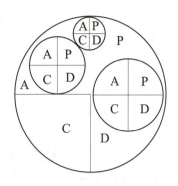

图 1 - 3　PDCA 包容关系

（3）强调总结与处理　PDCA 循环强调对每一具体工作的总结与处理，认为计划、实施、检查、处理具有同等重要的地位关系，绝无轻重差别。这种认识和做法与传统管理的习惯做法有很大不同。一般管理者往往在工作中重计划，重实施，轻检查，轻处理。如传统的药品采购一般以购进药品验收入库为一次采购的结束，但 PDCA 循环则要求采购工作在药品验收入库以后还要增加一项评价工作，检查此次工作中应该肯定的成绩和存在的问题，作为制定下一次采购计划的资料和依据。所以，PD-CA 循环强调检查与处理，是保证质量管理沿着维持→改善→维持→改善方向阶梯上升，循环前进的重要基础，是与传统管理方法不同的。

活动三　药品质量保证体系的概念与内容

一、药品质量保证体系的概念

1. 质量保证　是指企业对产品或服务方面提供的质量担保。质量保证可分为内部质量保证和外部质量保证。内部质量保证是指企业内部各环节之间提供的保证。如上工序为下工序提供符合质量要求的半成品或服务的保证，可以使企业的各环节相互衔接，实现企业的质量目标；外部质量保证是指企业对用户提供质量保证，保证用户购得的产品在规定时间内质量可靠，使用正常，可以取得用户的信任，赢得用户，赢得市场，增强企业的竞争力，提高企业的经济效益。

2. 药品质量保证体系　通过一定的制度、办法、程序、机构等把质量保证活动加以系统化、标准化、制度化。其核心就是依靠人的积极性和创造性，发挥科学技术的作用，其实质就是责任制。建立和健全质量保证体系是实行全面质量管理的重要标志。

二、药品质量保证体系的内容

药品质量保证体系的内容主要包括：设计过程的质量保证、生产过程的质量保证、经营过程的质量保证、使用过程的质量保证四个部分。

1. 设计过程的质量保证　医药产品的研制开发是医药产品质量的最早孕育过程，是保证质量的前提。医药产品的研制质量，"先天"地决定着产品质量，从一定意义上说，医药新产品的设计开发就开始决定了该产品的质量水平。

设计标准是制造过程必须遵守的标准和依据。而使用质量则是设计质量、制造质量完善程度的综合体现。因此，设计研制过程的质量保证，是全面质量管理的起点，是企业质量保证体系中首要的一环。

2. 生产过程的质量保证 医药产品正式投产后，能否保证达到质量标准，在很大程度上取决于生产车间技术能力及制造过程的质量管理水平。生产过程的质量保证要注意抓好以下几项工作。

（1）加强工艺管理 使生产制造过程经常处于稳定的控制状态。搞好文明生产，创造良好的工艺过程环境。

（2）组织好原料检验工作 为保证产品质量，必须根据技术标准，对原材料、在制品、半成品等各方面的质量进行检验，严格把关。保证不合格的原材料不投产，不合格的半成品不转工序、不使用。

（3）组织好质量检验，掌握质量动态 查出影响质量的诸因素并及时采取控制和改善措施。技术检验工作要正确规定技术检验的范围，设置专职检验点；合理选择工序检验的方法；建立一支专群结合的检验队伍，实行自检、互检、专检相结合的"三检制"。

（4）实行工序质量控制 建立对重点工序（或岗位）监督和控制的管理点，运用控制图，加强对工序质量的管理。

（5）严格对不合格品的管理 通过严格管理，做到不合格的原材料、中间体不准投入生产，不合格产品不准出厂。

3. 经营过程的质量保证 保证患者及时安全有效用药，这是一个综合保证。按照全面质量管理的观点，医药企业在实施质量保证时，应把企业各个部门都组织到质量保证体系中来，具体来说，应建立以下几个保证。

（1）计划保证 即保证按市场需要制定采购计划，做到购销平衡、不脱销、不积压。这就包括市场调查和市场预测的质量保证、销售资料的信息质量保证、库存资料的保证等。

（2）采购保证 即保证按计划采购、择优采购。

（3）验收保证 即保证按商品验收率、验收内容、验收方法、验收标准验收商品。

（4）保管保证 保证按仓库条件、保管方法、检查方法、保管责任、安全制度、发放制度、防火制度等进行仓储管理。

（5）销售保证 保证品种齐全、按时付货、出库验货发货、不出差错。

（6）服务保证 建立用户访问制度，质量查询制度，保证用户满意。

（7）教育保证 保证全体员工树立质量第一观点，提高人的综合素质。

4. 使用过程的质量保证 药品的使用过程是检验产品质量的过程，它是企业质量管理的归宿点和出发点。药品质量的好坏，主要看用户的评价。因此，企业质量管理工作必须从生产过程延伸到使用过程。保证消费者疗效确切、安全可靠。

三、加强药品质量监督管理的意义

1. 加强药品质量监督管理，是维护人民生命安全的保证 药品的使用对象是患者。人生在世无论是防病治病、计划生育，还是康复保健都离不开药品。药品是人们生活的重要必需品之一。它的质量好坏，直接关系到每一个患者的身体健康与生命安全。药品的研制和生产，如果缺乏对人民生命安危、对民族兴衰的高度负责精神，只注意近期疗效，忽视远期后果，甚至只图赚钱，不惜生产假劣药，就会贻害无穷，是对民族和人类的犯罪。

2. 加强药品质量监督管理，是医药企业的根本宗旨 在社会主义制度下，社会生产的根本目的，在于不断提高和改善人民的物质文化和生活需要，这也是社会主义医药企业生产经营的宗旨。社会主义医药企业的性质决定了它必须为医疗和患者服务，而其服务的具体表现形式就是生产尽可能适合市场需要（医疗和患者的需要）的高质量的药品，这也是社会效益的根本体现。高质量的药品对于防病治病、计划生育、救灾灭疫、抗灾抢险起着重要的作用。努力提高医药质量，坚决打击假药、劣药，充分体现了人民的根本要求和生产经营的根本宗旨。

3. 加强药品质量监督管理，是企业生存的保证　以质量求生存，以效益促发展，这是现代企业家的座右铭。从增产节约的观点来说，提高医药质量，就是最好的节约、最大的经济效益。因为药品的特殊性决定了它不允许生产出次品、等外品，只能生产合格品，生产厂家百分之一的次品，对于患者就是百分之百的危害。药品质量好就等于数量多，质量不好，就不会被市场承认，生产越多浪费就越大。在当今市场经济的大潮中，产品质量差的企业很快就会在竞争中被淘汰。所以，质量是企业的生命。

4. 加强药品质量监督管理，是企业效益的保证　医药企业的经济效益应该包括：质量与数量的统一；价值与使用价值的统一；医疗需要与合理利润的统一。这三个统一是以使用价值为基础的，药品使用价值的表现，其实质就是药品的质量。也就是说，药品的质量就是企业效益的保证。

••••　目标检测

答案解析

1. 药品的特殊性体现在哪些方面？
2. 简述全面质量管理的特点与方法。

书网融合……

重点小结　　　　习题

项目二 GSP 概述

PPT

学习目标

知识目标： 通过本项目的学习，应能掌握《药品经营质量管理规范》的定义、主要内容，药品经营企业现场检查重点和内容；熟悉制定《药品经营质量管理规范》的意义和相关术语，现场检查流程；了解《药品经营质量管理规范》形成过程、主要特点，药品检查类型和《药品经营质量管理规范现场检查指导原则》内容。

技能目标： 能认知《药品经营质量管理规范》对药品经营企业的要求，具备迎接监督检查的能力。

素质目标： 通过本项目的学习，树立学生药品经营的法律意识、安全意识，遵法守法、依法办事。

情境导入

情境： 作为药品营销专业的学生，未来工作中保障顾客用药安全、有效是我们的责任与担当。目前，校企合作企业某医药连锁公司要在学校附近开一家新门店，店长正带着新员工按《药品经营质量管理规范》要求做开业前准备工作，在此之前需要熟悉《药品经营质量管理规范》的相关要求。

思考： 1. 《药品经营质量管理规范》包括几部分，有哪些内容？
  2. 对零售药店有哪些方面的要求？

任务一 《药品经营质量管理规范》的产生和发展

活动一 《药品经营质量管理规范》的形成过程与相关术语

《药品经营质量管理规范》（good supply practice，GSP）即良好药品的供应规范，是指在药品流通全过程中，用以保证药品符合质量标准而制定的针对药品计划采购、购进验收、储存、销售及售后服务等环节的一整套管理制度。其核心是通过严格的质量管理制度来约束企业行为，对药品流通全过程进行质量控制。

法规链接

（本版《GSP 实务》教材"法规链接"中未注明出处的条款均出自 2016 年 7 月 20 日发布的 GSP）

《药品经营质量管理规范》

第一条 为加强药品经营质量管理，规范药品经营行为，保障人体用药安全、有效，根据《中华人民共和国药品管理法》《中华人民共和国药品管理法实施条例》，制定本规范。

第三条 药品经营企业应当严格执行本规范。

药品生产企业销售药品、药品流通过程中其他涉及储存与运输药品的，也应当符合本规范相关要求。

1. GSP 的形成过程 1982 年，中国医药公司在考察分析研究日本等国家药品经营质量管理工作经验的基础上，结合我国当时的医药商业质量管理工作实际，开始起草制定 GSP 文件。1984 年，我国第一部 GSP——《医药商品质量管理规范（试行）》由国家医药管理局发布，在全国医药商业系统内试行。我国第一部 GSP 的发布实施引起了医药经营企业的广泛重视，许多企业将 GSP 逐步纳入企业发展的轨道，使之成为企业经营管理的重要组成部分。

1992 年 3 月 18 日，国家医药管理局为了适应我国药品流通环境的新变化，发布了修订后的《医药商品质量管理规范》，自 1992 年 10 月 1 日起实行。使 GSP 成为政府实行医药行业管理的部门规章。受国家医药管理局推行 GSP 委员会的委托，中国医药商业协会于 1993 年 6 月组织编写了《医药商品质量管理规范实施指南》，拉开了医药行业实施 GSP 的序幕。

1998 年，国家药品监督管理局成立后，总结了十几年来实施 GSP 的经验和教训，对 1992 年版《医药商品质量管理规范》进行了修订。

2000 年 4 月 30 日，国家药品监督管理局发布新版 GSP 及其实施细则，自 2000 年 7 月 1 日起实行。这是我国实施 GSP 以来延续制（修）订的第三部 GSP。2001 年 2 月 28 日，新修订《药品管理法》的颁布确立了 GSP 的法律地位，标志着我国实施 GSP 工作进入了依法强制实施阶段。并以此大力推动我国药品经营企业向规模化、集约化方向发展，逐步淘汰小、散、乱、差的企业，从而达到优化医药产业结构，提高药品经营企业整体竞争实力，确保药品经营质量的监管目的。

随着我国经济与社会的快速发展，2000 年版的 GSP 也不能适应药品流通发展和药品监管工作要求，主要表现在：①与《药品管理法》等法律法规以及有关监管政策存在不一致的地方；②一些规定已不能适应药品流通发展的状况，如购销模式的改变、企业管理技术和物流业的发展等；③不能适应药品市场监管新的发展需要，如对购销渠道的规范管理、储存温湿度的控制、高风险品种的市场监管、电子监管的要求等；④GSP 的标准总体上已不适应药品许可管理要求，落后于推进产业发展的目标，降低了市场准入的标准，不利于保证药品安全。尤其是《国家药品安全"十二五"规划》《"十二五"期间深化医药卫生体制改革规划暨实施方案》等一系列重要文件的发布，对药品流通改革提出了更明确的要求，为适应医改工作的开展和药品监管工作的需要，再次修订 GSP 显得十分必要。

国家食品药品监督管理局在修订 GSP 过程中广泛借鉴世界卫生组织以及一些发达国家和地区药品流通监管政策，全面调查了我国药品流通行业状况，并多方征求意见，2012 年经卫生部部务会议审议通过新修订的 GSP，于 2013 年 6 月 1 日正式实施。

2015 年 5 月 18 日，国家食品药品监督管理总局局务会议审议通过再次修订 GSP，于 2015 年 7 月 1 日正式实施。此次修订整体变化不大，除发布方由卫生部变为国家食品药品监督管理总局外，对首营企业审核内容等进行了调整。

2016 年 6 月 30 日，国家食品药品监督管理总局局务会议审议通过再次修订 GSP，2016 年 7 月 20 日，国家食品药品监督管理总局发布《国家食品药品监督管理总局关于修改〈药品经营质量管理规范〉的决定》（国家食品药品监督管理总局令第 28 号），自公布之日起施行。经修改的新版 GSP 增加了药品追溯系统内容，提高了对疫苗配送的要求、强调了票货同行等，现行版 GSP 有效地增强了药品流通全过程的质量风险控制能力。

2. GSP 相关术语

（1）**药品** 是指用于预防、治疗、诊断人的疾病，有目的地调节人的生理功能并规定有适应证或者功能主治、用法和用量的物质，包括中药材、中药饮片、中成药、化学原料药及其制剂、抗生素、生化药品、放射性药品、血清、疫苗、血液制品和诊断药品等。

（2）**药品经营企业** 是指经营药品的专营企业或者兼营企业。

（3）药品批发企业　是指将购进的药品销售给药品生产企业、药品经营企业、医疗机构的药品经营企业。

（4）药品零售企业　是指将购进的药品直接销售给消费者的药品经营企业。

（5）药品经营方式　是指药品经营许可证依法核准的经营方式。目前，我国药品监督管理部门核准的药品经营方式有批发、零售连锁和零售三种。

（6）药品经营范围　是指药品监督管理部门核准经营药品的品种类别。

（7）在职　与企业确定劳动关系的在册人员。

（8）在岗　相关岗位人员在工作时间内在规定的岗位履行职责。

（9）原印章　企业在购销活动中，为证明企业身份在相关文件或者凭证上加盖的企业公章、发票专用章、质量管理专用章、药品出库专用章的原始印记，不能是印刷、影印、复印等复制后的印记。

（10）待验　对到货、销后退回的药品采用有效的方式进行隔离或者区分，在入库前等待质量验收的状态。

（11）零货　指拆除了用于运输、储藏包装的药品。

（12）拼箱发货　将零货药品集中拼装至同一包装箱内发货的方式。

（13）拆零销售　将最小包装拆分销售的方式。

（14）国家有专门管理要求的药品　国家对蛋白同化制剂、肽类激素、含特殊药品复方制剂等品种实施特殊监管措施的药品。

（15）特殊管理药品　狭义的特殊管理药品是指麻醉药品、精神药品、毒性药品、放射性药品。

3. GSP 的适用范围　GSP 规定："药品经营企业应当严格执行本规范，药品生产企业销售药品、药品流通过程中其他涉及储存与运输药品的，也应当符合本规范相关要求"。从 GSP 第三条款中可以看出，除药品经营企业外，药品生产企业销售药品，涉及药品物流等的相关活动也纳入本规范的适用范围。国家药品监督管理部门依据这一规定加强了对药品生产企业、社会物流企业相关活动的监管，消除了各种影响药品安全的隐患。

值得注意的是，GSP 没有将医疗机构药品采购与贮存等纳入其中，但明确指出，医疗机构药房和计划生育技术服务机构的药品采购、储存、养护等质量管理规范由国家药品监督管理部门和相关主管部门另行制定。

活动二　制定、颁布 GSP 指导思想与基本原则

 法规链接

《药品经营质量管理规范》

第二条　本规范是药品经营管理和质量控制的基本准则。

企业应当在药品采购、储存、销售、运输等环节采取有效的质量控制措施，确保药品质量，并按照国家有关要求建立药品追溯系统，实现药品可追溯。

一、GSP 指导思想

1. 实行全过程的质量管理　药品经营企业的经营活动可分为售前、售中、售后工作三个过程，再细可分为市场调研、制定计划、采购验收、储存养护、洽谈业务、用药指导、包扎或装箱送货、质量查询、药品退调、市场调研等，这些工作是环环相连、紧密相关的，药品质量综合反映了所有这些

工作环节质量管理的状况和效果，一个环节疏忽就导致了所有环节工作的失效。

2. 实行全员参与的质量管理　质量管理工作要靠人来做，那么每个工作过程中的每个环节的工作人员都和质量管理有关，所以从企业经理到销售代表，从化验员到仓库保养员，全体都要参与质量管理。只有通过全体职工的共同努力，协同配合，企业的质量管理工作才有扎实的基础。要实现全员的质量管理，必须抓好质量意识教育，同时实现规范化管理，制定各级质量责任制，明确工作程序、标准和质量要求，规定每个岗位的任务、权限，各司其职，共同配合，共同抓好质量工作。

3. 实现全企业的质量管理　企业内的质量职能分散在企业的各个部门，各个部门的质量管理工作都是不可缺少的，因此既要求企业各个部门都要参与质量管理，充分发挥各自的质量职能，又要协调一致，相互配合。企业各层次都有自己的质量管理活动，上层管理侧重于质量决策、组织协调和控制，保证实现企业的质量目标；中层管理要具体实现上层的质量决策，执行各自的质量职能，进行具体的业务管理；基层管理则要求职工按规范、按规章制度进行工作或操作，进行现场的管理工作，完成具体的工作任务。由此组成一个完整的质量管理体系，实行全企业的质量管理。

4. 分阶段分步骤进行　实施 GSP 是一项系统工程，投资面大、涉及面广、难度大，既有硬件的改造，又有软件管理的建立与完善，还有人员的教育培训等。因此，GSP 实施要分阶段、分步骤进行，制定 GSP 实施总体规划后，确定各个阶段的实施目标及其完成期限。

5. 全动态、全循环的质量管理　质量管理程序是一个"闭路循环"，环环相扣，首尾相连，而循环质量管理程序运作的动力就是用户对药品质量不断提高的要求。程序发生中断即"开口"时，就应立即查找原因，及时协调，恢复正常功能；质量管理程序与业务经营活动密切联系，起着监督和保证的作用。

GSP 是药品经营管理和质量控制的基本准则，企业应当在药品采购、储存、销售、运输等环节采取有效的质量控制措施，确保药品质量，并按照国家有关要求建立药品追溯系统，实现药品可追溯，因此，全过程、全员、全企业、分阶段、分步骤、全动态、全循环的质量管理就是 GSP 的指导思想。根据这些思想，GSP 具体规定了药品经营活动中："能做什么""不能做什么""由谁来做""应该做到什么程度""应该如何做""做得怎么样""如何调整"等内容。

药品经营企业根据 GSP 的要求严格执行，就能做到经营活动过程中"一切活动有制度约束""一切活动有人员负责""一切活动有标准要求""一切活动按程序进行"；最后达到最终的目的——"一切药品符合质量标准"。

二、GSP 修订思路和基本原则

1. 修订工作的总体思路

（1）依据《药品管理法》《药品管理法实施条例》《行政许可法》等法律法规及有关政策开展修订工作。

（2）查找药品流通过程中各种影响药品质量的安全隐患，采取确实可行的管理措施加以控制，保证经营活动中的药品安全。

（3）调整现行 GSP 中不符合药品监管和流通发展要求的、与药品经营企业经营管理实际不相适应的内容，重点解决药品流通中存在的突出问题和难点问题。规范药品供应链全过程管理，体现当今医药流通行业发展的最新管理水平。

（4）以建立最严格的药品监管制度为原则，以促进药品流通行业提升水平为方向，对药品经营行为的管理和规范进行了较大幅度的提高，使修订的规范具有一定的前瞻性。

（5）积极吸收国外药品流通管理的先进经验，促进我国药品经营质量管理与国际药品流通质量管理的逐步接轨。

2. GSP 的基本原则 实施 GSP 既是企业依法经营的基本前提，也是企业规范管理的基本准则，是企业确保药品质量的最低管理标准。因此，必须强制执行，没有任何通融的余地，药品经营企业领导一定要支持质量管理监督部门及其工作人员行使职权，在工作中坚持质量第一的原则，必须认真贯彻执行 GSP，不得存有任何虚假和侥幸心理。药品经营企业在实施 GSP 的过程中，从药品经营企业的计划、购进、验收、储存、调拨、销售、运输及售后服务等环节坚决摒弃工作凭经验，主观臆断和随意的工作方式。

任务二 现行版 GSP 介绍

活动一 现行版 GSP 的主要内容与特点

 法规链接

《药品经营质量管理规范》

第一百七十九条 药品零售连锁企业总部的管理应当符合本规范药品批发企业相关规定，门店的管理应当符合本规范药品零售企业相关规定。

第一百八十条 本规范为药品经营质量管理的基本要求。对企业信息化管理、药品储运温湿度自动监测、药品验收管理、药品冷链物流管理、零售连锁管理等具体要求，由国家食品药品监督管理总局以附录方式另行制定。

一、现行版 GSP 的主要内容

现行版 GSP 共 4 章，包括总则、药品批发的质量管理、药品零售的质量管理、附则，共计 184 条。现行版 GSP 吸收了国外药品流通管理的先进经验，促进我国药品经营质量管理与国际药品流通质量管理的逐步接轨。如引入供应链管理理念，结合我国国情，增加了计算机信息化管理、仓储温湿度自动监测、药品冷链管理等新的管理要求，同时引入质量风险管理、体系内审、验证等理念和管理方法，从药品经营企业人员、机构、设施设备、文件体系等质量管理要素的各个方面，对药品的采购、验收、储存、养护、销售、运输、售后管理等环节做出了许多新的规定。企业实施 GSP 核心内容见表 2 - 1。

表 2 - 1 企业实施 GSP 核心内容

类别	进	存	销
硬件设施	验收场所及设施	仓储设施，养护场所及设备	营业场所及设施、运输设施设备
人员资格和职责	业务计划人员、采购人员、质量检查验收人员	保管员、养护员	业务销售员、处方审核人员、营业员、配送运输人员
	企业负责人和质量管理负责人、质量管理机构负责人、质量管理人员		

续表

类别	进	存	销
质量管理程序和制度	1. 按需进货，择优选购，质量第一 2. 供方合法资质审核 3. 合同明确质量条款 4. 首营企业、首营品种质量审核 5. 逐批验收	1. 仓库分区与色标管理 2. 分类储存与保管 3. 效期药品管理 4. 退货管理 5. 不合格药品管理 6. 药品养护	1. 依法销售 2. 出库质量复核 3. 安全规范销售 4. 问题药品召回 5. 质量事故处理 6. 合理运输 7. 做好售后服务
过程控制	供货方清单及附件、购进记录、质量验收相关记录	仓储、养护相关记录、不合格品相关记录、退货记录、信息传递凭证	复核记录、销售记录、售后服务记录
	质量方针及目标、质量管理制度、质量管理程序、职责、质量标准、档案（质量、养护、教育、健康）、质量体系内审、质量风险管理、药品冷链管理、计算机信息化管理、验证等		

二、现行版 GSP 的主要特点

1. 全面提升软件和硬件要求　现行版 GSP 全面提升了企业经营的软硬件标准和要求，在保障药品质量的同时，也提高了市场准入门槛，有助于抑制低水平重复，促进行业结构调整，提高市场集中度。

在软件方面，现行版 GSP 明确要求企业建立质量管理体系，设立质量管理部门或者配备质量管理人员，并对质量管理制度、岗位职责、操作规程、记录、凭证等一系列质量管理体系文件提出详细要求，并强调了文件的执行和实效；提高了企业负责人、质量负责人、质量管理部门负责人以及质管、验收、养护等岗位人员的资质要求。

在硬件方面，现行版 GSP 全面推行计算机信息化管理，着重规定计算机管理的设施、网络环境、数据库及应用软件功能要求；明确规定企业应对药品仓库采用温湿度自动监测系统，对仓储环境实施持续、有效的实时监测；对储存、运输冷藏、冷冻药品要求配备特定的设施设备。

2. 针对薄弱环节增设一系列新制度　针对药品经营行为不规范、购销渠道不清、票据管理混乱等问题，现行版 GSP 明确要求药品购销过程必须开具发票，出库运输药品必须有随货同行单并在收货环节查验，物流活动要做到票、账、货相符，以达到规范药品经营行为，维护药品市场秩序的目的。

针对委托第三方运输，现行版 GSP 要求委托方应考察承运方的运输能力和相关质量保证条件，签订明确质量责任的委托协议，并要求通过记录实现运输过程的质量追踪，强化了企业质量责任意识，提高了风险控制能力。推动我国药品流通行业向专业化、规范化和第三方物流的方向发展。

针对冷链管理，现行版 GSP 提高了对冷链药品储存、运输设施设备的要求，特别规定了冷链药品运输、收货等环节的交接程序和温度监测、跟踪和查验要求，对高风险品种的质量保障能力提出了更高的要求。

3. 与国家近期颁发的法规文件等紧密衔接　最新修订的 GSP 主要针对国家新颁发的相关文件做出内容调整。

2015 年 12 月 30 日，国务院办公厅印发《关于加快推进重要产品追溯体系建设的意见》（国办发〔2015〕95 号），为贯彻文件精神，落实药品经营企业追溯管理责任，强化企业主体意识，促进建设来源可查、去向可追、责任可究的药品全链条追溯体系，对原药品 GSP 中电子监管相关规定进行修改。

2016 年 4 月 23 日，国务院发布《关于修改〈疫苗流通和预防接种管理条例〉的决定》（国务院令 第 668 号），取消了原条例关于药品批发企业经营疫苗的规定，改由疫苗生产企业直接向疾控机构销售和配送，针对这一文件原药品 GSP 中关于疫苗经营的规定做出相应调整。

根据《国务院办公厅关于加快推进"三证合一"登记制度改革的意见》（国办发〔2015〕50 号），

原使用组织机构代码证、税务登记证办理相关事务的，一律改为使用"三证合一"后的营业执照，对原药品 GSP 中关于查验首营企业证件要求进行修改。

根据第十二届全国人民代表大会常务委员会第十四次会议《关于修改〈中华人民共和国药品管理法〉的决定》，新公布的《药品管理法》调整了部分条文序号，需要对原药品 GSP 中涉及引用《药品管理法》的相关条文序号进行修改。

活动二　实施 GSP 的重要意义

 法规链接

《药品经营质量管理规范》

第四条　药品经营企业应当坚持诚实守信，依法经营。禁止任何虚假、欺骗行为。

第一百八十三条　药品经营企业违反本规范的，由食品药品监督管理部门按照《中华人民共和国药品管理法》第七十八条的规定给予处罚。（现为2019年修订《药品管理法》第一百二十六条）

1. 实施 GSP 是贯彻执行国家有关法律法规的需要　GSP 作为我国药品经营质量管理工作基本准则，收录了以往质量管理法规中对药品商业企业的要求内容，如进货管理、验收管理、储存与养护管理、销售与售后服务管理等，因此实施 GSP 将会更好地促进药品经营企业做到依法经营和依法管理，以保证经销药品质量，保护用户、消费者的合法权益和人民用药安全有效。

2. 实施 GSP 是药品经营企业提高综合素质的需求　质量是企业的生命，企业只有提高综合素质才能求生存、谋发展。现行版 GSP 对企业管理水平、制度建设、人员素质、设施设备等都做了具体规定，全面提升了企业经营的软硬件标准和要求，提高了市场的准入门槛，促进企业达到 GSP 认证的规定，对于不能定期达到 GSP 认证的企业予以取缔，有助于抑制企业低水平重复建设，促进行业结构调整，提高市场集中度。现行版 GSP 实施将有效打击缺乏质量保障企业的生存能力，药品流通领域散、小、乱等方面的乱象可有效地解决，而大型医药公司趁此机会获得更多市场份额，重塑企业品牌和形象，提高企业素质和质量管理水平，减少不良恶性竞争。

3. 实施 GSP 是药品国际贸易的需求　值得关注的是，现行版 GSP 借鉴了世界卫生组织及美国、欧盟等发达国家和地区药品流通监管政策，对企业的经营质量管理要求再次提升，使我国 GSP 基本达到了国际通行的标准要求，为我国药品经营企业走向世界打开了通道，促进我国药品经营企业的国际医药交流，从各个层面提高企业的素质，使企业得到长足发展。

4. 实施 GSP 是消除药品质量隐患，确保药品安全有效的需要　GSP 是国家为规范我国药品经营企业行为而制定，对药品流通实行全过程、全方位的监管，减少了销售假药、药品流通混乱等各种影响药品安全的风险隐患，保证药品的安全性、有效性和稳定性，这是 GSP 的基本作用和实施 GSP 的根本目的。

任务三　监督检查

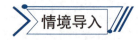

情境：根据《药品管理法》《药品经营质量管理规范》等相关法律法规的规定，省药品监督管理部门决定于2024年9月8日对××医药有限公司进行常规检查。你作为该企业质量负责人或质量管

理部门负责人应如何配合这次现场检查？

　　思考：1. 现场检查首次会议企业安排哪些人员参与？

　　　　　　2. 企业迎检前需准备哪些资料？

活动一　常规检查

一、常规检查的含义

　　常规检查是根据药品监督管理部门制定的年度检查计划，对药品上市许可持有人、药品生产企业、药品经营企业、药品使用单位遵守有关法律、法规、规章，执行相关质量管理规范以及有关标准情况开展的监督检查。本教材常规检查指药品经营企业的常规检查。

二、常规检查的程序

（一）制定年度检查计划

　　1. 检查计划　药品监督管理部门根据药品经营企业的质量管理，所经营药品品种，检查、检验、投诉、举报等药品安全风险和信用情况，制定年度检查计划、开展监督检查并建立监督检查档案。检查计划包括检查范围、检查内容、检查方式、检查重点、检查要求、检查时限、承担检查的单位等。

　　2. 检查频次　根据药品经营质量管理风险，确定监督检查频次。

　　（1）对麻醉药品和第一类精神药品、药品类易制毒化学品经营企业检查，每半年不少于一次。

　　（2）对冷藏冷冻药品、血液制品、细胞治疗类生物制品、第二类精神药品、医疗用毒性药品经营企业检查，每年不少于一次。

　　（3）对第（1）项、第（2）项以外的药品经营企业，每年确定一定比例开展药品经营质量管理规范符合性检查，三年内对本行政区域内药品经营企业全部进行检查。

（二）检查前的准备

　　1. 选派检查组　派出检查单位负责组建检查组实施检查。检查组一般由2名以上（多数情况为3名）检查员组成，检查员应当具备与被检查品种相应的专业知识、培训经历或者从业经验。检查组实行组长负责制。必要时可以选派相关领域专家参加检查工作。

　　2. 制定检查方案　派出检查单位在实施检查前，根据检查任务制定检查方案。检查方案应结合被检查单位既往接受检查情况，经营企业的经营范围、经营规模、经营方式等情况，明确检查事项、时间和检查方式等。

　　3. 制发检查通知　提前通知被检查单位，采取不预先告知检查方式的除外。

（三）实施现场检查

　　1. 亮证　检查组到达被检查单位后，应当向被检查单位出示执法证明文件或者药品监督管理部门授权开展检查的证明文件。

　　2. 召开首次会议　现场检查开始时，检查组应当召开首次会议，确认检查范围，告知检查纪律、廉政纪律、注意事项以及被检查单位享有陈述申辩的权利和应履行的义务。采取不预先告知检查方式的除外。

　　（1）**参会人员**　参加首次会议的有检查组成员及被检查单位的关键岗位人员。企业参会人员一般包括企业主要负责人，质量负责人，质管部、储运部、采购部、销售部、财务部、信息部、行政人事部部门负责人以及质管员等。

（2）会议内容　会议由检查组组长主持，组长介绍检查组成员，宣读现场检查方案，确认检查范围、检查日程安排；宣布检查廉政纪律及注意事项。企业主要负责人或质量负责人介绍企业参会人员，简要汇报GSP实施情况。

（3）注意事项　会议资料一般包括企业人员花名册（包括姓名、性别、出生年月、工作岗位、学历、资质、从业年限、入职时间等）、仓库及经营场所平面图（需标注尺寸）；会后需提供的资料一般有：企业组织机构框架图和质量管理组织机构框架图，各岗位人员档案，培训记录，质量管理体系文件（包括制度、职责、规程等），设施设备清单（包括名称、型号、数量、位置等），以及其他技术资料（包括设备验证档案，年度内审报告等）。

3. 开展现场检查　检查组严格按照检查方案实施检查，被检查单位在检查过程中应当及时提供检查所需的相关资料。检查过程中，检查组认为有必要时，可以对被检查单位的药品按照《药品抽样原则及程序》等要求抽样、送检。

4. 撰写检查报告

（1）报告内容　主要包括企业名称、经营范围、经营地址、仓库地址、企业主要人员、检查实施单位、检查范围、检查依据、检查人员、检查时间、企业基本情况、现场检查情况、问题或者缺陷等内容。现场检查结束后，检查组对现场检查情况进行分析汇总，客观、公平、公正地对检查中发现的缺陷进行分级，分析汇总期间，企业陪同人员应回避。检查组将根据缺陷内容，按照相应的评定标准进行评定，提出现场检查结论，并将现场检查结论和处理建议列入现场检查报告。

（2）缺陷分级　对药品经营企业的检查，依据《药品经营质量管理规范现场检查指导原则》确定缺陷的风险等级。缺陷分为严重缺陷、主要缺陷和一般缺陷，其风险等级依次降低。药品经营企业重复出现前次检查发现缺陷的，风险等级可以升级。

（3）检查结论　现场检查结论分为符合要求、待整改后评定、不符合要求。综合评定结论分为符合要求、不符合要求。

5. 召开末次会议　检查组召开末次会议，向被检查单位通报现场检查情况。检查报告应经检查组成员和被检查单位负责人（或授权委托人）签字盖章确认，企业公章应为行政公章，多页要加盖骑缝章。检查报告一般为一式3份，被检查单位留存1份，派出检查单位存档2份。被检查单位对现场检查通报的情况有异议的，可以陈述申辩，检查组如实记录，并结合陈述申辩内容最终确定缺陷项目。

（1）参会人员　与参加首次会议的人员一致。

（2）会议内容　会议由检查组组长主持，组长宣读现场检查缺陷项目及检查结论，提出建议，告知整改时限。企业主要负责人或质量负责人针对现场检查缺陷项目进行确认。

（3）注意事项　末次会议前及时清理现场检查资料，保持会议室干净整洁；检查组与被检查单位均要仔细核对检查报告，避免出现企业情况描述错误、缺陷项目表述不清晰或有错字、漏字等。

（四）提交整改报告

现场检查结论为待整改后评定的被检查单位，应当及时提交整改报告。

1. 整改时限要求　现场检查结束后，被检查单位应当针对缺陷项目进行整改，于30个工作日内向派出检查单位提交整改报告；缺陷项目经派出检查单位审核后作出调整重新发放的，整改时限可延长10个工作日；无法按期完成整改的，应当制定切实可行的整改计划，整改完成后，应当补充提交相应的整改报告。

2. 整改报告内容　整改报告应当至少包含缺陷描述、缺陷调查分析、风险评估、风险控制、整改审核、整改效果评价等内容，针对缺陷成因及风险评估情况，逐项描述风险控制措施及实施结果。

3. 整改报告提交 被检查单位按照整改计划完成整改后，应当及时将整改情况形成补充整改报告报送派出检查单位，必要时，派出检查单位会对被检查单位整改落实情况进行现场检查。

三、常规检查的内容

主要包括被检查单位遵守药品管理法律法规的合法性；执行药品经营质量管理规范的规范性；药品经营资料和数据的真实性、完整性；以及药品监督管理部门认为需要检查的其他内容。常规检查可以对某一环节或者依据检查方案规定的内容进行检查，必要时开展全面检查。

（一）药品批发企业（含药品零售连锁企业总部）常规检查的重点内容

1. 现场检查项目 根据《药品经营质量管理规范》《药品经营质量管理规范现场检查指导原则》规定，检查项目共256项，其中严重缺陷项目（＊＊）10项，主要缺陷项目（＊）103项，一般缺陷项目143项。对企业经营范围、是否委托运输等不同而产生的检查项目合理缺项数由检查组根据企业实际进行判定。

2. 检查重点 检查企业是否存在非法经营药品、非法渠道购进药品等违法违规行为；企业质量管理制度执行和质量管理人员履行职责情况；特殊药品、专管药品、中药饮片、医保高值和常用药品、抗癌药品、血液制品、冷藏药品的购销管理情况；温湿度自动监测系统和计算机管理系统运行情况等；经营期间是否持续符合法定要求及上年度问题的整改情况等。

3. 具体内容 药品批发企业（含药品零售连锁企业总部）重点检查内容由检查组根据企业实际情况确定，参考如下。

（1）对企业近年来的质量管理体系及经营情况进行总体的风险评估，综合判断企业在经营管理中执行法律法规的总体情况。

（2）企业实际情况是否与《药品经营许可证》载明的事项一致，是否擅自变更企业名称、注册地址、仓库地址、法定代表人、企业负责人、质量负责人等。

（3）企业是否涂改、伪造、出租、出借许可证从事药品经营活动；是否超范围、超方式经营药品；是否存在为他人违法经营药品提供场所、资质证明文件、票据等行为；是否存在挂靠经营行为；是否在核准地址以外场所储存药品。

（4）质量负责人、质管部门负责人以及质管、验收、养护人员等是否按规定配备，是否兼职其他业务工作，是否在职在岗。

（5）直接接触药品相关人员是否进行岗前及年度健康检查并建立健康档案，是否建立销售人员档案并对销售人员进行有效管理。

（6）是否从非法渠道购进药品或向无证单位和个人批发药品；是否存在伪造采购药品来源和证明文件、虚构销售流向行为。严格检查企业是否建立并实施购进药品资质审核、验收入库管理等制度，是否依法履行重点品种追溯责任。重点关注企业是否存在从非法渠道进货，是否存在设置"账外账""库外库"等违法违规购销、储存行为，是否存在异常低价采购药品等情况。重点排查特殊药品、专管药品、中药饮片、医保高值和常用药品、抗癌药品、血液制品、冷藏药品等药品进、销、存记录是否相符，票、账、货、款是否一致等情况。

（7）企业是否建立真实完整的药品采购记录，是否向供货单位索取合法的《增值税专用发票》或者《增值税普通发票》，票、账、货是否相符，发票上的购、销单位名称及金额、品名是否与付款流向及金额、品名一致，并与财务账目内容相对应。

（8）企业是否按到货药品的批号逐一进行收货、验收，每个批号均有完整的收货、验收记录。

（9）是否严格审核购货单位的生产、经营范围或者诊疗范围，并按照相应的范围销售药品；销售药品，是否如实开具《增值税专用发票》或《增值税普通发票》，票、账、货、款是否一致。

（10）是否销售无合法批准文号或假冒伪劣、过期失效及标签不符合规定的药品。

（11）温湿度自动监测系统是否正常运行，是否按规定监测和记录数据；温湿度超标是否采取有效措施进行调控，是否严格按照规定条件储存、运输药品。

（12）计算机系统是否正常运行，数据是否及时更新；计算机系统是否能对药品实行全程质量管控；是否存在伪造或篡改计算机系统数据，药品购销记录不完整、不真实，经营行为无法追溯等行为。

（13）是否按规定对国家有专门管理要求的药品实施管理，是否存在专管药品流入非法渠道，或者进行现金交易的现象。

（14）中药饮片是否存在染色、人工增重、掺杂、掺假等现象；是否存在非法加工、非法分装中药饮片的行为。

（15）排查企业药品经营过程中的安全风险隐患。

（16）是否存在其他违反药品法律法规或未按规定实施《药品经营质量管理规范》的行为。

（二）药品零售企业常规检查的重点内容

1. 现场检查项目 根据《药品经营质量管理规范》《药品经营质量管理规范现场检查指导原则》规定，检查项目共176项，其中严重缺陷项目（＊＊）8项，主要缺陷项目（＊）53项，一般缺陷项目115项。对应缺陷检查项目合理缺项数由检查组根据企业实际进行判定。

2. 检查重点 是否存在非法经营药品、非法渠道购进药品等违法违规行为；执业药师（或药学技术人员）的配备和在岗执业等情况。

3. 具体内容 药品零售企业重点检查内容由检查组根据企业实际情况确定，参考如下。

（1）许可合法性 企业是否存在无证经营，出租柜台，擅自改变注册地址、经营方式、经营范围，私设库房等违法违规行为。

（2）购进合法性 企业是否存在非法渠道购进药品；采购药品不留存采购凭证，不索取发票等违法违规行为。

（3）销售合法性 企业是否存在经营假劣药品、非药品冒充药品；经营米非司酮等终止妊娠药品；违规互联网销售；违规销售含特殊药品复方制剂等国家有专门管理要求的药品。严查药品零售企业是否存在不凭处方销售处方药、不审核处方销售处方药、超处方范围销售处方药、先销售后补方以及通过买药品赠药品或买商品赠药品等方式向公众赠送处方药等情况，重点排查抗生素、含特殊药品复方制剂、辅助生殖常用药品以及右美沙芬口服单方制剂、司美格鲁肽注射液等品种凭处方销售情况。

（4）人员情况 重点核实门店负责人、药师、验收员、养护员、营业员业务能力及相关履职情况；相关人员资质、培训、健康体检是否符合要求。

（5）计算机系统 企业是否对基础数据进行管控；是否对含特殊药品复方制剂销售进行管控等。

（6）设施与设备 企业的营业场所是否与其药品经营范围、经营规模相适应，并与药品储存、办公、生活辅助及其他区域分开；温湿度控制设备及消防设施是否按要求配备。

（7）陈列与储存 重点检查药品储存、陈列环境是否符合要求等。

4. 检查技巧与方法 可以采取"六查六核"工作法。

一查证照：核实经营权合法性。检查企业是否具有《药品经营许可证》；是否悬挂；是否在有效期内；是否与药品经营许可证上所核定的注册经营地址、经营范围、经营方式相一致。

二查人员：核实关键岗位情况。核对执业药师、药师或质量负责人是否在岗，从业人员是否有年度健康检查合格的证明，是否进行培训；企业法定代表人或企业负责人，以及质量管理、验收、采购人员等是否符合相应的学历或资质的要求。

三查现场：核实设施设备运转情况。检查企业设施设备运转、陈列储存质量情况；是否配备符合要求的调节温湿度的设备如空调、温湿度计、冷藏柜（经营冷藏药品）等，是否配备避光、通风、防潮、防虫、防鼠等设备；是否有药品直接堆放于地面；是否设置药品拆零专柜，是否配备药品拆零销售所需的调配工具、包装用品；经营场所是否有霉烂变质、过期失效的药品等。

四查品种：核实购、存、销情况及质量状况。抽查的具有代表性品种，有特殊管理要求的药品、医保高值药品、库存量大的品种，以及摆放在较隐蔽场所的品种。抽查企业购进该药品是否保存业务员的法人委托书；是否有真实完整的购进验收记录；是否与供货单位签订有《质量保证协议书》或含质量条款的《供货协议》；是否有正式的购进票据，购进票据是否盖有供货单位公章；核实是否索取、查验、留存供货商相关《药品生产许可证》或《药品经营许可证》《营业执照》的复印件。

五查管理：核实制度、文件、计算机系统等软件运转情况。检查质量管理制度及文件记录，是否制定药品质量管理制度，是否按制度文件进行购销存管理，是否定期考核执行情况并留存相关记录；检查计算机系统管理情况，是否建立符合经营全过程管理及质量控制要求的计算机系统，数据真实准确，药品购销存流向可追溯，购进、验收、销售全流程记录，可追溯，是否可以对过期药品进行控制、销售数量进行控制。

六查销售：核实销售合法性及售后管理情况。检查是否凭处方销售处方药；是否明确规定"除药品质量原因外，药品一经售出，不得退换"；因质量原因退回的药品处理记录是否符合药品退货和不合格药品管理规定；是否按照国家有关药品不良反应报告制度的规定，收集、报告药品不良反应信息。

活动二　有因检查

一、有因检查的含义

有因检查是对药品上市许可持有人、药品生产企业、药品经营企业、药品使用单位可能存在的具体问题或者投诉举报等开展的针对性检查。本教材有因检查指药品经营企业的有因检查。

二、有因检查的程序

1. 制定计划　一方面，药品监督管理部门可以依据风险原则制定本年度有因检查计划；另一方面，除年度有因检查计划确认的被检查单位名单外，有下列情形之一的，药品监督管理部门经风险评估，可以开展有因检查。

（1）投诉举报或者其他来源的线索表明可能存在质量安全风险的。

（2）检验发现存在质量安全风险的。

（3）药品不良反应监测提示可能存在质量安全风险的。

（4）对申报资料真实性有疑问的。

（5）涉嫌严重违反相关质量管理规范要求的。

（6）企业有严重不守信记录的。

（7）企业频繁变更管理人员登记事项的。

（8）生物制品批签发中发现可能存在安全隐患的。

（9）检查发现存在特殊药品安全管理隐患的。

（10）特殊药品涉嫌流入非法渠道的。

（11）其他需要开展有因检查的情形。

2. 检查方式　一般采取不预先通知的检查方式（飞行检查）。

3. 检查前的准备

（1）选派检查组　派出检查单位负责组建检查组实施检查。检查组一般由2名以上检查员组成，检查员应当具备与被检查品种相应的专业知识、培训经历或者从业经验。检查组实行组长负责制。必要时，药品监督管理部门可以联合有关部门共同开展有因检查。

（2）制定有因检查方案　派出检查单位在实施检查前，根据有因检查事项制定检查方案。检查方案应当针对具体的问题或者线索明确检查内容，以及检查事项、时间、人员、方式、检查范围或品种等。必要时开展全面检查。

4. 实施检查

（1）亮证　检查组到达被检查单位后，应当向被检查单位出示执法证明文件或者药品监督管理部门授权开展检查的证明文件。

（2）开展现场检查

1）现场检查流程与常规检查类似。需要注意的是，开展飞行检查时，检查组成员不得事先告知被检查单位检查行程和检查内容。检查组在指定地点集中后，应当第一时间直接进入检查现场，直接针对可能存在的问题开展检查。检查组成员不得向被检查单位透露检查过程中的进展情况、发现的违法违规线索等相关信息。

2）上级药品监督管理部门组织实施有因检查的，可以适时通知被检查单位所在地药品监督管理部门。被检查单位所在地药品监督管理部门应当派员协助检查，协助检查的人员应当服从检查组的安排。

3）检查中发现被检查单位涉嫌违法的，执法人员应当立即开展相关调查、取证工作，检查组应当将发现的违法线索和处理建议立即通报负责该被检查单位监管工作的药品监督管理部门和派出检查单位。

4）对需要检验的，应当立即组织监督抽检，并将样品及有关资料等寄送至相关药品检验机构检验或者进行补充检验方法和项目研究。

（3）撰写检查报告　检查结束后，检查组应当及时撰写现场检查报告，并于5个工作日内报送组织有因检查的药品监督管理部门。现场检查报告的内容包括：检查过程、发现问题、相关证据、检查结论和处理建议等。

（4）召开末次会议　检查组召开末次会议，向被检查单位通报现场检查情况，形成的检查报告应经检查组成员和被检查单位负责人（或授权委托人）签字盖章确认，企业公章应为行政公章，多页要加盖骑缝章。检查报告一般为一式3份，被检查单位留存1份，派出检查单位存档2份。被检查单位对现场检查通报的情况有异议的，可以陈述申辩，检查组如实记录，并结合陈述申辩内容最终确定缺陷项目。

5. 提交整改报告　现场检查结论为待整改后评定的被检查单位，被检查单位按照整改计划在规定时限完成整改后，应当及时将整改情况形成补充整改报告报送派出检查单位，必要时，派出检查单位会对被检查单位整改落实情况进行现场检查。

活动三　许可检查

一、许可检查的含义

许可检查是药品监督管理部门在开展药品生产经营许可申请审查过程中，对申请人是否具备从事药品生产经营活动条件开展的检查。本教材许可检查指药品经营许可相关检查。

二、现场检查情形

药品经营许可证载明事项分为许可事项和登记事项。许可事项是指经营地址、经营范围、经营方式、仓库地址。登记事项是指企业名称、统一社会信用代码、法定代表人、主要负责人、质量负责人等。

现场检查情形主要包括新开办企业申请核发药品经营许可证，企业药品经营许可证到期申请重新审查发证，企业申请药品经营许可证许可事项变更且需进行现场检查的情况。

三、许可检查的程序

以新开办企业申请核发药品经营许可证为例。

1. 企业提出申请　开办药品经营企业，应当在取得营业执照后，向所在地县级以上药品监督管理部门申请药品经营许可证，提交下列材料。

（1）药品经营许可证申请表。

（2）质量管理机构情况以及主要负责人、质量负责人、质量管理部门负责人学历、工作经历相关材料。

（3）药师或者其他药学技术人员资格证书以及任职文件。

（4）经营药品的方式和范围相关材料。

（5）药品质量管理规章制度以及陈列、仓储等关键设施设备清单。

（6）营业场所、设备、仓储设施及周边卫生环境等情况，营业场所、仓库平面布置图及房屋产权或者使用权相关材料。

（7）法律、法规规定的其他材料。

2. 受理　药品监督管理部门收到药品经营许可证申请后，应当根据下列情况分别作出处理。

（1）申请事项依法不需要取得药品经营许可的，应当即时告知申请人不受理。

（2）申请事项依法不属于本部门职权范围的，应当即时作出不予受理的决定，并告知申请人向有关行政机关申请。

（3）申请材料存在可以当场更正的错误的，应当允许申请人当场更正。

（4）申请材料不齐全或者不符合形式审查要求的，应当当场或者在 5 日内发给申请人补正材料通知书，一次告知申请人需要补正的全部内容，逾期不告知的，自收到申请材料之日起即为受理。

（5）申请材料齐全、符合形式审查要求，或者申请人按照要求提交全部补正材料的，应当受理药品经营许可证申请。药品监督管理部门受理或者不予受理药品经营许可证申请的，应当出具加盖本部门专用印章和注明日期的受理通知书或者不予受理通知书。

3. 许可结果　药品监督管理部门应当自受理申请之日起 20 日内作出决定。药品监督管理部门按照药品经营质量管理规范及其现场检查指导原则、检查细则等有关规定，组织开展申报资料技术审查和现场检查。经技术审查和现场检查，符合条件的，准予许可，并自许可决定作出之日起 5 日内颁发药品经营许可证；不符合条件的，作出不予许可的书面决定，并说明理由。

仅从事乙类非处方药零售活动的，申请人提交申请材料和承诺书后，符合条件的，准予许可，当日颁发药品经营许可证。自许可决定作出之日起 3 个月内药品监督管理部门组织开展技术审查和现场检查，发现承诺不实的，责令限期整改，整改后仍不符合条件的，撤销药品经营许可证。

4. 注意事项

（1）换发证时限规定　药品经营许可证有效期届满需要继续经营药品的，药品经营企业应当在有效期届满前 6 个月至 2 个月期间，向发证机关提出重新审查发证申请。在有效期届满前 2 个月内提出重新审查发证申请的，药品经营许可证有效期届满后不得继续经营；药品监督管理部门准予许可后，方可继续经营。

（2）变更许可事项的规定　变更药品经营许可证载明的许可事项的，应当向发证机关提出药品经营许可证变更申请。未经批准，不得擅自变更许可事项。发证机关应当自受理变更申请之日起 15 日内作出准予变更或者不予变更的决定。药品零售企业被其他药品零售连锁总部收购的，按照变更药品经营许可证程序办理。

（3）变更登记事项的规定　药品经营许可证载明的登记事项发生变化的，应当在发生变化起 30 日内，向发证机关申请办理药品经营许可证变更登记。发证机关应当在 10 日内完成变更登记。

活动四　飞行检查

药品飞行检查，简称"飞检"是指药品监督管理部门针对药品研制、生产、经营、使用等环节开展的不预先告知的监督检查，具有突击性、独立性、高效性等特点。

有下列情形之一的，药品监督管理部门可以开展药品飞行检查。

（1）投诉举报或者其他来源的线索表明可能存在质量安全风险的。

（2）检验发现存在质量安全风险的。

（3）药品不良反应或者医疗器械不良事件监测提示可能存在质量安全风险的。

（4）对申报资料真实性有疑问的。

（5）涉嫌严重违反质量管理规范要求的。

（6）企业有严重不守信记录的。

（7）其他需要开展飞行检查的情形。

"飞检"通常为药品监督管理部门按《药品医疗器械飞行检查办法》开展的有因检查。在监督检查前药品监督管理部门往往不会事先通知企业，一般采取突击的形式进行检查，企业事先无法预知检查时间、检查类别、检查人员、检查范围等内容。企业在日常经营与质量管理过程中如何面对"飞检"呢？

一、坚持不懈地做好日常质量管理

企业在日常管理中应根据国家的法律、法规及时修订管理制度和相关管理规程，做好动态管理。对以下日常质量管理资料及时梳理，随时准备检查。

1. 质量管理体系文件　质量手册（各种文件目录、质量管理制度、质量操作规程、岗位职责）、质量记录（台账、凭证、日志、图表、报告等）。

2. 人力资源管理资料　企业人员组织架构图、人员权限设置表、人员名册及资质证明材料等；培训资料、人员健康档案。

3. 药品质量档案 合格供货单位、首营供货单位、首营品种审核资料、合同等。

4. 质量管理档案 企业质量管理报告、外部检查报告、质量控制报告（温湿度监控、药品验收记录、药品销售记录、药品养护记录、不合格药品处理记录等）。

5. 设备设施档案 冷冻、冷藏药品设备设施验证计划、方案、记录、报告等；设备使用、维护、校准、验证报告等管理档案。

6. 凭证 药品购、销台账；采购发票、随货同行单、入库凭证、销售清单、运输记录、供货商销售清单等。

二、做好突击检查的紧急接待和配合演练

为了提高"飞检"的组织效率，企业在规范做好质量管理体系文件等资料准备的同时，可以提前做好各种检查的应急预案。平时做好应对检查的演练工作，落实责任部门与人员分工，明确责任。企业负责人、质量负责人、质量管理部门负责人及质量管理部门、采购管理部门、销售管理部门、财务管理部门、物流管理部门等根据自身职责，按检查组的要求解答检查员相关问题，配合检查组查看相关现场、调取相关资料或药品。现场检查过程中对检查组的提问应做到有问必答，答中要点，提供资料应做到"快、准、全"，对检查组的要求不明确之处应及时沟通，避免想当然。

检查结束后，检查组发现的问题要认真核实，积极面对，客观、合理地作出解释或补充相关资料。对确认存在问题之处，也应积极表态，立即纠正或制定切实可行的整改方案，落实整改并将整改报告递交药品监督管理部门。

总之，面对越来越严格的药品监督管理，药品经营企业的每个部门、每个岗位、每个人，要严格把关每个环节，做好日常管理，这既是对药品质量负责、对企业负责，也是对生命负责，是每个医药人的责任与担当。

知识链接

《药品医疗器械飞行检查办法》

《药品医疗器械飞行检查办法》（以下简称《办法》）已于 2015 年 6 月 29 日由国家食品药品监督管理总局公布，自 2015 年 9 月 1 日起施行。《办法》是食品药品监督管理部门针对药品和医疗器械研制、生产、经营、使用等环节开展的不预先告知的监督检查。《办法》共 5 章 35 条，包括总则、启动、检查、处理及附则。《办法》将药品和医疗器械研制、生产、经营和使用全过程纳入飞行检查的范围，突出飞行检查的依法、独立、客观、公正，以问题为导向，以风险管控为核心，按照"启得快、办得实、查得严、处得准"的要求，详细规定了启动、检查、处理等相关工作程序，严格各方责任和义务，提升飞行检查的科学性、有效性和权威性。

技能训练

【**训练目的**】通过到企业参观让学生了解 GSP 对药品经营企业的要求。

参观药品经营企业，初步了解药品经营企业硬件设施、人员资格和职责、质量管理程序和制度过程控制等方面内容，根据 GSP 要求进行对照，交流讨论。

【**具体要求**】

1. 了解企业经营方式、经营范围并与药品经营许可证对照，看是否相符。查看企业营业执照、执业药师注册证及其内容。

2. 了解药品经营企业经营面积、经营品种。

3. 了解药品经营企业的工作人员情况及工作职责。

4. 了解企业管理制度及相关记录。

【要点提示】通过观察、分析等手段，确定企业提供的资料和数据是否真实可信，有无虚假、欺骗行为。对发现虚假、欺骗的，注意充分收集相关证据；要区分工作疏漏与虚假、欺骗，分别对待。

答案解析

目标检测

一、单项选择题

1. 《药品经营质量管理规范》已于 2016 年 6 月 30 日经国家食品药品监督管理总局局务会议审议通过，自（ ）起施行。

 A. 2015 年 7 月 1 日   B. 2016 年 7 月 20 日

 C. 2015 年 12 月 1 日   D. 2013 年 6 月 1 日

2. 除（ ）之外，均应执行《药品经营质量管理规范》。

 A. 药品经营企业

 B. 药品生产企业

 C. 药品流通过程中涉及储存、运输药品的企业

 D. 药品生产企业销售药品

3. 药品经营企业《药品经营许可证》有效期届满需要继续经营药品的，应当在有效期届满前（ ）向发证机关提出重新审查发证申请。

 A. 1 年内   B. 8 个月内

 C. 7 个月内   D. 6 个月内

4. 对麻醉药品和第一类精神药品、药品类易制毒化学品经营企业检查频次为（ ）。

 A. 每年不少于一次   B. 每季度不少于一次

 C. 每半年不少于一次   D. 每个月不少于一次

二、多项选择题

1. 制定《药品经营质量管理规范》的目的和依据是（ ）。

 A. 加强药品经营质量管理

 B. 规范药品经营行为

 C. 保障人体用药安全、有效

 D. 《中华人民共和国药品管理法》《中华人民共和国药品管理法实施条例》

 E. 提高药品经营企业经济效益

2. 《药品经营质量管理规范》是药品经营管理和质量控制的基本准则，企业应当在（ ）环节采取有效的质量控制措施，确保药品质量。

 A. 采购   B. 储存   C. 销售

 D. 财务   E. 运输

3. 《药品经营质量管理规范》对药品经营企业的经营要求是（ ）。

 A. 坚持诚实守信   B. 依法经营   C. 禁止任何虚假、欺骗行为

 D. 照章纳税   E. 宣传用药安全

4. 国家有专门管理要求的药品是（ ）。

    A. 蛋白同化制剂   B. 肽类激素   C. 生物制品

    D. 含特殊药品复方制剂   E. 易串味中药材

5. 原印章是指企业在购销活动中，为证明企业身份在相关文件或者凭证上加盖的（ ）原始印记，不能是印刷、影印、复印等复制后的印记。

    A. 企业公章   B. 发票专用章   C. 质量管理专用章

    D. 药品出库专用章   E. 财务专用章

6. 以下说法正确的是（ ）。

    A. 待验：对到货、销后退回的药品采用有效的方式进行隔离或者区分，在入库前等待质量验收的状态

    B. 零货：指拆除了用于运输、储藏包装的药品

    C. 拼箱发货：将零货药品集中拼装至同一包装箱内发货的方式

    D. 拆零销售：将最小包装拆分销售的方式

    E. 首营企业：采购药品时，与本企业首次发生供需关系的药品经营企业

7. 药品经营许可证应当载明（ ）。

    A. 企业名称   B. 经营地址   C. 法定代表人

    D. 经营范围   E. 仓库地址

8. 参加首次会议的人员一般包括（ ）。

    A. 检查组成员   B. 企业全体人员   C. 企业主要负责人

    D. 企业质量负责人   E. 企业部门负责人

9. 根据检查性质和目的，药品检查分为（ ）。

    A. 许可检查   B. 常规检查   C. 有因检查

    D. 其他检查   E. 特殊检查

三、简答题

1. 常规检查过程中被检查单位一般需提供哪些资料？

2. 整改报告应当至少包含哪些内容？

书网融合……

      重点小结   微课   习题

项目三　GSP 对人员与机构的要求

PPT

>> 学习目标 //

　　知识目标：通过本项目的学习，应能掌握 GSP 对药品批发企业、零售连锁企业、零售企业人员的要求，GSP 对药品批发企业、零售连锁企业、零售企业机构的要求；熟悉 GSP 对人员培训与健康检查的要求。

　　能力目标：能评估和解释 GSP 对人员、机构的要求，以确保从业人员具备必要的专业知识和健康状态，促进合规经营和规范管理。

　　素质目标：通过本项目的学习，树立积极进取的意识和高度岗位责任感；培养严谨的工作态度，以符合资质要求的人员和机构开展药品经营活动，为保障全民健康提供可靠服务。

>> 情境导入 //

　　情境：2023 年 9 月，广西壮族自治区贵港市市场监督管理局对广西贵港市某大药房有限责任公司进行现场检查。经查，该公司企业负责人兼处方审核员蒙某任的工作简历、任职文件、离职证明等申报材料与实际不符，通过提供虚假的证明、资料骗取药品经营许可。该公司上述行为违反了《中华人民共和国药品管理法》第一百二十三条规定。2023 年 12 月，贵港市市场监督管理局依据《中华人民共和国药品管理法》第一百二十三条规定，对该公司处以撤销药品经营许可、十年内不受理其药品经营许可申请、罚款 50 万元的行政处罚。

　　思考：为什么对于药品经营企业人员来说资质管理如此关键？

任务一　GSP 对人员的要求

　　根据《中华人民共和国药品管理法》第五十二条，从事药品经营活动应当具备以下条件：①有依法经过资格认定的药师或者其他药学技术人员；②有与所经营药品相适应的营业场所、设备、仓储设施和卫生环境；③有与所经营药品相适应的质量管理机构或者人员；④有保证药品质量的规章制度，并符合国务院药品监督管理部门依据本法制定的药品经营质量管理规范要求。

　　根据 GSP 的要求，企业应做到：①人员档案应齐全；②个人档案内容应有姓名、性别、岗位、学历、专业、专业技术职称、执业资格、岗位工作年限，以及健康、培训、工作经历和工作能力证明材料等；③人员花名册内容应与人员档案的相应内容保持一致；④人员资质应与其岗位相称；⑤人员资质应符合现行版 GSP 及有关法律法规、政策文件的要求。

　　企业在录用人员时需填写药品从业人员基本情况登记表并存档，如表 3 - 1 所示。

表3-1　药品从业人员基本情况登记表

姓名		性别		籍贯		照片
身份证号				最高学历		
毕业学校及专业						
执业资格或职称				岗位		

主要工作简历	起止年月	在何地、何单位从事何岗位工作
	何时何地何方式取得何职称	

本人自＿＿＿年起从事药品经营质量管理工作，至今已有＿＿＿年的工作经验，情况属实。

本人承诺
1. 本人对以上填写的内容及提供的材料真实性、可靠性和完整性负责
2. 本人将严格按照《中华人民共和国药品管理法》等法律、法规和规章行事
3. 本人在该单位任质量负责人、质量管理员、处方审核员期间不在其他单位兼职
4. 本人对以上的声明和承诺负法律责任

本人签名：　　　年　月　日

招用单位意见		当地药监部门审核意见	

 法规链接

《中华人民共和国药品管理法》

　　第一百二十三条　提供虚假的证明、数据、资料、样品或者采取其他手段骗取临床试验许可、药品生产许可、药品经营许可、医疗机构制剂许可或者药品注册等许可的，撤销相关许可，十年内不受理其相应申请，并处五十万元以上五百万元以下的罚款；情节严重的，对法定代表人、主要负责人、直接负责的主管人员和其他责任人员，处二万元以上二十万元以下的罚款，十年内禁止从事药品生产经营活动，并可以由公安机关处五日以上十五日以下的拘留。

活动一　对药品批发企业人员的要求

 法规链接

《药品经营质量管理规范》

　　第十八条　企业从事药品经营和质量管理工作的人员，应当符合有关法律法规及本规范规定的资格要求，不得有相关法律法规禁止从业的情形。

　　第十九条　企业负责人应当具有大学专科以上学历或者中级以上专业技术职称，经过基本的药学

专业知识培训，熟悉有关药品管理的法律法规及本规范。

第二十条 企业质量负责人应当具有大学本科以上学历、执业药师资格和3年以上药品经营质量管理工作经历，在质量管理工作中具备正确判断和保障实施的能力。

第二十一条 企业质量管理部门负责人应当具有执业药师资格和3年以上药品经营质量管理工作经历，能独立解决经营过程中的质量问题。

第二十二条 企业应当配备符合以下资格要求的质量管理、验收及养护等岗位人员：

（一）从事质量管理工作的，应当具有药学中专或者医学、生物、化学等相关专业大学专科以上学历或者具有药学初级以上专业技术职称；

（二）从事验收、养护工作的，应当具有药学或者医学、生物、化学等相关专业中专以上学历或者具有药学初级以上专业技术职称；

（三）从事中药材、中药饮片验收工作的，应当具有中药学专业中专以上学历或者具有中药学中级以上专业技术职称；从事中药材、中药饮片养护工作的，应当具有中药学专业中专以上学历或者具有中药学初级以上专业技术职称；直接收购地产中药材的，验收人员应当具有中药学中级以上专业技术职称。

从事疫苗配送的，还应当配备2名以上专业技术人员专门负责疫苗质量管理和验收工作。专业技术人员应当具有预防医学、药学、微生物学或者医学等专业本科以上学历及中级以上专业技术职称，并有3年以上从事疫苗管理或者技术工作经历。

第二十三条 从事质量管理、验收工作的人员应当在职在岗，不得兼职其他业务工作。

第二十四条 从事采购工作的人员应当具有药学或者医学、生物、化学等相关专业中专以上学历，从事销售、储存等工作的人员应当具有高中以上文化程度。

第二十五条 企业应当对各岗位人员进行与其职责和工作内容相关的岗前培训和继续培训，以符合本规范要求。

第二十六条 培训内容应当包括相关法律法规、药品专业知识及技能、质量管理制度、职责及岗位操作规程等。

第二十七条 企业应当按照培训管理制度制定年度培训计划并开展培训，使相关人员能正确理解并履行职责。培训工作应当做好记录并建立档案。

第二十八条 从事特殊管理的药品和冷藏冷冻药品的储存、运输等工作的人员，应当接受相关法律法规和专业知识培训并经考核合格后方可上岗。

第二十九条 企业应当制定员工个人卫生管理制度，储存、运输等岗位人员的着装应当符合劳动保护和产品防护的要求。

第三十条 质量管理、验收、养护、储存等直接接触药品岗位的人员应当进行岗前及年度健康检查，并建立健康档案。患有传染病或者其他可能污染药品的疾病的，不得从事直接接触药品的工作。身体条件不符合相应岗位特定要求的，不得从事相关工作。

人员需满足相关业务岗位资质条件才能上岗，在相关人员的档案中应有符合规定的材料。

一、企业负责人

（1）有企业负责人任命文件。

（2）企业负责人个人档案中有企业负责人大学专科以上学历原件或者中级以上专业技术职称证书原件。

（3）有企业负责人药学专业知识培训证书或相关培训证明材料。

（4）企业负责人应熟悉有关药品管理的法律法规及现行版 GSP 的内容。

（5）不得存在学历、职称不符合规定的情况。

二、质量负责人

（1）有质量负责人任命文件。

（2）质量负责人个人档案中应有其 3 年以上药品经营质量管理工作经历的相关证明材料、大学本科以上学历原件和执业药师注册证原件（已经注册到本单位，在有效期内）。体外诊断试剂批发企业的质量负责人还应有 3 年以上从事体外诊断试剂经营管理的工作经验证明原件。

（3）质量负责人应具备正确判断和保障实施质量管理的能力。

（4）质量文件、记录中有质量负责人履职的签名。

（5）不得存在学历、执业资格、工作经历和能力不符合规定的情况。

三、质量管理部门负责人

（1）有质量管理部门负责人任命文件。

（2）质量管理部门负责人个人档案中应有其 3 年以上药品经营质量管理工作经历的相关证明材料、执业药师注册证原件（已经注册到本单位，在有效期内）。体外诊断试剂批发企业的质量管理部门负责人应为执业药师或具有检验学相关专业大学本科以上学历的主管检验师。

（3）质量管理部门负责人应具备独立解决经营过程中有关质量问题的能力。

（4）质量文件、记录中有质量管理部门负责人履职的签名。

（5）不得存在执业资格、工作经历和能力不符合规定的情况。

四、企业相关质量管理工作岗位人员

（1）企业从事药品质量管理工作的人员不得少于 3 人，除质量负责人、质量管理部门负责人外，至少还应配备一名不低于省级药品批发企业许可验收标准或许可换证验收标准规定资质的质量管理员。质量管理员个人档案中有其药学中专或者医学、生物、化学等相关专业大专以上学历证书原件，或（中）药师以上专业技术职称证书原件。

（2）经营体外诊断试剂（药品类）批发企业质量管理人员为 2 人。1 人为执业药师；1 人为主管检验师，或具有检验学相关专业大学本科以上学历并从事检验相关工作 3 年以上工作经历。

（3）验收员个人档案中有其药学或医学、生物、化学等相关专业中专以上学历证书原件，或（中）药师以上专业技术职称证书原件。

（4）体外诊断试剂验收员个人档案中应有检验学中专以上学历证书原件。

（5）养护员个人档案中有其药学或医学、生物、化学等相关专业中专以上学历证书或（中）药师以上专业技术职称证书原件或复印件。

（6）中药材、中药饮片验收员的个人档案中有其中药学专业中专以上学历证书原件，或者具有主管中药师以上专业技术职称证书原件。

（7）验收直接收购地产中药材的验收员，应具有主管中药师以上专业技术职称。

（8）中药材、中药饮片养护员的个人档案中有其中药学专业中专以上学历证书原件或复印件，或者具有中药师以上专业技术职称证书原件或复印件。

（9）疫苗的质量管理和验收应有 2 名以上专业技术人员专门负责。

（10）专业技术人员的个人档案中应有其预防医学、药学、微生物学或者医学等专业本科以上学历证书原件、中级以上专业技术职称证书原件、3年以上从事疫苗管理或者技术工作经历证明原件。

在现行版GSP中，相关质量管理工作岗位人员还需要特别注意：①质量负责人、质量管理部门负责人、质量管理员、验收员应与企业签订正式劳动合同，按国家规定缴纳医保及相关社会保险费用；②质量负责人、质量管理部门负责人、质量管理员、验收员应在工作时间内履行岗位职责；③质量负责人、质量管理部门负责人、质量管理员、验收员不得兼职采购、收货、储存、养护、销售、出库复核、运输、财会、信息管理等其他业务工作；④企业负责人不得兼职质量负责人，保证相互监督和制约；⑤质量负责人不得兼职质量管理部门负责人，保证质量管理领导岗位层级的分布和职责的落实；⑥质量管理人员不能兼职验收员；⑦验收员不能兼职收货员、养护员；⑧条款中对相关中药技术人员条件的设置要求，显示出本规范对中药材、中药饮片经营的专业技术条件的重视和提升。

五、采购、销售及储存等工作人员

（1）采购人员的个人档案中有其药学或者医学、生物、化学等相关专业中专以上学历证书原件或复印件。

（2）销售、储存、分拣配货等工作人员的个人档案中有其高中以上文化程度证明材料原件或复印件。

（3）体外诊断试剂售后服务人员应具有检验学中专以上学历。

（4）维护和管理现代物流设施设备及计算机、中央数据处理系统能力等的计算机专业技术人员应有2级以上计算机等级证书。

根据GSP相关要求，批发企业人员要求见表3-2。

表3-2　GSP对药品批发企业人员要求汇总

序号	岗位	专业	学历	职称（执业资格）	上岗条件	备注
1	企业负责人	无	≥大专	或≥中级	药学专业知识培训	二选一
2	质量负责人	无	≥本科	执业药师	3年以上药品经营质量管理工作经历	三项同时满足
3	质管部责任人	无	无	执业药师	3年以上药品经营质量管理工作经历	三项同时满足
4	质量管理员	药学	≥中专	或≥药学初级		二选一
		或医学、生物、化学等相关专业	≥大专	或≥药学初级		二选一
5	验收员	药学或医学、生物、化学等相关专业	≥中专	或≥药学初级		二选一
6	中药材、中药饮片验收员	中药学	≥中专	或≥中药学中级		二选一
7	直接收购地产中药材验收员	中药学	无	≥中药学中级		二项同时满足
8	养护员	药学或医学、生物、化学等相关专业	≥中专	或≥药学初级		二选一
9	中药材、中药饮片养护员	中药学	≥中专	或≥中药学初级		二选一
10	采购员	药学或医学、生物、化学等相关专业	≥中专	无		
11	保管员、复核员	无	≥高中	无		

续表

序号	岗位	专业	学历	职称（执业资格）	上岗条件	备注
12	销售员	无	≥高中	无		
13	疫苗技术人员（质管和验收）	预防医学、药学、微生物学、医学等专业	≥本科	≥中级	3 年以上疫苗管理或技术工作经历	四项同时满足
14	体外诊断试剂质量管理人员（2 人）			执业药师		
14		检验学相关专业	≥本科	或主管检验师	3 年以上检验工作经历	二选一
15	体外诊断试剂验收、售后人员	检验学	≥中专	无		
16	特殊管理和冷藏冷冻的药品储运人员	无	无	无	法规和专业知识培训并经考核合格后上岗	

备注：1. 药学初级以上专业技术职称指药士、药师或中药师及以上技术职称。

2. 中药学初级以上专业技术职称是指中药师及以上技术职称。

3. 中药学中级以上专业技术职称是指主管中药师及以上技术职称或执业中药师。

4. 专业技术人员是指具有预防医学、药学、微生物学或者医学等专业本科以上学历及中级以上专业技术职称。中级以上专业技术职称指相关专业的助理研究员、工程师、主管药（技）师及以上职称。

活动二　对药品零售连锁企业人员的要求

药品零售连锁企业总部的人员管理应当符合本规范药品批发企业相关规定，门店的人员管理应当符合本规范药品零售企业相关规定，需要注意如下事项。

（1）零售连锁公司门店负责人必须是本店实际负责人，不得在其他企业或单位兼职。

（2）总部法定代表人或企业负责人具备执业药师资格的，门店负责人可以不是执业药师，但应具有中专以上学历且具有（中）药师以上专业技术职称；总部法定代表人或企业负责人不具备执业药师资格的，门店负责人必须是执业药师，并注册在本店。

（3）经市局批准同意实行执业药师远程审方服务的零售连锁企业，其门店应有药师负责处方复核。

活动三　对药品零售企业人员的要求

 法规链接

《药品经营质量管理规范》

第一百二十四条 企业从事药品经营和质量管理工作的人员，应当符合有关法律法规及本规范规定的资格要求，不得有相关法律法规禁止从业的情形。

第一百二十五条 企业法定代表人或者企业负责人应当具备执业药师资格。

企业应当按照国家有关规定配备执业药师，负责处方审核，指导合理用药。

第一百二十六条 质量管理、验收、采购人员应当具有药学或者医学、生物、化学等相关专业学历或者具有药学专业技术职称。从事中药饮片质量管理、验收、采购人员应当具有中药学中专以上学历或者具有中药学专业初级以上专业技术职称。

营业员应当具有高中以上文化程度或者符合省级食品药品监督管理部门规定的条件。中药饮片调剂人员应当具有中药学中专以上学历或者具备中药调剂员资格。

根据 GSP 相关要求，零售企业人员相关岗位资格条件如表 3 - 3 所示。

表3-3 GSP对药品零售企业人员要求汇总

序号	岗位	专业	学历	职称（执业资格）	上岗条件	备注
1	企业法人代表或企业负责人	无	无	执业药师		
2	质量管理、验收、采购员	药学或医学、生物、化学等相关专业	≥中专	或≥药学初级		二选一
3	中药饮片质量管理、验收、采购员	中药学	≥中专	或≥中药学初级		二选一
4	营业员	无	≥高中		或符合省级药品监督管理部门规定的条件	二选一
5	中药饮片调剂员	中药学	≥中专	或≥中药调剂员资格		二选一
6	特殊管理、国家有专门管理要求的和冷藏冷冻的药品销售人员	无	无	无	法规和专业知识培训并经考核合格后上岗	

需要注意如下事项。

（1）零售企业经营范围有处方药的，企业法定代表人或企业负责人档案中应有其执业药师证书原件。如零售企业经营范围为非处方药的，企业法定代表人或企业负责人应当具备执业药师资格或药师以上技术职称。

（2）每家药店应注册一名以上执业药师（按各省市要求，营业面积超过150m²以上的应注册不少于2名执业药师）；经营中药饮片的应有一名中药执业药师，且必须在证书有效期内。

（3）药店内应由注册在本单位的执业药师负责处方审核，药品调配处方上应有执业药师本人签名。

任务二 GSP 对机构的要求

活动一 对药品批发企业机构的要求

 法规链接

《药品经营质量管理规范》

第十三条 企业应当设立与其经营活动和质量管理相适应的组织机构或者岗位，明确规定其职责、权限及相互关系。

第十四条 企业负责人是药品质量的主要责任人，全面负责企业日常管理，负责提供必要的条件，保证质量管理部门和质量管理人员有效履行职责，确保企业实现质量目标并按照本规范要求经营药品。

第十五条 企业质量负责人应当由高层管理人员担任，全面负责药品质量管理工作，独立履行职责，在企业内部对药品质量管理具有裁决权。

第十六条 企业应当设立质量管理部门，有效开展质量管理工作。质量管理部门的职责不得由其他部门及人员履行。

第十七条 质量管理部门应当履行以下职责：

（一）督促相关部门和岗位人员执行药品管理的法律法规及本规范；

（二）组织制订质量管理体系文件，并指导、监督文件的执行；

（三）负责对供货单位和购货单位的合法性、购进药品的合法性以及供货单位销售人员、购货单位采购人员的合法资格进行审核，并根据审核内容的变化进行动态管理；

（四）负责质量信息的收集和管理，并建立药品质量档案；

（五）负责药品的验收，指导并监督药品采购、储存、养护、销售、退货、运输等环节的质量管理工作；

（六）负责不合格药品的确认，对不合格药品的处理过程实施监督；

（七）负责药品质量投诉和质量事故的调查、处理及报告；

（八）负责假劣药品的报告；

（九）负责药品质量查询；

（十）负责指导设定计算机系统质量控制功能；

（十一）负责计算机系统操作权限的审核和质量管理基础数据的建立及更新；

（十二）组织验证、校准相关设施设备；

（十三）负责药品召回的管理；

（十四）负责药品不良反应的报告；

（十五）组织质量管理体系的内审和风险评估；

（十六）组织对药品供货单位及购货单位质量管理体系和服务质量的考察和评价；

（十七）组织对被委托运输的承运方运输条件和质量保障能力的审查；

（十八）协助开展质量管理教育和培训；

（十九）其他应当由质量管理部门履行的职责。

一、药品批发企业质量管理组织机构

药品批发企业质量管理组织机构如图 3 - 1 所示。

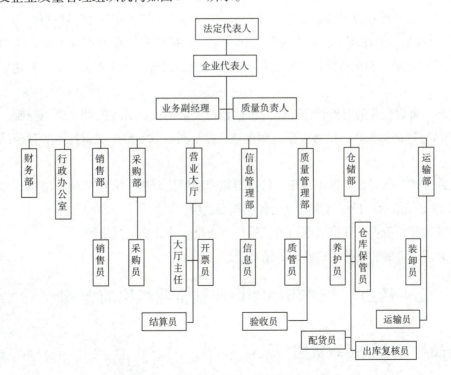

图 3 - 1　药品批发企业质量管理组织机构

二、各部门岗位职责

1. 企业法定代表人（董事长） 负责公司重大事情决策，对公司经营负责。

2. 企业负责人（总经理） 药品质量的主要责任人，全面负责企业日常管理，提供必要的条件，保证质量管理部门和质量管理人员有效履行职责。

3. 企业质量负责人 全面负责药品质量管理工作，独立履行职责，在企业内部对药品质量管理具有裁决权职责，包括质量裁决、制度审核、首营审批等。

4. 业务副经理 协助总经理负责公司药品的购销及售后服务工作。

5. 质量管理部 全面负责药品的质量管理，有效开展质量管理工作（详细职责见 GSP 第十七条）。本部门职责不得由其他部门及人员履行。委托药品现代物流企业储存药品的企业，质量管理部门应指导和监督被委托方的药品验收、储存、养护、出库复核等质量工作。

6. 采购部 确保从合法的企业购进合格的药品。包括负责制定购进计划；索取供货单位及药品资质证明文件；与供货单位签订购货合同、质量保障协议；及时索取供方的销售发票，建立采购记录，确保票、账、货一致；依法购进特殊管理药品等。

7. 仓储部 负责药品的收货、储存、养护、配货、出库等工作，为质量管理部门提供准确可靠的养护数据。具体包括：对到货药品的品种、数量、运输方式、到货温度等进行核对和记录，通知验收；根据药品的储藏要求放置相应库房，对药品进行合理储存；检查并改善仓库卫生环境；负责仓库设备的使用和维护，定期检查，并建立记录档案；负责药品的在库养护工作，监测与调控库房温湿度，并建立记录档案；发现质量可疑的药品，在计算机系统中锁定并隔离（悬挂"暂停发货"牌），报告质量管理部门处理；负责药品的出库复核及配货工作；定期盘点库存，并对药品进行效期管理；协助开展验证工作。

8. 销售部 负责药品的销售及售后服务工作，确保将药品销售至合法单位并建立销售纪录。依法销售特殊管理药品。质量投诉和药品不良反应报告等质量管理工作在本部门执行。

9. 运输部 确保药品在运输过程中的质量和安全。包括确定运输方式及工具；定期检查、养护运输设施，并建立记录；确保特殊管理药品和冷冻冷藏药品的运输符合相关规定，并建立运输过程中的冷链记录。

10. 财务部 负责企业的财务管理工作。包括公司资金调拨、财务统计、费用控制，编制财务计划及报表。严格管理进货发票、销售发票，确保票、账、货、款一致。经营特殊管理药品，不得用现金交易。

11. 行政办公室 负责日常行政事务，包括制定劳动用工制度、人员招聘、培训、考核等管理工作，传达总经理工作指示，督促落实公司的各项规章制度。

12. 信息管理部 负责计算机系统相关工作，负责企业计算机信息维护。

13. 营业大厅 负责药品的销售开票、结算管理工作。

活动二　对药品零售连锁企业机构的要求

一、药品零售连锁组织机构

药品零售连锁企业的基本框架是总部、配送中心与门店，总部和配送中心的机构设置与职能与批发企业要求一致，企业在业务部下属设置运营管理组，负责连锁门店的日常运营管理工作，各连锁门店负责药品零售工作，对售出药品的质量负责，其机构要求应参照零售企业。

零售连锁的经营理念就是通过总部的标准化、专业化、集中化管理门店的作业使之单纯化、高效化。其核心就在于"统一"。

药品零售连锁企业应当按照《药品经营质量管理规范》的要求，在企业总部统一领导下，建立覆盖包括总部各管理部门、企业物流配送机构以及全部连锁门店的质量管理体系，实施统一企业标识、统一管理制度、统一计算机系统、统一人员培训、统一采购配送、统一票据管理、统一药学服务标准，实现规模化、集团化管理经营。

药品零售连锁企业必须实行"七统一管理"经营模式，连锁门店和加盟店均不得自行购进药品。

二、药品零售连锁企业质量管理组织机构

药品零售连锁企业质量管理组织机构如图 3-2 所示。

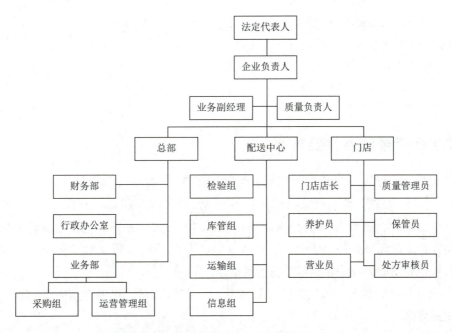

图 3-2　药品零售连锁企业质量管理组织机构

药品零售连锁企业必须设立连锁企业总部管理机构，主要负责人必须为注册执业药师，在药品的购进、储运和销售等环节实行质量管理，建立包括组织结构、职责制度、过程管理和设施设备等方面的质量体系，并使之有效运行。从事药品质量管理的人员应在职在岗，不得在其他企业或单位兼职。

活动三　对药品零售企业机构的要求

 法规链接

《药品经营质量管理规范》

第一百二十一条　企业应当具有与其经营范围和规模相适应的经营条件，包括组织机构、人员、设施设备、质量管理文件，并按照规定设置计算机系统。

第一百二十二条　企业负责人是药品质量的主要责任人，负责企业日常管理，负责提供必要的条

件，保证质量管理部门和质量管理人员有效履行职责，确保企业按照本规范要求经营药品。

第一百二十三条　企业应当设置质量管理部门或者配备质量管理人员，履行以下职责：

（一）督促相关部门和岗位人员执行药品管理的法律法规及本规范；

（二）组织制订质量管理文件，并指导、监督文件的执行；

（三）负责对供货单位及其销售人员资格证明的审核；

（四）负责对所采购药品合法性的审核；

（五）负责药品的验收，指导并监督药品采购、储存、陈列、销售等环节的质量管理工作；

（六）负责药品质量查询及质量信息管理；

（七）负责药品质量投诉和质量事故的调查、处理及报告；

（八）负责对不合格药品的确认及处理；

（九）负责假劣药品的报告；

（十）负责药品不良反应的报告；

（十一）开展药品质量管理教育和培训；

（十二）负责计算机系统操作权限的审核、控制及质量管理基础数据的维护；

（十三）负责组织计量器具的校准及检定工作；

（十四）指导并监督药学服务工作；

（十五）其他应当由质量管理部门或者质量管理人员履行的职责。

一、零售药店经营条件要求

（1）组织机构、企业人员（资质、知识、经验、职责）、设施（营业场所、仓库的布局、面积、容积）、设备（空调、冰箱、温湿度监测设备）、质量管理文件（质量管理制度、部门和岗位职责、操作规程、记录与凭证、档案）、计算机系统（电脑、ERP 软件、网络、电子监管码采集设备）等应符合省级药品零售企业新开办许可验收、许可换证验收及现行版 GSP 的相关要求，与经营方式、经营范围、经营规模相适应，能满足实际经营活动需求。

（2）不得出现机构设置与企业实际不一致的情况，部门职责、权限必须界定清晰，不得相互交叉，不得有职责盲区。

（3）不得出现人员资质不符、能力不胜任、未履行职责的情况，兼职不得违反规定。

（4）经营场所和库房的布局、面积、容积应与经营范围和规模匹配（以各省级规定为准）。

（5）空调系统功率应与经营场所和库房的面积、容积匹配。

（6）经营冷藏药品的，应配备冰箱等冷藏设备。

（7）应依据经营范围，加强对冷藏药品、二类精神药品、毒性中药品种、罂粟壳及含麻黄碱类复方制剂等专门管理类药品的管理，建立专门的质量管理制度和质量监控、追溯措施。

（8）计算机系统应符合现行版 GSP 相关附录的要求，适应企业实际经营情况，能实现药品电子监管和远程监管的要求。

二、药品零售企业质量管理组织机构

药品零售企业质量管理组织机构如图 3－3 所示。

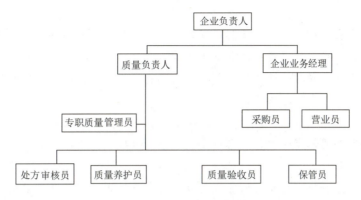

图 3-3　药品零售企业质量管理组织机构

三、人员岗位职责

根据现行版 GSP 规定，药品零售企业为保证药品经营质量，需设置相应的质量管理机构，划定各部门或人员的职责范围。

1. 企业负责人（法人代表）　质量领导及决策人，全面负责组织店内药品质量、工作质量、服务质量等。

2. 质量负责人　负责组织店内质管工作的管理与审核，宣传、贯彻药品的法律法规，严把药品质量关。

3. 企业业务经理　负责对店内所经营的药品进行采购，督促药师和营业员正确向顾客销售药品。

4. 专职质量管理员　协助质量负责人组织实施质量工作计划，收集质量信息、具体负责各种档案资料的收集、处理和建档工作。

5. 质量验收员　严格执行质量验收程序，负责购进药品的质量检验。

6. 质量养护员　严格执行药品养护程序，负责药品陈列、库存药品养护检查工作。

7. 处方审核员　负责对所经营的处方药进行处方收方、审方、复核等，保证经营的药品安全、有效。

8. 采购员　负责制定采购计划，依法购进、规范经营，保证顾客购药需求和合理库存。

9. 营业员　负责具体的销售工作，依法正确、合理销售药品，严格遵守公司考勤制度，树立良好的职业道德，保持友善、热情的工作态度，对待客户要积极主动。

10. 保管员　负责保管药品，清查数量，进行合理储存。

任务三　GSP 对人员培训与健康检查的要求

活动一　培训教育的要求

 法规链接 --

《药品经营质量管理规范》

批发企业及零售连锁（总部）

第二十五条　企业应当对各岗位人员进行与其职责和工作内容相关的岗前培训和继续培训，以符合本规范要求。

第二十六条　培训内容应当包括相关法律法规、药品专业知识及技能、质量管理制度、职责及岗位操作规程等。

第二十七条　企业应当按照培训管理制度制定年度培训计划并开展培训，使相关人员能正确理解并履行职责。培训工作应当做好记录并建立档案。

第二十八条　从事特殊管理的药品和冷藏冷冻药品的储存、运输等工作的人员，应当接受相关法律法规和专业知识培训并经考核合格后方可上岗。

零售企业及零售连锁（门店）

第一百二十七条　企业各岗位人员应当接受相关法律法规及药品专业知识与技能的岗前培训和继续培训，以符合本规范要求。

第一百二十八条　企业应当按照培训管理制度制定年度培训计划并开展培训，使相关人员能正确理解并履行职责。培训工作应当做好记录并建立档案。

第一百二十九条　企业应当为销售特殊管理的药品、国家有专门管理要求的药品、冷藏药品的人员接受相应培训提供条件，使其掌握相关法律法规和专业知识。

一、培训类型

1. 岗前培训　是指上岗前必须接受培训，符合岗位要求后方可上岗履行职责。

2. 继续培训　在岗位任职期间应定期接受的培训，符合岗位要求方可继续从事岗位工作。

二、培训岗位

全公司与药品经营相关的各岗位人员主要如下。

1. 企业管理层　负责公司整体运营的管理人员，包括董事会成员和高层管理人员。

2. 质量管理人员　负责药品质量管理的人员，如质量总监、质量控制经理等。

3. 执业药师　负责药品审核、调配和用药咨询的专业人员。

4. 药品采购、仓储和销售人员　涉及药品采购、仓储管理、销售的相关工作人员。

5. 其他相关人员　包括负责信息管理系统、客户服务等方面的人员。

三、培训要求

符合现行版 GSP 规范要求，达到能正确理解并履行职责的培训目标。

四、培训内容

培训应包括以下内容。

1. 药品管理法律法规　学习并掌握《药品管理法》及相关法规和规章；熟悉与药品经营相关的法律责任和义务。

2. 药品质量管理　药品质量管理体系的基本概念和要求；药品验收、储存、养护、调配和销售的质量管理标准和操作规程。

3. 药品储存与养护　药品储存环境的要求，包括温湿度控制、防潮、防虫、防鼠等措施；药品养护管理的基本知识，定期检查药品有效期和质量状态。

4. 处方药与非处方药管理　处方药和非处方药的分类及管理要求；处方药的审核和调配流程，确保按处方正确调配药品。

5. 用药咨询与服务　提供用药指导和咨询服务的基本技能；处理顾客投诉和用药问题，确保用药安全。

6. 安全管理 药品安全管理的基本知识，防止药品流失、被盗和滥用；药品召回、退货和报废的管理流程。

7. 职业道德与行为规范 药品经营从业人员的职业道德要求和行为规范；遵循行业规范，维护企业声誉和消费者权益。

根据法规政策的最新要求，培训内容应及时更新。

五、培训方式

1. 集中培训 由企业统一组织的内部或外部集中授课。

2. 现场培训 在实际工作环境中进行的操作性培训。

3. 在线培训 通过网络平台提供的灵活培训方式。

4. 持续教育 定期更新知识和技能，确保人员持续符合规范要求。

六、培训考核

1. 理论考试 评估参训人员对药品管理法律法规、质量管理等方面的掌握情况。

2. 操作考核 评估实际操作能力，确保人员能够正确执行各项操作规程。

3. 培训反馈与改进 根据培训效果和参训人员的反馈，不断优化培训内容和形式。

七、培训的工作流程

1. 培训流程 如图 3 - 4 所示。

（1）制定培训管理制度 企业有义务提供培训条件并保障培训效果。

（2）制定年度培训计划 包括监管部门、行业协会等组织的外部培训，以及企业自身组织的内部培训。应在培训需求调研的基础上，结合监管要求、企业制度修订等情况，按照培训管理制度的规定制定培训计划。

（3）应按培训计划、培训内容开展培训工作。

（4）应进行培训效果的测评，确保相关人员能正确理解并履行职责。

（5）有培训记录和档案。

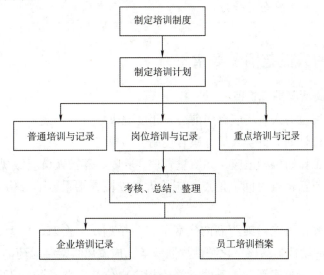

图 3 - 4 培训工作流程

2. 培训记录 应包含培训时间、培训内容、培训地点、举办单位、参加人员等。

3. 培训档案 应包含培训计划、培训通知、培训教材、签到簿、课件、考卷、培训证书等。

八、高风险类别岗位培训要求

特殊管理药品及冷冻冷藏药品等高风险类别药品相关的岗位，需要重点培训，并建立相关岗位人员的培训记录、培训档案。相关岗位人员均应经考核合格后方可上岗。

培训内容包括：特殊管理药品和冷藏冷冻药品的专业知识、操作要求、应急预案等，涉及的相关法律法规和专业知识除《药品管理法》、现行版 GSP 外，还包括《麻醉药品和精神药品管理条例》《麻醉药品和精神药品运输管理办法》《放射性药品管理办法》《医疗用毒性药品管理办法》《药品类易制毒化学品管理办法》《易制毒化学品管理条例》《危险化学品安全管理条例》、GB/T 28842—2012《药品冷链物流运作规范》等。

活动二 健康检查的要求

 法规链接 -

《药品经营质量管理规范》

批发企业及零售连锁（总部）

第二十九条 企业应当制定员工个人卫生管理制度，储存、运输等岗位人员的着装应当符合劳动保护和产品防护的要求。

第三十条 质量管理、验收、养护、储存等直接接触药品岗位的人员应当进行岗前及年度健康检查，并建立健康档案。患有传染病或者其他可能污染药品的疾病的，不得从事直接接触药品的工作。身体条件不符合相应岗位特定要求的，不得从事相关工作。

零售企业及零售连锁（门店）

第一百三十条 在营业场所内，企业工作人员应当穿着整洁、卫生的工作服。

第一百三十一条 企业应当对直接接触药品岗位的人员进行岗前及年度健康检查，并建立健康档案。患有传染病或者其他可能污染药品的疾病的，不得从事直接接触药品的工作。

第一百三十二条 在药品储存、陈列等区域不得存放与经营活动无关的物品及私人用品，在工作区域内不得有影响药品质量和安全的行为。

- -

一、健康检查的人员范围及要求

企业依法对员工健康状况进行管理。

（1）直接接触药品岗位的人员均应有岗前、每年度健康检查的档案。

（2）体检时间、体检计划应符合人员健康管理制度的规定。

（3）体检项目应与工作岗位相适应，如质量管理、验收、养护人员应做视力、辨色力检查等。

（4）健康检查档案包括检查时间、地点、应检人员、检查结果、不合格人员的处理情况，以及原始体检表等内容。

（5）患有传染病或其他可能污染药品的疾病的，包括痢疾、伤寒、甲型病毒肝炎、戊型病毒性肝炎等消化道传染病及活动性肺结核、化脓性皮肤病等，应调离直接接触药品岗位。

（6）色盲、心脏病、精神病等身体条件不符合相应岗位特定要求的，不得从事验收、搬运等相关工作。

二、卫生管理

1. 对批发企业及零售连锁（总部）的要求

（1）有个人卫生管理制度。

（2）有劳动保护制度，对劳动防护用品的购买、验收、保管、发放、使用、更换、报废等进行有效管理。

（3）储存、运输等岗位人员有劳动保护措施，如冷藏、冷冻药品存储区域配备棉衣，堆垛搬运人员佩戴安全帽、鞋、手套等。

（4）储运场所不得有不符合卫生管理要求和对存储环境、药品产生污染的情况。

2. 对零售企业及零售连锁（门店）的要求

（1）有营业场所和个人卫生管理制度。营业时间内，工作人员应穿着工作服。工作服应整洁、卫生，符合卫生管理要求，不得对存储环境、药品产生污染。

（2）药品储存、陈列等区域不得存放与经营活动无关的物品及私人用品。

（3）药品储存、陈列等区域内的人员不得有洗漱、就餐、饮酒、吸烟、打闹、嬉戏等影响药品质量和安全的行为。

技能训练

【训练目的】通过编写应聘简历表，学生能够熟悉 GSP 对药品批发企业各岗位人员资质的具体要求，理解各岗位的职责和工作内容。同时，学生能够学会识别和匹配自身资质与岗位要求，提升职业规划能力。

【具体要求】现有某大型药品批发企业开设分部，经营范围是化学制剂、中成药及中药饮片，需招聘质量管理部门负责人 1 名、质量管理员、验收员、养护员和销售员若干，请同学们按照各岗位要求的资质条件，选取 2 个以上的职位编写应聘简历表。应聘简历表如下表所示。

应聘简历表

姓名		性别		籍贯		
身份证号				最高学历		照片
毕业学校及专业						
执业资格或职称				应聘岗位		
主要工作简历	起止年月	在何地、何单位从事何岗位工作				
何时何地何方式取得何职称						
个人求职意向说明						

【要点提示】

1. 根据 GSP 对各职位的资质要求，编写相应的应聘简历表。
2. 简历表应包含个人信息、求职意向、教育背景、工作经历、专业技能、资质证书和其他信息。
3. 突出与 GSP 要求相关的经验和技能，确保简历符合职位的资质条件。
4. 注意简历的逻辑性和条理性，确保信息清晰、完整、真实。

•••• **目标检测**

答案解析

一、单项选择题

1. 药品经营企业的组织机构中，必须设置的专职部门是（　　）。

　　A. 采购部　　　　　　　　　　　B. 销售部

　　C. 财务部　　　　　　　　　　　D. 质量管理部

2. 企业组织机构设置的原则不包括（　　）。

　　A. 符合有关法律法规要求

　　B. 符合企业经营实际

　　C. 与本企业经营规模、经营类型相适应

　　D. 与多数企业设置一致

3. （　　）是药品质量的主要责任人，全面负责企业日常管理，确保企业实现质量目标并按照 GSP 规范要求经营药品。

　　A. 企业负责人　　　　　　　　　B. 质量管理部门负责人

　　C. 质量管理员　　　　　　　　　D. 验收员

4. 验收员岗位属于（　　）。

　　A. 仓储部　　　　　　　　　　　B. 质量管理部

　　C. 销售部　　　　　　　　　　　D. 运输部

5. 以下岗位不属于质量管理部门的是（　　）。

　　A. 质量部经理　　　　　　　　　B. 验收员

　　C. 质量员　　　　　　　　　　　D. 保管员

6. 从事疫苗配送的专业技术人员，还应有（　　）年以上从事疫苗管理或者技术工作经历。

　　A. 1　　　　　　　　　　　　　B. 2

　　C. 3　　　　　　　　　　　　　D. 4

7. 从事销售、储存等工作的人员应当具有（　　）以上文化程度。

　　A. 初中　　　　　　　　　　　　B. 高中

　　C. 中专　　　　　　　　　　　　D. 大专

8. 从事验收、养护工作的，应当具有药学或者医学、生物、化学等相关专业（　　）以上学历或者具有药学初级以上专业技术职称。

　　A. 大学本科　　　　　　　　　　B. 大学专科

　　C. 中专　　　　　　　　　　　　D. 高中

9. 从事中药材、中药饮片验收工作的，应当具有中药学专业（　　）以上学历或者具有中药学中级以上专业技术职称。

　　A. 中专　　　　　　　　　　　　B. 高中

C. 大学专科 D. 大学本科

10. 从事质量管理工作的，应当具有药学（　　）或者医学、生物、化学等相关专业大学专科以上学历或者具有药学初级以上专业技术职称。

A. 大学本科 B. 中专

C. 大学专科 D. 高中

二、多项选择题

1. 以下药品批发企业岗位中，必须在职在岗，不得兼职其他业务工作的岗位有（　　）。

A. 采购岗位 B. 验收岗位 C. 销售岗位

D. 养护岗位 E. 质量管理岗位

2. 批发企业质量管理部负责人必须具备的条件是（　　）。

A. 执业药师资格

B. 3 年以上药品经营质量管理工作经历

C. 本科以上学历

D. 中级以上专业技术职称

E. 专科以上学历

3. 零售企业各岗位人员应当接受相关法律法规及药品专业知识与技能的（　　），以符合本规范要求。

A. 岗前培训 B. 专项培训 C. 临时培训

D. 继续培训 E. 学历培训

三、判断题

1. 从事质量管理、验收工作的人员应当在职在岗，可以兼职其他业务工作。（　　）

2. 生产、销售假药，或者生产、销售劣药且情节严重的，对法定代表人、主要负责人、直接负责的主管人员和其他责任人员终身禁止从事药品生产经营活动。（　　）

3. 药品零售企业对直接接触药品岗位的人员只需要进行岗前健康检查即可。（　　）

书网融合……

重点小结

习题

PPT

项目四　GSP 对药品采购的管理

学习目标

知识目标： 通过本项目的学习，应能掌握药品采购的原则、程序和方法，并能填写首营企业和首营品种审核表；熟悉采购记录和发票管理；了解进货质量评审和药品购销合同的主要内容。

能力目标： 能规范进行药品采购；能准确填写审核表和采购记录；能有效管理发票和进行质量评审；能理解和处理药品购销合同。

素质目标： 通过本项目的学习，强化合规意识，遵守法律法规；培养坚持职业道德，坚持诚信经营。

情境导入

情境一： 某药房未从药品上市许可持有人或者具有药品生产、经营资格的企业购进黄葵胶囊、松龄血脉康胶囊、脉血康胶囊等药品，产品货值金额 14.37 万元。该药房上述行为违反了《中华人民共和国药品管理法》第五十五条规定。该市市场监督管理局依据《中华人民共和国药品管理法》第一百二十九条规定，对该药房处以没收违法所得 14.37 万元、罚款 43.11 万元的行政处罚。

情境二： 某药房购进并销售氨酚曲马多片等 9 种药品，共计 1343 盒（瓶），但未按要求记录购进、验收及销售信息，也无法提供真实完整的购销记录，发现销售异常后未及时上报并停止销售，造成涉案药品流入非法渠道。该药房上述行为违反了《中华人民共和国药品管理法》第五十七条规定。该市市场监督管理局依据《中华人民共和国药品管理法》第一百三十条规定，对该药房处以吊销药品经营许可证的行政处罚；依据《市场监督管理严重违法失信名单管理办法》第二条规定，将该药房列入严重违法失信名单，通过国家企业信用信息公示系统公示。

思考： 1. 情境一和情境二出现的主要原因是什么？

　　　　2. 在药品进货环节，应该注意哪些关键问题？

　　　　3. 企业应如何避免类似案例的发生？

任务一　药品采购的原则、程序和方法

活动一　药品的采购原则与程序

 法规链接

《中华人民共和国药品管理法》

第一百二十九条 违反本法规定，药品上市许可持有人、药品生产企业、药品经营企业或者医疗机构未从药品上市许可持有人或者具有药品生产、经营资格的企业购进药品的，责令改正，没收违法购进的药品和违法所得，并处违法购进药品货值金额二倍以上十倍以下的罚款；情节严重的，并处货值金额十倍以上三十倍以下的罚款，吊销药品批准证明文件、药品生产许可证、药品经营许可证或者

医疗机构执业许可证；货值金额不足五万元的，按五万元计算。

《药品经营质量管理规范》

第六十一条　企业的采购活动应当符合以下要求：

（一）确定供货单位的合法资格；

（二）确定所购入药品的合法性；

（三）核实供货单位销售人员的合法资格；

（四）与供货单位签订质量保证协议。

采购中涉及的首营企业、首营品种，采购部门应当填写相关申请表格，经过质量管理部门和企业质量负责人的审核批准。必要时应当组织实地考察，对供货单位质量管理体系进行评价。

一、药品采购的原则

通过前面的两个案例可以发现，采购作为药品经营质量控制过程的第一个环节，购进药品质量的好坏、品种的选择对于后续的如验收、储存及销售等各个环节都有直接的影响，甚至影响整个企业的经营状况。因此，药品经营企业必须严把采购关，在采购过程中遵循以下原则。

1. 质量优先　质量是药品采购的首要原则。药品是人们用于预防、治疗、诊断疾病的物质，是一种特殊的商品。药品的质量合格与否直接影响消费者的生命健康。因此，企业在采购药品和选择供应商时都必须将质量放在选择的第一位，严格审核供应商的供货资质和药品的合法性。

2. 以需订购　企业购进药品最终目的是为了销售，进货前需要作详细的市场调查和预测，购入的药品种类必须符合市场的供需状况才能有好的销售前景。另外，进货时机也非常重要，洞察先机、提前备货、及时吐货是成功的关键。如东阿阿胶这种滋补性的中药材在冬季时需求量增大，销售量增多，经营企业需提前备货，而夏季属于其销售淡季，则应减少其进货量。

3. 勤进快销　企业的仓库容量和流动资金是有限的，药品的采购必须建立在合理库存的基础上，购进的数量与销售的容量相符，做到进销结合，不积压、不脱销，保证资金和货品周转的连续性。

4. 经济核算　企业经营的核心是为了获得收益，在保证药品质量的基础上，企业的采购需要控制成本，在制定采购计划时需精打细算、减少支出，选择质价相称、价格便宜的药品。

5. 合作共赢　购销双方都希望在交易中获得利润，因此在采购洽谈过程中也需要主动考虑合作方利益，协调与各方利益关系，达成互利互惠。

二、药品采购的质量管理程序

1. 药品采购前置工作

（1）盘库存　商品库存情况是采购工作的基础资料，能有效掌握本企业的实际库存，确定库存不足（需购进）、库存饱和（不需购进）、库存积压（需外调）的药品品种，能及时调整采购计划。

盘库存是以商品账目为依据，以实际库存为标准，做到"货账相符，库存真实"。

（2）市场调查研究　药品的购进必须符合市场的需要，因此在采购前必须认真进行市场调查研究工作，这需要采购部门收集汇总市场信息，并加以分析整理，做出正确的市场预测，选择适销对路的购进品种。一般来说，需要关注的市场信息包括：国家政策、经济、文化水平、供货信息、需求信息、价格信息、流通渠道信息以及促销信息等。

（3）编制采购计划　采购员在确保药品质量的前提下，根据供应商信誉、药品价格市场需要、季节特点、病疫情况以及结合库存余缺定期编写采购计划，报质量负责人审查同意后进行采购。编写采购计划需填写采购计划审核表（表4-1）。

表4-1 药品采购计划审批表

计划时限： 年 月 日至 年 月 日

药品名称	剂型	规格	包装	批准文号	供货单位	上市许可持有人	生产单位	生产批号	参考价格	购进数量	市场状况
采购部门审批意见							负责人（签章）：			年 月 日	
质管部门审批意见							负责人（签章）：			年 月 日	
财务部门审批意见							负责人（签章）：			年 月 日	
公司质量负责人审批意见							负责人（签章）：			年 月 日	

2. 药品采购质量管理程序

（1）选择供应商　选择供应商，应审核其法定资格及质量信誉，程序如图4-1所示。

图4-1 选择供货商的程序

《药品管理法》第五十五条规定，药品上市许可持有人、药品生产企业、药品经营企业和医疗机构应当从药品上市许可持有人或者具有药品生产、经营资格的企业购进药品。

1）业务部门需要对所选择的供应商进行调查，调查内容包括以下内容。

①法定资格及质量信誉的调查：证照是否齐全、有效，生产/经营范围是否与证照一致。

②生产/经营过程的调查：是否有优良的生产工艺、设施设备、卫生环境、经营及仓储管理等。

③管理能力的调查：管理人员是否有质量意识，是否有完善的质量管理体系和负责贯彻执行质量第一原则的质量管理机构，是否对员工开展继续教育和培训等。

④技术能力的调查：检验技术和设备的现代化程度、人员资质及专业技术人员的比例。

⑤新产品效果的调查：供方开发的新产品是否安全、有效、稳定、优越及被消费者接受。

2）调查完成后，业务部门需收集供货单位所有的资料并加以评价，具体的评价方法如下。

①文件评审和证书验证：索取相关证照、材料的复印件并加盖供货单位原印章。

②比对历史使用情况：过往的产品和服务质量、交货情况、市场发展前景及社会信誉。

③必要时进行实地考察。

评价合格的供应商应建立合格供应商档案表及合格供应商清单，以便采购部门从合格的供应商清单中选择进货单位。对于首营企业，需填写"首营企业审核表"，并经企业质量管理机构、企业负责人的审核批准，详见本项目任务二。合格供应商档案表及合格供应商清单见表 4 - 2 和表 4 - 3。

表 4 - 2　合格供应商档案表

编号：　　　　　　　　　　　　　　　　　　　　　　　　　　　　建档时间：　年　月　日

企业名称			地址		
法定代表人		联系电话		邮政编码	
营业执照			许可证		
生产/经营范围			经营方式		
企业概况	年产值	获得主要荣誉		技术人员人数	
产品状况	主要产品：		质量状况：		
质量管理与制度情况（按 GMP 或 GSP 管理）					
质量负责人	姓名	性别	文化程度	职务	技术职称	质量工作年限
综合评价	审核以上这些资料符合规定，可以列入合格供货方档案。 质管部负责人：　　年　月　日　　　　　　　　　　　总经理：　　年　月　日				
附件	□ 药品生产/经营许可证复印件（实施"三证"合一后，各证件的号码都合并成统一社会信用代码)） □ 营业执照 □ 销售人员身份证复印件　　　　□ 销售人员法人委托书复印件 □ 合同样式和《质量保证协议书》 □ 相关印章、随货同行单（票）、空白发票样式复印件 □ 开户户名、开户银行及账号 其他＿＿＿＿				

表 4 - 3　合格供应商清单

序号	供应商名称	经营范围	注册地址	邮编	联系人	联系电话/传真	法人代表	质保情况	备注

有效期：　　年　　月　　日至　　年　　月　　日

（2）选择购入药品　购进药品需要审核药品的合法性，即是否是合法企业生产或经营的、药品的法定质量标准、批准文号、生产批号、有效期、包装等，尤其对首营品种，需填写"首次经营药品审批表"，并经企业质量管理机构、企业物价部门和企业主管领导的审核批准，详见本项目任务二。选择购入药品的合法性和质量可靠性如图4-2所示。

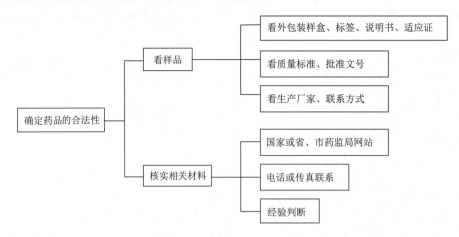

图4-2　选择购入药品的程序

（3）对与本企业进行业务联系的供货单位销售人员，进行合法资格的验证。

（4）签订有明确质量条款的购货合同。

（5）购货合同中质量条款的执行。

供应商或药品申报首营企业或首营品种已通过审核的，采购质量管理程序如图4-3所示。

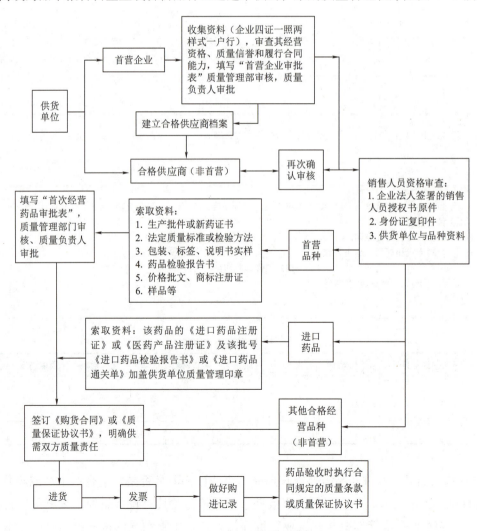

图4-3　药品采购质量管理程序

3. 药品采购流程　药品采购流程如图 4 – 4 所示。

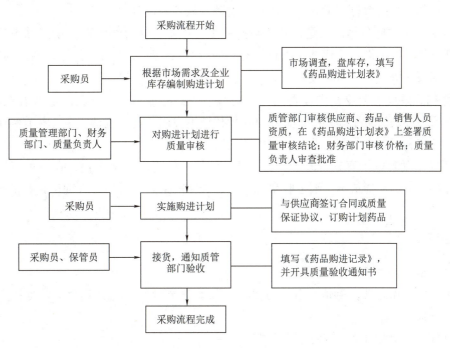

图 4 – 4　药品采购流程

活动二　药品采购的方法

企业采购药品需要选择合适的采购渠道和方式。

一、药品采购渠道

1. 批发和零售连锁企业
（1）从国内药品生产企业采购。

（2）从国内营销企业采购。

（3）从中外合资企业采购。

（4）从国外进口。

（5）从国家储备库拨出更新。

2. 零售企业
（1）从当地药品批发企业采购。

（2）从当地药品生产企业采购。

（3）从外地药品企业采购。

二、采购方式

1. 市场选购　企业根据市场需求和自身经营能力，自主从供货方已有的药品中选择购进适合的品种和数量。

2. 合同订购　供方现有品种或数量不能满足企业和市场需要，进货企业与供货单位签订订购合同，按合同产销。

3. 招标采购　此方式是目前采购的趋势，需方企业发布药品需求信息，具有资格的生产或经营企业投标，企业根据投标方提供的药品品质和价格进行选择，以价格最低、质量最优者中标。中标后双方签订采购合同，合同履行到货验收合格后，财务复核入账付款。

4. 代理式采购 也叫代销制，是指企业与药品供货单位订立合约，在一定区域内垄断销售某些药品，在办理进货手续的同时，代理企业获得药品的所有权，形成"风险共担、利益共享"的局面。此采购方式前期投入资金多，风险较高。

5. 代批代销式采购 企业受供方委托代销药品，在药品售出以前，药品的所有权归委托单位。在药品售出以后，办理进货手续并结算货款。代批代销不占用企业的流动资金，并有利于供货方的产品推销，是一种有利于调动供需企业双方积极性的购销方式。

6. 网络采购 随着电子商务的迅猛发展，药品网络营销将走入常态化，企业可直接通过网络采购药品。其优势是节约流通成本，缩短收集市场信息和完成采购的时间，有利于企业把握机遇，提高效益。

> **知识链接**
>
> 进货中的"六进两有底"。
>
> 六进：优质产品优先进；紧俏产品计划进；一般品种平衡进；急救品种及时进；季节品种提前进；效期品种分批进。
>
> 两有底：市场信息要有底；市场动态要有底。

任务二 GSP 对药品首营审核的管理

现行版 GSP 要求，对首营的审核主要包括：首营企业审核、首营品种审核、对供货单位销售人员的核实。

活动一 首营企业审核

 法规链接

《药品经营质量管理规范》

第六十二条 对首营企业的审核，应当查验加盖其公章原印章的以下资料，确认真实、有效：

（一）《药品生产许可证》或者《药品经营许可证》复印件；

（二）营业执照、税务登记、组织机构代码的证件复印件，及上一年度企业年度报告公示情况；

（三）《药品生产质量管理规范》认证证书或者《药品经营质量管理规范》认证证书复印件；

（四）相关印章、随货同行单（票）样式；

（五）开户户名、开户银行及账号。

一、首营企业的概念

首营企业是指采购药品时，首次与本企业发生供需关系的生产或经营企业。

二、首营企业的审核内容

首营企业的选定应进行包括资格和质量保证能力的审核。根据《药品管理法》《药品经营质量管理规范》，首营企业审核的内容具体审核如下。

1. 企业资质审核　对供货企业进行验"证"（即营业执照、药品经营或生产许可证），考察其是否具有法定资格，是否超出其符合规定的生产（经营）范围。2019 年 12 月 1 日后不再进行 GMP 或 GSP 认证，但企业仍需符合 GMP 和 GSP 的管理要求。

2. 质量管理体系审核　考察供货企业的质量信誉、管理水平和质量保证体系，具体包括以下内容。

（1）企业的质量管理制度，包括质量手册、程序文件和记录文件。

（2）企业法定代表人和质量负责人的资质和相关证明文件。

（3）企业质量管理人员的资质和培训情况。

（4）企业是否设立独立的质量管理部门，并有专职质量管理人员。

（5）质量管理体系是否健全，发生质量问题后针对原因是否有纠正预防措施，纠正预防措施是否真实有效等。

3. 生产和经营设施审核　考察供货企业的生产或经营环境，对药品生产企业应考察其生产条件，对经营企业应考察其经营、仓储条件。

4. 法规和合规性审核

（1）企业是否遵守国家药品管理的法律法规。

（2）是否有因违反药品管理法规而被处罚的记录。

审核工作由企业的质量管理机构会同业务部门共同完成。审核的方式主要是资料的审查和验证，必要时应当组织实地考察，对供货单位质量管理体系进行评价。

特别注意"必要时"包括以下情况：①发生过药品质量问题的生产企业；②国家药品监督管理局质量公告涉及的不合格药品的企业；③不良信誉记录或其他不良行为的企业；④发生大量业务往来的企业；⑤材料无法核实的企业；⑥注册资金太少、人员不齐整的企业；⑦低温冷链供货单位。

三、审核首营企业应收集的资料

对首营企业审核应查验的资料，如表 4-4 所示。

表 4-4　首营企业资料审核目录

序号	资料目录（确定供货单位、购进药品、购销人员合格，签质保协议）
1	营业执照及年检证明复印件（①超营范围；②未年检；③效期超期：应有正在办理证明。实施"三证"合一后，各证件的号码都合并成统一社会信用代码）
2	药品生产许可证或药品经营许可证正本或副本复印件，若在有效期内有过许可变更的，必须提供副本的变更内容（注意：①超营范围；②未年检；③效期超期）
3	质量体系认证证书：GMP 认证证书（注意有效期和对应经营品种剂型）或 GSP 认证证书复印件（注意效期超限，2019 年 12 月 1 日后不再进行 GMP/GSP 认证）
4	上一年度企业年度报告公示情况
5	开票信息（开户名、开户银行及账号、公司地址）销售药品所开的税票
6	随货同行单（票）样式、供货单位公司的相关印章印模、空白发票样式复印件
7	质量保证协议书（现行版 GSP 第六十五条规定内容缺一不可，要求：①明确责任；②提供合规资料且真实、有效；③按规开发票；④药品质量达标；⑤包装、标签、说明书合规；⑥运输质保及责任；⑦质保协议有效期）
8	标明有明确质量条款的供货合同
9	企业质量体系情况调查表

续表

序号	资料目录（确定供货单位、购进药品、购销人员合格，签质保协议）
10	法人授权委托书原件（盖公章原章和法人印章或签名的授权书，应载明被授权人姓名、身份证号，及授权的品种、地域、期限）、人员身份证复印件和上岗证
备注	1. 上述复印件均需加盖供货单位原印章，质量管理人员在查验材料时，需审核各复印件的真伪，经营范围、效期和年检情况，确保材料真实有效 2. "相关印章"包括：出库专用章、质量专用章、公章、合同专用章、财务专用章、发票专用章、法人章和销售专用章 3. "随货通行单"样式必须真实印有"随货同行单"字样 4. 不论企业有多少个结算账户，至少备案 3 个，其中必须要有基本结算账户，企业的基本账户提供开户许可证，一般账户提供银行印签卡，均备份 5. 药品生产（经营）许可证在国家药监局网站核实，统一社会信用代码登录国家企业信用信息公示系统官方网站，或使用地方工商行政管理局或市场监督管理局的查询服务核实；所有审核工作有记录；网上、电话核实有截图等凭证 6. 经营特殊管理药品的首营企业，还必须审核其经营特殊管理药品的合法资格，索取加盖首营企业原印章的药品监督管理部门的批准文件

四、填写《首营企业审核表》

《首营企业审核表》如表 4 – 5 所示。

表 4 – 5 首营企业审核表

编号：　　　　　填报部门：　　　　　填报人：　　　　　填报日期：　　年　　月　　日

企业名称			法定代表人	
注册地址			企业负责人	
生产/仓库地址			邮政编码	
企业类别	□上市许可持有人　　□药品生产企业　　□药品经营企业			
生产/经营许可证号			许可证发证日期	
许可证发证机关			许可证有效期	
营业执照登记机关			统一社会信用代码	
营业执照有效期			注册资金	
生产/经营范围				
质量保证协议书	已签订： □质量条款规范 □质量条款不规范 □未签订		质量保证协议有效期	
供货单位委托业务人员情况	姓名		委托书有效期	
	身份证号码		联系电话	
企业资信情况	开户银行		账号	
	企业规模	□一般纳税人　　□小规模纳税人		
企业供货能力审核				

续表

采购部	所附资料： □质量体系调查表　　　□药品生产/经营许可证　　　□营业执照 □税务登记证　　　　　□组织机构代码证　　　　　　□开户户名、开户银行及账号 □法人授权委托书　　　□业务人员身份证复印件 □质量保证协议　　　　□印章备案　　　　　　　　　□随货同行备案 □上一年度企业年度报告公示情况		
	采购员签字：　　　　日期：		
	采购部门审批	□同意开展业务　　□不同意　　原因：	
		部门负责人签字：　　　　日期：	
质量管理部	资料审核情况	□经审核、资料齐全、合法有效 □经审核、资料不齐全 □经审核、资料无效	
	企业情况	核查方式	□经核查与资料内容一致
			□经核查与资料内容不一致
	委托业务人员 核查情况	核查方式	□网上核查网站
			□电话核查电话号码
		□经核查可与其洽谈业务 □经核查不能与其洽谈业务	
	质量管理体系 情况	□符合合格供应商要求　　□不符合合格供应商要求	
		核查人签字：　　　　日期：	
	审核意见	□经审核、资料齐全、合法有效、同意列入合格供应商清单	
		□经审核不同意列入合格供应商清单　　原因：	
		质管部经理签字：　　　　日期：	
质量负责人审批	□同意		
	□不同意　　原因：		
	质量负责人签字：　　　　日期：		

五、首营企业审核流程

首营企业审核流程如图 4－5 所示。

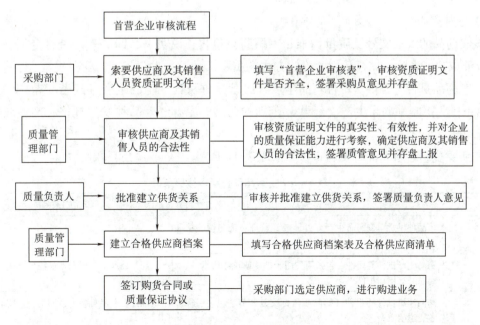

图 4－5　首营企业审核流程

（1）由采购部门填写"首营企业审核表"，并收集供应商及销售人员资质证明资料，填写采购原因，在计算机中录入基础信息，确认存盘后，交质量管理部门审核。

（2）质量管理部门通过相关政府网站检索、电话咨询及资料比对等方式对资料辨别、核实后，在"首营企业审核表"上填写意见，在计算机确认后，将表上报给质量负责人。

（3）质量负责人审核批准在"首营企业审核表"上签字，同时在计算机程序中确认后，转给采购部门。

（4）采购部门收到有质量负责人签字的"首营企业审核表"方能进行业务活动。

（5）首营企业相关材料由质量管理部门归入合格供应商档案。

活动二　首营品种审核

 法规链接

《药品经营质量管理规范》

第六十三条　采购首营品种应当审核药品的合法性，索取加盖供货单位公章原印章的药品生产或者进口批准证明文件复印件并予以审核，审核无误的方可采购。

一、首营品种的概念

首营品种，是指本企业首次采购的药品。《药品经营质量管理规范》中将从经营企业、生产企业首次采购的同一品种、规格、批号的药品也列为首营品种；新规格、新剂型、新包装也作为首营品种审批。

二、首营品种的审核

1. 审核的目的　确定购入药品的合法性，了解药品的质量、储存条件等基本情况，明确企业有无经营该品种的能力和条件。

2. 审核的范围　新品种、新规格、新剂型、新包装。

3. 审核的内容

（1）核实药品的批准文号及质量标准，审核药品包装、说明书、标签等是否符合相关规定，明确药品适应证或功能主治、储存条件、检验方法及质量状况。

（2）核实药品是否符合供货单位药品生产（经营）许可证规定的生产（经营）范围，是否超出本企业经营范围，严禁采购超生产（经营）范围的药品。原有经营品种发生规格、剂型或包装变更时，应重新审核。

4. 审核所需资料　首营品种资料审核目录见表4-6。

表4-6　首营品种资料审核目录

序号	国产药品	进口药品
1	该品种供货单位药品生产许可证或经营许可证和营业执照复印件	
2	药品生产批件复印件，包括药品注册批件或再注册批件、药品补充申请批件	进口药品注册证、医药产品注册证或者进口药品批件复印件
3	药品注册批件的附件（药品质量标准复印件、包装、标签、说明书）	质量标准、药品标签、说明书、包装的实物或复印件

续表

序号	国产药品	进口药品
4	药品实物样品	药品实物样品
5	出厂检验报告书或省、市药检部门质量检测合格报告单复印件	加盖"已抽样"的"进口药品通关单"或"进口药品检验报告书"复印件
6	国家药品价格批文复印件或省级物价部门的登记证明资料	物价批文复印件
7	注册商标批文复印件（新品）	
8	非处方药品审核登记证复印件	
9	新药证书复印件（新药）	
10	中药保护品种证书复印件（中药保护品种）	
补充	1. 药品批发和零售连锁企业购进首营品种需进行药品内在质量检验，如无内在质检能力的，应向供货单位索要该批号药品的质量检验报告书，或送县以上药品检验所检验 2. 进口麻醉药品、精神药品还应取得进口准许证复印件，进口中药材应索取进口药材批件复印件，进口分装药品需提供药品补充注册批件复印件 3. 生物、血液制品需索取生物制品批签发合格证、进口生物制品检验报告书复印件	

　　企业购进首营品种审核时需向供货单位索取以上资料并加盖供货单位公章原印章，确保材料齐全、真实、有效。

　　有关部门如对资料有其他要求的，由药品购进人员负责向供货单位索取，资料完备后再送相应部门审批。当发生灾情、疫情、突发事件或者临床紧急救治等特殊情况，紧急调拨的药品可以在事后将相关资料、证明补齐。

三、填写"首营药品审批表"

　　首营药品审批表见表 4 - 7。

表 4 - 7　首营药品审批表

编号：　　　　填报部门：　　　　　填报人：　　　　　填报日期：　　年　　月　　日

	通用名称		商品名称	
	英文名或汉语拼音		规格	
	剂型		单位	
	中包装		装箱规格	
	批准文号		质量标准	
	生产（经营）企业		详细地址	
基本情况	生产（经营）许可证号		证书有效期	
	营业执照号		执照有效期	
	产品批号		产品有效期	
	出厂检验报告书号		检验报告书号	
	（首批）检验结论	合格□　不合格□	储存条件	
	药品性状、质量、用途、疗效等情况			

续表

价格情况	零售价（单位）		批发价	
	供价		终审供价	
药品属性	化学原料药及其制剂□　　中药材□　　生化药品□　　特殊管理药品□ 中药饮片□　　中成药□　　中西成药□ 抗生素原料药及制剂血清、疫苗、血液制品□　　诊断药品□　　其他□			
药品分类	非处方药：OTC 乙□　　　OTC 甲□　　　处方药：Rx □			
所附资料	药品生产许可证或经营许可证□　　营业执照复印件□　　药品生产批件及附件□ 样品及同批号出厂检验报告书□ 非处方药审核登记证书□　　物价单□　　商品名批复件□　　其他补充资料□			
供货方业务员情况	姓名		身份证号	
	联系电话		授权情况	
采购员申请原因	签字：　　　　　年　　月　　日			
业务部门意见	负责人：　　　　　年　　月　　日			
质量管理部门意见	质量管理负责人：　　　　　年　　月　　日			
物价部门意见	负责人：　　　　　年　　月　　日			
质量负责人审批意见	□同意进货 □不同意进货 签名：　　　　　年　　月　　日			

注：首营品种档案应及时更新，保证合法资质持续有效

四、建立药品质量档案

质量管理部门将企业负责人审核批准的"首营药品审批表"及以下资料归入药品质量档案。内容包括：①药品批准文号；②药品质量标准；③标签、说明书及质量检验报告书；④新药证书；⑤药检部门抽检资料；⑥用户反馈意见表；⑦入库验收及在库检查等质量信息汇总表；⑧药品质量档案表（表4-8）。

表4-8　药品质量档案表

编号：　　　　　　　　　　　　　建档日期：　　　　　　　　　　年　　月　　日

药品通用名称		商品名称		
汉语拼音或外文名		剂型		品种类别
规格		有效期	质量标准	
批准文号			储存条件	
上市许可持有人			生产企业	
药品生产许可证号		许可期限至	营业执照号	
首营企业审核表号		审核日期	实地考察人员	
首营品种审批表号		审批日期	首批进货日期	

续表

生产企业联系电话		传真		E-mail		
建档原因及目的						
外观质量检查情况						
包装、标签和说明书情况						
临床疗效情况						
用户反馈情况						
质量查询情况						
质量标准变更情况						
抽检化验情况						
库存质量考察情况						
进货日期	产品批号	进货数量	质量状况	原因分析	处理措施	备注

此外，首营品种的试销期一般是 2 年，业务部门要充分作好市场需求调查，了解发展趋势，收集用户评价意见，作好相关记录。质量管理部门应定期分析药品质量的稳定性和可靠性。

五、首营品种审核程序

首营品种与首营企业的审核程序基本是一致的，如图 4-6 所示。

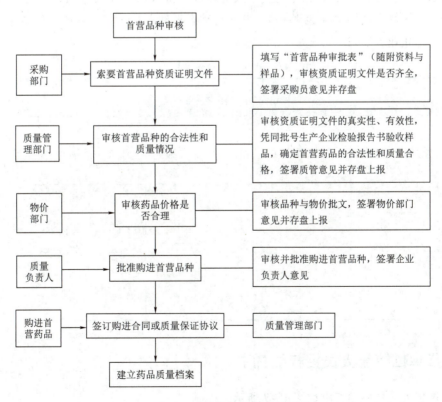

图 4-6　首营品种审核流程

活动三　核实供货单位销售人员的合法资格

法规链接

《药品经营质量管理规范》

第六十四条　企业应当核实、留存供货单位销售人员以下资料：

（一）加盖供货单位公章原印章的销售人员身份证复印件；

（二）加盖供货单位公章原印章和法定代表人印章或者签名的授权书，授权书应当载明被授权人姓名、身份证号码，以及授权销售的品种、地域、期限；

（三）供货单位及供货品种相关资料。

一、供货单位销售人员资格审核资料

（1）加盖供货单位公章原印章的销售人员身份证复印件。

（2）加盖供货单位公章原印章和法定代表人印章或者签名的授权委托书，授权委托书应当载明被授权人姓名、身份证号码，以及授权销售的品种（附具体品种清单）、地域、期限（一般不超过1年）。

（3）供货单位及供货品种相关资料（有效品种目录及相关资料）。

供货单位销售人员档案应及时更新，保证合法资质持续有效。

企业应索取与本企业联系药品销售事宜的供货单位销售人员的相关资料，并进行合法性资格审核。建立供货单位销售人员档案（表4-9），并实行动态管理，及时对不再具备合法资格的销售人员采取有效措施，停止业务往来。

表4-9　供货单位销售人员档案表

供货单位	销售人员姓名	法人授权委托书	身份证复印件	从业资格	联系电话	备注

二、供货单位销售人员授权委托书

供货单位销售人员授权委托书如图4-7所示。

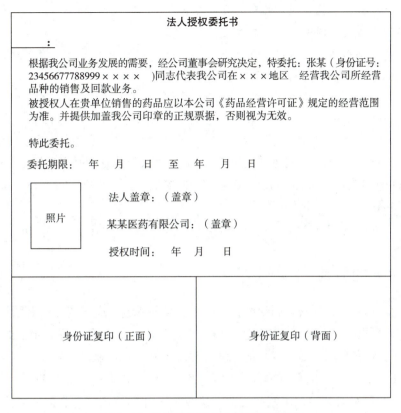

法人授权委托书

_____:

根据我公司业务发展的需要，经公司董事会研究决定，特委托：张某（身份证号：23456677788999×××× ）同志代表我公司在×××地区 经营我公司所经营品种的销售及回款业务。

被授权人在贵单位销售的药品应以本公司《药品经营许可证》规定的经营范围为准。并提供加盖我公司印章的正规票据，否则视为无效。

特此委托。

委托期限： 年 月 日 至 年 月 日

照片

法人盖章：（盖章）

某某医药有限公司：（盖章）

授权时间： 年 月 日

身份证复印（正面）

身份证复印（背面）

图 4 - 7 供货单位销售人员授权委托书

三、授权委托书注意的问题

（1）授权委托书未标明授权日期。

（2）授权委托书未标明授权期限。

（3）授权委托书未标明授权销售的品种：如果是生产企业，应当列明或附具体品种；如果是经营企业应提供有效药品目录，可以标明"我公司经营的品种，以我公司提供的有效药品目录为准"，如果经营公司的品种有特殊委托事项，则应标明。严禁同一业务员代理多家品种。

核实方法包括：①授权书的内容是否符合要求；②电话授权单位核实销售人员身份。

四、销售人员职业资格证书（上岗证书）

医药购销人员还可以通过培训考核获得相关部门授予的上岗资格证或职业资格证，如医药商品购销员等。在资格审核时如有相关资格证书可在资料中加入证书复印件。

任务三 购销合同管理

 法规链接 --

《药品经营质量管理规范》

第六十五条 企业与供货单位签订的质量保证协议至少包括以下内容：

（一）明确双方质量责任；

（二）供货单位应当提供符合规定的资料且对其真实性、有效性负责；

（三）供货单位应当按照国家规定开具发票；

（四）药品质量符合药品标准等有关要求；

（五）药品包装、标签、说明书符合有关规定；

（六）药品运输的质量保证及责任；

（七）质量保证协议的有效期限。

通过供应商资格审核后，企业根据对医药市场药品供需情况的调查和研究，向合适的供应商采购所需药品。采购必须签订正式的药品采购合同，尤其是合同中必须含有质量保证协议，以确保药品的质量安全。

活动一　订立合同的原则和程序

一、订立合同的原则

为保证合同的顺利履行，预防合同纠纷，药品采购合同的签订应该遵循以下原则。

1. 法人原则　合同的当事人必须具备法人资格。这里的法人，是指有一定的组织机构和独立支配财产，能够独立从事商品流通活动或其他经济活动，享有权利和承担义务，依照法定程序成立的企业。当事人应当以自己的名义签订经济合同。委托别人代签，必须要有委托证明。

2. 合法原则　也就是必须遵照国家的法律、法令、方针和政策签订合同，其内容和手续应符合有关合同管理的具体条例和实施细则的规定。

3. 平等互利原则　必须坚持平等互利，充分协商达成一致的原则签订合同。

4. 书面原则　采购合同应当采用书面形式。当然，可以预先口头要约。

二、购销合同的评审流程

企业对所拟订立的采购合同都应建立合同档案。凡有关合同履行、变更和解除的往来文书、电话记录、电报、传真均需归档。购销合同评审流程见图4-8。

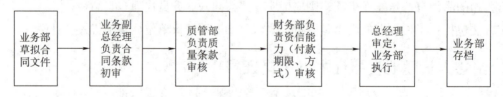

图4-8　购销合同的评审流程

三、订立合同的程序

签订合同的程序是指合同当事人双方对合同的内容进行协商，达成共识，并签署书面协议的过程。一般有以下几个环节，如图4-9所示。

图4-9　订立合同的程序

1. 合同要约　订约提议是指当事人一方向对方提出的订立合同的要求或建议，也称要约。订约提议应提出订立合同所必须具备的主要条款和希望对方答复的期限等，以供对方考虑是否订立合同。提议人在答复期限内不得拒绝承诺。

2. 认可承诺　承诺，是指受约人完全接受订立合同的提议。受约人对合同条款部分或附加条件地同意，则不是承诺，而是提出新要约，这时就需要进一步协商。

接受提议，是指提议被对方接受，双方对合同的主要内容表示同意，经过双方签署书面契约，合同即可成立，也称承诺。承诺不能附带任何条件，如果附带其他条件，应认为是拒绝要约，而提出新的要约。新的要约提出后，原要约人变成接受新的要约的人，而原承诺人成了新的要约人。实践中签订合同的双方当事人，就合同的内容反复协商的过程。

3. 填写合同　认真、仔细填写合同文本。

4. 司法公证　必要时，报请见证机关见证，或报请公证机关公证。有的经济合同，法律规定还应获得主管部门的批准或工商行政管理部门的签证。对没有法律规定必须签证的合同，双方可以协商决定是否见证或公证。

5. 谨慎履约　谨慎、严格履行签约手续。

活动二　药品采购合同的内容与文本格式

一、药品采购合同的主要内容

药品采购合同的条款一般包括以下内容。

（1）药品品种、供货单位、生产厂家或产地、规格、数量、计量单位、价格、交易金额、约定损耗等。必要时，可附上明细表。

（2）明确规定药品的质量要求、包装标准、验收办法、作价办法、运输方法、交货日期、交货地点、货款结算方式和时间、双方必须承担的经济责任和义务（包括药品质量问题的责任划分和处理方法、合同违约责任的划分和处理方法）、合同的变更和解除条件以及其他事项（为稳妥起见注明不足或不完善之处，双方另行协商约定）。

（3）签订合同需双方签字。合同需使用企业的合同专用章，不得使用科室或行政公章。

（4）企业应每年与供货单位签订质量保证协议。不必每份合同上都写明质量条款，只需说明按双方另行签订的质量保证协议即可。

二、药品采购合同格式

药品采购合同

合同编号：

甲方（需方）：　　　　　　　　　　　　　　　签订地点：＿＿＿＿＿＿＿＿

乙方（供方）：　　　　　　　　　　　　　　　签订时间：＿＿年＿＿月＿＿日

甲乙双方本着平等自愿、诚实信用的原则，根据《中华人民共和国合同法》等法律、法规规定，经双方协商一致，就有关事项达成如下具体协议。

第一条　药品品种、数量、价格

采购药品品种和数量：甲方向乙方所采购的药品品种、剂型、规格、数量、价格等详见药品采购清单（于本合同末），合计：品种为＿＿＿＿＿＿＿个，签约金额为＿＿＿＿＿＿＿（单位，人民币元），大写＿＿＿＿＿＿，含增值税，税率：＿＿＿＿＿％。

第二条 质量标准

1. 乙方交付的药品质量必须符合法定质量标准要求，每批药品均附有该药品生产企业同批次的出厂药品合格检验报告和合格证。

2. 进口药品应提供相应批次的进口药品注册证和口岸药检所的进口药品检验报告书复印件，并加盖供货方质量管理部门红章。

3. 生物制品须提供该批药品的批签发证明材料复印件并加盖供货方质量管理部门红章。

第三条 质量保证

乙方须向甲方提供以下材料，并保证其真实性和有效性。

1. 营业执照、药品生产或经营许可证、药品批准文件、产品质量标准、产品质量检验报告书、组织机构代码证、销售地物价部门批准的价格批文、法人委托书、被委托人身份证等有效复印件并加盖供货单位原印章。

2. 质量保证协议原件并加盖供货单位原印章。

第四条 药品有效期

乙方所提供药品的有效期不得少于 12 个月；特殊品种双方另行协商。

第五条 包装标准

1. 乙方提供的全部药品均应按国家规定的标准保护措施进行包装，包装方式必须符合药品的理化性质和运输要求。在每件包装上，必须注明品名、规格、生产厂家或产地、内包装数量、重量、生产日期、批号、有效期、调出单位，并附有质量合格的标志。

2. 每一个包装箱内应附有一份详细装箱数量单和该药品生产企业同批号的出厂药品批次检验记录或合格证。如为拼装箱件，箱内应按前述要求附有各种药品数量单和药品质量证明材料复印件，并加盖配送企业公章。

3. 标签和说明书：药品的标签和说明书均应符合国家有关规定，印刷清晰。

4. 特殊要求：_____ 。

第六条 配送服务

1. 交货日期：_____ 。

2. 交货地点：_____ 。

3. 交货方式：①乙方送货□；②甲方自提□；③其他方式_____ 。

4. 运输方式：①公路运输□；②铁路运输□；③其他方式_____ 。

第七条 验收方式

乙方送达甲方指定地点后的当日，双方现场进行数量和外观验收。

第八条 付款方式

1. 结算时间

代销：①实销实结□；②其他方式_____ 。

购销：①现款□；②货到_____天结算□；③批结□；④其他方式_____ 。

2. 支付方式

①支票□；②汇款□；③承兑汇票□；④电汇□；⑤其他方式_____ 。

3. 发票

乙方应向甲方提供_____%的增值税发票。

第九条 双方的权利义务

1. 甲方须在合同规定的时间内，按实际入库的药品数量及时结算货款；并在货物验收入库后_____日内结清货款。

2. 甲方在接收药品时，应于当日对药品进行验收入库，对乙方提供的药品不符合合同约定的品种、数量、质量要求的部分，甲方有权拒绝接受。

3. 甲方有证据证明乙方交付的药品不符合质量标准（以省、省辖市药监部门的检验结果为准）或延期交货等不按合同约定交货时，可以书面通知乙方终止该药品的供货。

4. 乙方必须按照合同约定的药品品种、数量、质量要求和期限，配送药品。

5. 乙方应保证甲方在使用所购药品时，不存在该药品专利权、商标权或保护期等知识产权方面的争议，如产生争议由乙方自行处理和承担责任。

6. 乙方应对验收时发现的破损、有效期少于 12 个月或不符合特殊约定期限的药品及其他不合格包装药品及时更换。

7. 乙方供应药品在医院使用过程中，因受举报、抽检等检查出现质量问题，属生产经营企业责任的，被药品监督管理部门处罚的后果由乙方负责。

第十条　违约责任

1. 乙方提供的药品不符合合同约定质量、期限等要求，给甲方造成损失的乙方应当赔偿损失。

2. 乙方不履行本合同或未按合同约定的时间、地点配送药品或提供伴随服务，甲方可要求乙方支付违约金。乙方每延误＿＿日，违约金为迟交药品货款的＿＿％，直至交货或提供服务为止，但违约金最高不超过迟交药品货款的＿＿％；乙方在支付违约金后，甲方要求继续履行合同义务的，乙方还应当履行应尽义务。违约金不足以弥补甲方损失的，乙方应另行赔偿损失。

3. 甲方未在合同约定的期限内向乙方支付货款的，乙方可要求甲方支付违约金。甲方每延误＿＿日，违约金为未支付货款的＿＿％，直至甲方支付应付货款为止，但违约金最高不超过迟交药品货款的＿＿％；当甲方未支付货款金额达到本合同约定金额的＿＿时，乙方可以书面形式通知甲方终止合同。

第十一条　不可抗力

1. 买卖双方或一方因不可抗力而导致合同实施延误或不能履行合同义务，不应该承担误期赔偿或终止合同的责任。

2. 不可抗力，是指那些卖方无法控制、不可预见的事件，但不包括卖方的违约或疏忽。这些事件包括但不限于：战争、严重火灾、洪水、台风、地震及其他双方商定的事件。

3. 在不可抗力事件发生后，买卖双方或一方应尽快以书面形式将不可抗力的情况和原因通知对方。除买方另行要求外，卖方应尽实际可能继续履行合同义务，以及寻求采取合理的方案履行不受不可抗力影响的其他事项。不可抗力事件影响消除后，双方可通过协商在合理的时间内达成进一步履行合同协议。

第十二条　合同有效及修改

1. 本合同自双方签字盖章之日起生效。合同有效期自＿＿年＿＿月＿＿日至＿＿年＿＿月＿＿日。

2. 本合同的所有附件是本合同不可分割的一部分。

3. 合同履行期满后。双方继续合作的可续签合同，有修改或补充的部分须以书面形式进行，并经双方签字盖章后生效。

第十三条　纠纷仲裁

因合同引起的或与本合同有关的任何争议，由双方当事人协商解决；也可以向有关部门申请调解。协商或调解不成，可向人民法院起诉。

第十四条　本协议一式＿＿＿＿份，甲方＿＿＿＿份，乙方＿＿＿＿份，本合同未尽事宜由甲、乙双方另行议定并签订补充协议。补充协议与本合同具有同等法律效力。补充协议不得违背本合同的实质性内容，与本合同不一致的一律以本合同为准。

第十五条　其他约定事项＿＿＿＿＿＿＿＿＿。

甲方（盖章）　　　　　　　　　　　乙方（盖章）

单位名称：＿＿＿＿＿＿＿＿＿　　　单位名称：＿＿＿＿＿＿＿＿＿

单位地址：＿＿＿＿＿＿＿＿＿　　　单位地址：＿＿＿＿＿＿＿＿＿

法定代表人（负责人）：＿＿＿＿　　法定代表人（负责人）：＿＿＿＿

签约代表：＿＿＿＿＿＿＿＿＿　　　签约代表：＿＿＿＿＿＿＿＿＿

联系电话：＿＿＿＿＿＿＿＿＿　　　联系电话：＿＿＿＿＿＿＿＿＿

传真：＿＿＿＿＿＿＿＿＿　　　　　传真：＿＿＿＿＿＿＿＿＿

邮政编码： _____　　邮政编码： _____

开户银行： _____　　开户银行： _____

账　号： _____　　账　号： _____

税　号： _____　　税　号： _____

药品采购清单

序号	药品名称	剂型	规格	包装	生产厂家	单位	数量	单价	折扣率	供货价	金额	备注

总计金额：　　　　+ 税额（　　%）=　　　　　　元

三、质量保证协议

质量保证协议应包含现行版 GSP 中第六十五条所含内容，应对资料真实性和有效性、合法票据、药品质量、包装、标签、说明书、运输等质量保证和质量责任做出详细规定，明确协议的有效期，并加盖双方具有法律效力的印章、签署签约日期。

协议有效期限不得超过药品生产许可证或药品经营许可证的有效期。

质量保证协议应由法定代表人签字，法定代表人不能签订的，应授权代表人签字，并有授权书。

药品经营质量保证协议书（样例）如下。

质量保证协议

甲方（需方）： _____　注册地址： _____

乙方（供方）： _____　注册地址： _____

为保证所经营药品的质量，保障人体用药安全，根据《药品管理法》和《药品流通监督管理办法》有关规定，经甲乙双方友好协议协商，签订质量保证协议书如下。

一、甲、乙双方均为合法企业，并互相提供药品经营许可证或药品生产许可证和营业执照复印件、经办人的法人委托书、身份证复印件存档。

二、质量条款

1. 乙方提供的药品质量应符合国家药品质量标准和有关质量要求；整件包装的药品应附产品合格证；药品包装和标识应符合《药品包装、标签、说明书管理规定》和货物运输的要求。

2. 进口药品（进口中药材）应提供加盖有乙方公章或质管机构原印章的进口药品注册证（或医药产品注册证、进口药材批件）、进口药品检验报告单（或加盖有"已抽样"字样的进口药品通关单）复印件；按国家药品监督管理局《生物制品批签发管理办法》要求实行生物批签发的药品还应提供加盖有乙方公章或质管机构原印章的生物制品批签发合格证复印件。

3. 乙方提供的中药材、中药饮片质量应符合法定的质量标准（包括省级中药炮制规范）。发运中药材应有包装，必须注明品名、产地、日期、调出单位等，并附有质量合格标识；中药饮片的标签应注明品名、规格、产地、生产企业、批号、生产日期等，并附有质量合格标识；实施批准文号管理的中药饮片需提供其批准文号批件，其包装必须注明中药饮片的批准文号。

4. 乙方所提供的中药饮片其包装材料应选用与药品性质相适应及符合药品质量要求的包装材料和容器。

5. 乙方所提供的药品若出现质量问题，则由此引起的一切损失均由乙方承担。

三、乙方给甲方的购销凭证上注明乙方公司的全称，内容真实，字迹清楚，不得任意涂改。购销凭证上的药品名称、规格、生产企业、产品批号及数量等内容应与来货实物相一致并加盖公章，否则甲方有权拒收。

四、乙方提供的药品距生产日期不得超过6个月（进口药品有效期不得少于1年，有效期只有1年的，不得超过4个月），同一品规药品的批号，5件以内不能超过1个，20件以内不能超过2个。

五、首营品种应附有加盖厂家质量检验机构原印章的出厂检验报告单。

六、药品在运输途中的破损、污染和甲方在销售过程中发现的非人为的破损，产品无批号、无有效期或产品在有效期内发生变质等异常情况，乙方应无条件承担因此造成的一切损失，包括：退货费用、顾客投诉的赔偿费用、交通费用及手续费用等。

七、因经营过程中发现假、劣药品，使甲方遭顾客投诉、被行政部门处罚，或被媒体曝光等给甲方造成经济、名誉损失的，乙方应承担一切直接经济损失，并按每个品种2000~20000元进行赔偿（具体视情节、损失轻重）。

八、乙方供应的药品发生不良反应而使甲方遭顾客投诉或被媒体曝光等给甲方造成经济、名誉损失的，乙方应承担全部赔偿责任。

九、乙方提供给甲方有商品条形码的药品应能提供《中国商品条码系统成员证书》。因条码冒用或盗用等造成的一切责任及费用均由乙方承担。

十、甲方验收时发现在运输过程中造成的破损、污染等，均由乙方承担。

十一、甲方对乙方提供的药品应及时检查验收。若发现质量问题，应在收到货的五个工作日内向乙方反馈，逾期不予受理。如双方有分歧，以政府主管部门出具的药品检验报告为准。

十二、甲方按GSP要求及药品储藏要求储存药品。若因甲方储存的原因造成的损失由甲方负责。

十三、甲方有责任为乙方提供产品质量、服务质量等信息，以便乙方不断提高产品质量和服务质量。

十四、对药品监督管理部门发现的不合格药品，按药品监督管理部门的规定处理。

十五、此协议一式两份，甲、乙双方各执一份。其未尽事宜，通过协商解决。

十六、本协议自双方签订之日起生效，有效期从　　年　　月　　日至　　年　　月　　日。

甲方（签章）　　　　　　　　　　　　　乙方（签章）

代表人：　　　　　　　　　　　　　　　代表人：

签订日期：　　年　　月　　日　　　　　签订日期：　　年　　月　　日

任务四　发票、采购记录及进货情况质量评审

活动一　发票与采购记录

 法规链接

《药品经营质量管理规范》

第六十六条　采购药品时，企业应当向供货单位索取发票。发票应当列明药品的通用名称、规格、单位、数量、单价、金额等；不能全部列明的，应当附《销售货物或者提供应税劳务清单》，并加盖供货单位发票专用章原印章、注明税票号码。

第六十七条　发票上的购、销单位名称及金额、品名应当与付款流向及金额、品名一致，并与财务账目内容相对应。发票按有关规定保存。

第六十八条　采购药品应当建立采购记录。采购记录应当有药品的通用名称、剂型、规格、生产厂商、供货单位、数量、价格、购货日期等内容，采购中药材、中药饮片的还应当标明产地。

第六十九条　发生灾情、疫情、突发事件或者临床紧急救治等特殊情况，以及其他符合国家有关

规定的情形，企业可采用直调方式购销药品，将已采购的药品不入本企业仓库，直接从供货单位发送到购货单位，并建立专门的采购记录，保证有效的质量跟踪和追溯。

第七十条 采购特殊管理的药品，应当严格按照国家有关规定进行。

一、发票管理

为规范药品经营企业药品采购行为，确保药品质量安全有效，药品购进渠道正规合法，实现药品购进的可追溯，质量事故可索赔，逃税漏税可清查，药品经营使用单位购进药品必须向供货单位索取增值税专用发票或者增值税普通发票，实施发票管理。

1. 发票的内容 根据现行版 GSP 规定，药品经营使用单位与供货单位签订的质量保证协议中必须包括供货单位应当按照国家规定开具发票的内容。

药品采购发票内容应列明药品的通用名称、规格、单位、数量、单价、金额等，不得缺漏。采购发票内容不能全部列明的，应附有《销售货物或者提供应税劳务清单》，并加盖供货单位发票专用章原印章、注明税票号码。

2. 发票的管理要点

（1）采购发票或应税劳务清单所载内容应与采购记录、供货单位提供的随货同行单内容保持一致。

（2）采购发票或应税劳务清单所载内容应与购进药品电子监管码的核注记录一致。

（3）应在税务局网站上核实采购发票的合法性。发票的开具时间必须符合国家税法有关规定，发票内容应当结合药品电子监管码记录予以核实。

（4）采购发票的付款方式应与签订合同、财务制度规定一致。

（5）企业付款流向及金额、品名应与采购发票上的购、销单位名称及金额、品名一致，与供货单位作为首营企业审核时档案中留存的开户行和账号一致，并与财务账目内容相对应。不符合规定的发票，不得作为财务报销凭证，任何单位和个人有权拒收。此要求的目的是防止"走票"的违法行为。

（6）发票与实际物流一致，药品到货验收时，药品、发票（清单）、随货同行单，必须一一对应，做到票（发票和随货同行单）、账、货相符，与资金流对应。

（7）采购付款方式是现金的，应与供货单位电话核实，符合财务制度规定，并不超过财务制度中规定的最大现金支付额度。采购付款使用银行承兑结算的，应通过电话等方式向上、下家询问核实。特殊管理的药品及国家有专门管理要求的药品货款应汇到供货单位的银行账户，不得使用现金结算。

（8）采购发票应按照有关规定，至少保存 5 年。

3. 索取发票的必要性 药品安全关系到人民群众的身体健康和生命安全，消除药品安全隐患是政府监管部门的职责要求，也是政府重点民生工程之一。

目前进入市场的药品供应商，除批发企业、医药代表外，还存在不具有合法资格的流动和挂靠经营的人员，他们购销药品的行为给药品质量带来严重的安全隐患。而药品经营使用单位采购药品时索取发票能够作为确定供货单位合法性的佐证，对保证药品质量起到至关重要的作用。严格发票管理的目的是希望通过对资金流、票据的强化管理，使流通渠道规范化，实现药品购进的可追溯，发生质量事故可索赔，防止"挂靠经营"等违法行为和经销假劣药品的违法活动，同时防止逃漏税行为的发生。

二、采购记录

1. 购进记录的内容　采购药品应当建立采购记录。采购记录至少应当有药品的通用名称、剂型、规格、上市许可持有人、生产厂商、供货单位、数量、价格、购货日期等内容，采购中药材、中药饮片的还应当标明产地。

2. 购进记录的要求

（1）所有药品采购记录必须存档，且必须在计算机系统建立采购记录档案。

（2）采购记录应由采购部门负责建立。依据权限在计算机系统中生成、确认采购订单后，计算机系统自动生成采购记录。采购记录生成后，任何人未经批准不得随意修改，如确实需要修改，应按规定的办法和相应的权限进行。修改的原因和过程应在计算机系统中记录。

（3）采购记录应与采购发票或应税劳务清单所载内容、供货单位提供的随货同行单内容保持一致。

（4）采购记录至少保存 5 年。

3. 采购记录样表　见表 4 – 10。

表 4 – 10　药品购进记录

序号	药品通用名称	剂型	规格	上市许可持有人	生产厂商	供货单位	数量	价格	购货日期	备注

4. 特殊管理药品的采购

（1）特殊管理药品应设置专用的采购管理制度。

（2）特殊管理药品购销双方均应持有政府监管部门的批准文件，并在有效期内。

（3）特殊管理药品禁止使用现金交易。

（4）特殊管理药品的运输、邮寄应按照国家相关规定进行，需取得相应的运输证明（不跨年度），采用相应的措施保证安全。

活动二　药品采购情况质量评审

 法规链接

《药品经营质量管理规范》

第七十一条　企业应当定期对药品采购的整体情况进行综合质量评审，建立药品质量评审和供货单位质量档案，并进行动态跟踪管理。

一、进货情况质量评审

1. 评审的目的　药品质量评审制度可以实现对质量不可靠和质量信誉不良的供货单位建立退出机制，保证采购药品的质量。

2. 评审的组织　由采购部、质量部、销售部、储运部等业务部门共同组成药品采购质量评审组织。

3. 评审的依据　现行版 GSP 第七十一条规定。

4. 评审的内容　药品采购质量评审内容应包括收货拒收、验收不合格、销后退回、售后投诉等药品质量管理情况，以及监督抽验情况、供货单位质量信誉等。

5. 评审的要求

（1）建立药品供货单位质量档案，并及时更新，进行动态跟踪管理。

（2）药品采购质量评审应定期进行，至少 1 年评审一次，有评审报告。

（3）建立药品采购质量评审档案，包括工作计划、评审记录、评审报告、对下一年度确定供货单位的建议、采购工作的改进办法等内容。药品采购质量评审档案应及时更新，进行动态跟踪管理。

6. 评审方法　审核和验证、现场考察。

二、进货情况质量评审制度及评审档案

见表 4-11、表 4-12、表 4-13。

表 4-11　药品进货情况质量评审管理制度

文件编号：

起草人		起草日期		年　　月　　日
审核组长		审核日期		年　　月　　日
批准人		批准日期		年　　月　　日
		执行日期		年　　月　　日
版本号		分发号		

一、目的：对供货单位进行筛选，选择产品质量佳、信誉好的供应商
二、范围：本公司药品的供应商
三、责任：质管部部长、总经理
四、内容
1. 质管员每年对供应商供货情况进行一次质量评审，评审后形成"药品购进质量评审报告表"，报质量管理部部长审核，总经理批准。评审报告表应及时归档备查
2. 各部门对每个供应商的药品提供以下数据：
2.1 全年供货次数、一次验收合格次数
2.2 内在质量原因不合格品的品种数、全年送货总品种数
2.3 销后退回品种数、全年送货总品种数
2.4 药品全年质量投诉的总次数
2.5 药品全年药检部门抽样结果
2.6 药品库存周转情况是否正常
3. 评审公式
3.1 一次验收合格率 = 一次验收合格次数/全年送货总次数×100%
3.2 品种在库储存的稳定性。药品在符合储存要求的条件下由于内在质量原因导致不合格品率来反映稳定性
内在质量原因不合格品率 = 内在质量原因不合格的品种数/全年送货总品种数×100%
3.3 销后退回率。销后退回率 = 销后退回品种数/全年送货总品种数×100%
4. 评审标准及结论
4.1 只有全部符合4.2各项指标的供应商，质量评审为合格
4.2 合格供应商标准
4.2.1 一次验收合格率≥95%
4.2.2 药品内在质量原因不合格品率 = 10%
4.2.3 药品销后退回率 = 10%
4.2.4 药品全年质量投诉的总次数为 0
4.2.5 药品全年药检部门抽样结果为合格
4.2.6 药品库存周转情况正常
5. 评审结果处理
评审不合格的供应商从"合格供应商清单"中除掉，该供应商的品种从《合格品种名录》中除掉

　　进货情况质量评审属于质量风险管理范畴，一要制定评审制度；二要落实评审制度。评审完成后，相关文件记录存档。质量情况评审档案包括：评审计划审批表、会议记录和评审报告。

表 4 - 12　采购情况质量评审计划审批表

一、评审目的	根据现行版 GSP 第七十一条规定，应每季度对进货企业和进货药品的质量情况进行质审，通过对药品采购的整体情况进行综合质量评审，并进行动态跟踪管理，确保公司药品采购的全过程质量控制，严格把好药品采购质量关，从而保证经营药品质量安全有效
二、评审范围	对公司所有供货单位、供货单位销售人员合法资格进行综合评审；对采购的药品，包括中成药、化学原料药、化学药制剂、抗生素、生化药品、生物制品等品种，从药品供应商，采购订单到药品收货、验收、入库、养护等情况以及经营过程的质量反馈，进行综合评审
三、依据文件	按公司制定的有关制度、程序进行
四、评审项目与内容	1. 对供货单位法定资格及质量信誉的审核 2. 对供货单位销售人员资料的审核 3. 对所采购药品合法性和质量可靠性审核 4. 首营企业及首营品种的审核 5. 是否与供货单位签订质量保证协议书 6. 采购的药品是否手续齐全，记录是否完整 7. 进货收货验收质量情况是否符合规定要求 8. 药品在库储存养护质量情况 9. 用户对我公司药品质量反映如何
五、评审方式	采取询问、查验资料与记录、现场考察等方式方法对进货质量进行科学、公平、公正的评审
六、评审时间	
七、评审人员	
八、评审结果	由评审组对本次评审进行综合评价，公布评审结果，对存在的问题采取有效措施，并进行验证
制表人	签字：　　　　　　　　　　　年　　　　月　　　　日
审核人	签字：　　　　　　　　　　　年　　　　月　　　　日
批准人	签字：　　　　　　　　　　　年　　　　月　　　　日

表 4 - 13　进货情况质量评审报告

一、评审目的	为了掌握药品进货质量情况，确保在合法的企业购进合法的优质药品，保证人民用药安全有效
二、评审依据	现行版 GSP、本公司的有关制度程序和国家的相关法律法规
三、评审机构及人员	评审机构：　　　　　　　　　　　　　质量领导小组： 评审人员：
四、评审项目	1. 药品采购计划有无质管人员参加 2. 首营企业及首营品种审核情况 3. 购进合同或质量保证协议书签订情况 4. 购进记录情况 5. 供货单位证明管理情况 6. 药品验收情况
五、评审时间	20××年××月××日—20××年××月××日
六、综合评价	经验证，供货方合法证照齐全（包括首营企业、首营品种之所需资料）。经营行为与范围与证照内容一致，履行合同能力包括药品、数量、价格、交货期及服务等方面均符合规定要求 药品质量：所供药品标准从外观质量验收、包装情况、标签说明书等方面的检查亦符合规定要求，并存入质量档案 药品生产企业多为 GMP 达标，社会信誉较高、交货及时、能严格按照国家物价部门的价格服务于需方，并注意回访，重视需方的建议和意见，能及时调整需方所提出的适应满足市场的合理要求

续表

七、评审结果	药品质量符合质量标准和有关质量要求，服务质量亦符合经营规定要求，可列入"合格供应商清单"，以供本公司采购药品择优选购 ×××× 药业有限公司评审小组 20×× 年 ×× 月 ×× 日

技能训练

【**训练目的**】通过本次训练，学员将掌握药品采购环节的基本技能，包括供应商资质审核、首营品种审核、采购记录管理。重点是确保在新修订《药品管理法》背景下，能够熟练应用 2016 年版 GSP 的要求进行药品采购，保障药品质量和安全。

某大型连锁药房根据 2016 年版的 GSP 和新修订《药品管理法》进行药品采购。《药品管理法》规定自 2019 年 12 月 1 日起不再进行 GMP 或 GSP 认证，但仍需符合 GMP 和 GSP 的管理要求。作为总部的采购专员，您需要确保所有采购环节符合相关法规和规范，以保障药品质量和安全。请完成以下任务并回答相关问题。

任务一：供应商资质审核

公司计划从两家供应商采购药品。请根据以下信息对供应商进行资质审核。

供应商 A：

营业执照：注册资本 1000 万元，经营范围：药品批发。

药品经营许可证：有效期至 2025 年，涵盖所采购全部药品的经营。

质量管理体系：符合 GSP 管理要求，有完善的质量管理体系。

近三年内无重大违法记录，经营信誉良好。

供应商 B：

营业执照：注册资本 500 万元，经营范围：药品批发。

药品生产许可证：有效期至 2024 年，涵盖所采购部分药品的经营。

质量管理体系：正在建立符合 GSP 要求的质量管理体系。

近一年内曾因质量问题被监管部门处罚。

问题 1：哪家供应商更符合 2016 年版 GSP 和新修订《药品管理法》的要求？请说明理由。

任务二：首营品种审核

公司计划首次从供应商 B 购入一批新药品，并且该药品之前未在公司采购目录中。请根据 2016 年版 GSP 和新修订《药品管理法》的要求，说明首营品种的审核流程。

问题 2：请简述首营品种的审核流程，包括所需的文件和步骤。

任务三：采购记录管理

为了确保采购过程的透明和可追溯性，您需要详细记录采购信息。请根据以下信息填写采购记录表。

供应商：供应商 A

生产厂家：药厂 B

药品名称：阿莫西林胶囊

药品批准文号：国药准字 H********

规格：250mg/粒

数量：1000 盒

单价：15 元/盒

批号：20240601

有效期至：2026.6

采购日期：2024 年 7 月 10 日

采购员：李四

问题 3：请填写一份完整的药品采购记录表，包含所有必要信息。

【具体要求】

1. 供应商资质审核 能够识别并选择符合 GSP 和药品管理法要求的供应商。

2. 首营品种审核 了解并执行首营品种的审核流程，确保新药品的采购合法合规。

3. 采购记录管理 准确记录采购信息，确保采购过程的透明和可追溯。

【要点提示】

1. 任务一审核重点

(1) 确认供应商的营业执照和药品经营许可证是否有效。

(2) 检查供应商的质量管理体系是否符合 GSP 要求。

(3) 了解供应商的违法记录和经营信誉。

提示：

(1) 供应商的 GSP 认证已不再进行，但质量管理体系仍需符合 GSP 要求。

(2) 供应商的违法记录是判断其是否可靠的重要依据。

2. 任务二审核流程 审核药品的合法性，索取加盖供货单位公章原印章的药品生产或者进口批准证明文件复印件并予以审核，审核无误的方可采购。以上资料应当归入药品质量档案。

提示：

(1) 需要详细审核供应商和药品的资质文件，确保符合要求。

(2) 内部评审和备案是确保首营品种合规的重要步骤。

3. 任务三记录内容 应当有药品的通用名称、剂型、规格、生产厂商、供货单位、数量、价格、购货日期等内容，采购中药材、中药饮片的还应当标明产地。

提示：

(1) 记录应完整、准确，确保采购过程可追溯。

(2) 采购记录表应包括所有必要信息，以便于后续查阅和审核。

•••• 目标检测

答案解析

一、单项选择题

1. 对首营企业进行审核，应当查验加盖其（　　）原印章的资料，确认真实、有效。

  A. 公章　　　　　　　　　　　　B. 质量管理章

  C. 合同专用章　　　　　　　　　D. 出库专用章

2. 质量保证协议应当至少按（　　）签订，约定有效期限。

  A. 年度　　　　　　　　　　　　B. 半年

  C. 季度　　　　　　　　　　　　D. 月

3. 首营企业、首营品种需要经过质量管理部门和（　　）的审核批准。

  A. 企业负责人　　　　　　　　　B. 企业质量负责人

  C. 财务负责人　　　　　　　　　D. 销售部负责人

4. 首营品种是指（　　）。

  A. 中国境内首次上市销售的药品

B. 本企业首次从药品生产企业采购的药品

C. 本企业首次从药品经营企业采购的药品

D. 本企业首次从某一供应商采购的药品

5. 药品经营企业业务往来发票至少保存（　　）。

    A. 1 年　　　　　　　　　　　　　B. 2 年

    C. 3 年　　　　　　　　　　　　　D. 5 年

6. 采购记录应按（　　）备份，至少保存 5 年。

    A. 日　　　　　　　　　　　　　　B. 周

    C. 月　　　　　　　　　　　　　　D. 季度

二、多项选择题

1. 药品采购类型有（　　）。

    A. 直接采购　　　　　　B. 新购　　　　　　　　C. 集中招标采购

    D. 代销　　　　　　　　E. 调整采购

2. 采购记录上应记载（　　）。

    A. 药品的通用名称　　　B. 采购数量　　　　　　C. 采购价格

    D. 质量条款　　　　　　E. 结算方式

3. 企业应当核实、留存供货单位销售人员的资料有（　　）。

    A. 加盖供货单位公章原印章的销售人员身份证复印件

    B. 加盖供货单位公章原印章和法定代表人印章或者签名的授权书

    C. 销售业绩证明材料

    D. 负责供货品种相关资料

    E. 销售人员学历复印件

4. 首营企业的审核，应检查的资料包括（　　）。

    A. 加盖企业公章的营业执照、药品生产（经营）许可证复印件

    B. 相关印章、随货同行单（票）样式

    C. 开户名、开户银行及账号

    D. 供应商的年销售额

    E. 供应商的组织机构与职能框图

5. 采购合同中一般包括（　　）。

    A. 合同双方的名称　　　B. 采购药品数量　　　　C. 采购价格

    D. 质量条款　　　　　　E. 结算方式

三、判断题

1. 根据新版《药品管理法》，自 2019 年 12 月 1 日起，不再进行 GMP 或 GSP 认证，但企业仍需符合 GMP 和 GSP 的管理要求。（　　）

2. 在进行药品采购时，供应商的营业执照和药品生产（经营）许可证是否有效是判断其资质的唯一依据。（　　）

3. 在药品采购记录管理中，详细记录采购信息的目的是确保采购过程的透明和可追溯。（　　）

书网融合……

重点小结　　　　　习题

项目五 GSP 对药品收货与验收的管理

PPT

▶ 学习目标 //

知识目标：通过本项目的学习，掌握药品收货和验收检查内容，检验报告书的类型，验收抽样原则和方法，药品质量检查项目等；熟悉药品收货与验收程序，收货和验收记录填写；了解药品收货的定义和类型等。

能力目标：具备从事药品收货员和验收员岗位工作职责的能力。

素质目标：通过本项目的学习，培养细致、准确、沟通协作、解决问题和高度责任心等素质。

▶ 情境导入 //

情境：今天仓库到了两批货，一批是医药公司 A 从药品生产企业 B 采购的药品，一批是医药公司 A 销售给省人民医院的因破损被要求退货的药品。仓库收货员按照企业的收货操作规程要求进行收货作业。

思考：1. 对采购到货药品和销售退货药品应如何进行收货操作？

2. 在对采购到货药品进行收货时中发现，有一个药品在《随货同行单》上有，但是计算机系统里没有采购记录，这时该如何处理？

任务一 药品收货与验收的基本要求与程序

活动一 收货与验收

药品收货与验收是药品经营企业必不可少的环节，旨在确保所采购药品的准确交付，并对其数量和质量进行检查。此过程还包括记录与交接相关的文件，并交给相应的负责人。这是保证药品质量的第一道防线，也是预防药品错误的重要环节，以确保药品供应链的高效运作和安全性。

✎ 法规链接 ......

《药品经营质量管理规范》

第七十二条 企业应当按照规定的程序和要求对到货药品逐批进行收货、验收，防止不合格药品入库。

第八十二条 企业按本规范第六十九条规定进行药品直调的，可委托购货单位进行药品验收。购货单位应当严格按照本规范的要求验收药品，并建立专门的直调药品验收记录。验收当日应当将验收记录相关信息传递给直调企业。

......

1. 收货的定义 药品经营企业在药品到货时，通过检查票据，对货源和实物进行核对和检查，并按照药品特性将符合要求的药品放入待验区。药品的收货包括票据之间的核对、票据与实物的核对、检查运输方式和运输条件以及将药品放入待验区等步骤。

2. 验收的定义 验收人员根据国家药典标准、相关法律法规和企业验收标准，对采购药品的质量状况进行检查的过程。这个过程涉及查验检验报告、抽样、检查药品的质量状况，并记录相关信息等步骤。

3. 收货的类型

（1）采购到货的收货 主要根据供货单位的随货同行单，核对采购记录并审核药品来源，目的是确保采购渠道的准确性。

（2）销后退回到货的收货　主要依据销后退回的相关审批手续，核对销售记录并审核药品退回来源，目的是核实退回渠道的准确性。

4. 药品的验收方式　包括实地验收和入库验收两种形式。实地验收是指验收人员亲临药品的生产或经营企业进行的验收，也称为下厂验收。

一般情况下，以下产品必须进行实地验收：①大批量的本地区产地的产品；②直接从生产厂家调拨的产品；③大型医疗器械产品；④需要使用专门检验仪器或设备进行检验的产品。

而以下产品可进行入库验收：①批量较少、质量稳定、要求简单的产品；②远离本企业的生产经营企业提供的产品。

活动二　收货和验收的程序

1. 收货程序

（1）运输检查　在药品到货时，需检查运输工具是否密闭并适合特定条件（如冷藏），若有影响药品质量的问题须立即通知采购及质量管理部门。特殊药品还需额外确保收货地点具备物理隔离与安全措施。此外，还需核查运输单据以确认启运时间和在途时间是否符合协议要求，并确保实际运输详情与供货方提供的信息一致，任何不符之处均需上报处理。

（2）票据查验　药品到货时，需核对随货同行单与公司备案样式及印章的一致性，若不符则拒收并通知质量管理部门。此外，还需验证随货同行单的内容与系统中的采购记录相符，确保包含供货单位、药品信息等必要细节，并带有供货单位的出库专用章。随货同行单如图 5－1 所示。

收货单位：CY 医药有限公司										编号：00000000				
收获地址：山东威海市区号路 101 号										发货日期：2023.07.02				
药品名称	生产厂商	上市许可持有人	批准文号	规格	数量	单位	件数	单位（元）	金额（元）	生产批号	生产日期	有效期至	质量状况
琥珀酸亚铁片	成都奥邦药业有限公司	成都奥邦药业有限公司	国药准字 H20082003	24 片/盒	1	盒	/	10.00	10.00	220303	20220303	202403	合格
抗病毒口服液	安徽东盛友邦制药有限公司	安徽东盛友邦制药有限公司	国药准字 Z3420823	10ml/10 支	3					220627	20220619	202405	合格
糠酸莫米松乳膏	武汉诺安药业有限公司	武汉诺安药业有限公司	国药准字 H20173401	0.01%					0	2022060440	20220629	202405	合格
硫酸亚铁片	山西力欣药业有限公司	山西力欣药业有限公司	国药准字 H14020446	0.3g×100 片/盒	1	盒	/	5.00	5.00	20220802	20220301	202507	合格
葡萄糖酸锌口服液	广州白云山星群（药业）股份有限公司	广州白云山星群（药业）有限公司	国药准字 H20059936	10ml×12 支	1	盒	/	8.00	8.00	TX70003	20220214	202401	合格
制单人：小王	发货人：王北北			复核人：王南南					签收人：		收货单位日期：		

图 5－1　随货同行单

（3）到货检查　在到货检查时，需检查药品外包装是否完好无损且标识清晰。依据随货同行单核对药品信息，如遇不符，需由采购部门与供货单位确认处理。只有在供货单位提供了正确的单据或确认数量无异后才能收货，否则应拒收并报告质量管理部门处理异常情况。

（4）将货放待验区　将符合要求的药品放入待验区。

（5）与验收员交接　与验收人员进行交接手续的办理。

知识链接

票据检查要点

没有随货同行单（票）或随货同行单（票）与备案样式不符的情况下，不得收货。

根据随货同行单（票）查询采购记录，如果没有相关采购记录，不得收货。

对比随货同行单（票）和采购记录的内容，如供货单位、生产厂商、药品通用名称、剂型、规格、数量、收货单位、收货地址等不一致，不得收货，并通知采购部门处理。

如果数量不符，必须与供货单位核实确认后，按照采购制度要求重新办理采购手续。只有在采购记录和随货同行单（票）数量相符的情况下，收货人员才能收货。

如果供货单位不确认随货同行单（票）与采购记录、药品实物是否一致的内容，应拒收到货药品。对于存在异常情况的，应报告给质量管理部门进行处理。

针对退货药品的收货票据进行检查。

针对特殊药品的收货票据进行检查。

2. 验收程序

（1）检查书面凭证　当药品进入待验区时，验收员根据购货凭证和清单，首先对大件数量进行清点，然后逐一核对品名、规格、数量、有效期、上市许可持有人、生产厂名、供货厂商、批号、批准文号、注册商标、合格证等信息。验收人员在药品到货后，逐项审查上述凭证的真实性、规范性以及与到货药品的一致性。

（2）外观检验　在检查完书面凭证后，按照凭证上的信息逐一核对所到药品的品名、批号、厂家、商标以及包装是否有破损、是否受到污染等情况，以初步判断所到货物的品质。如果发现品名、规格、包装、标签、说明书等不符合规定，或者外观质量不合格，验收人员可行使质量否决权，拒绝收货。如果存在内在质量问题的怀疑，可以与供货单位联系处理。

（3）填写验收记录　待验药品应在 5 个工作日内完成验收，并认真填写验收记录。同时，在入库通知单和购货凭证上加盖"质量验收专用章"，以便仓储部门办理入库手续，并使财务部门能凭借有质量验收专用章的购货凭证进行付款。

3. 收货与验收流程　药品收货与验收流程如图 5-2、图 5-3 所示。

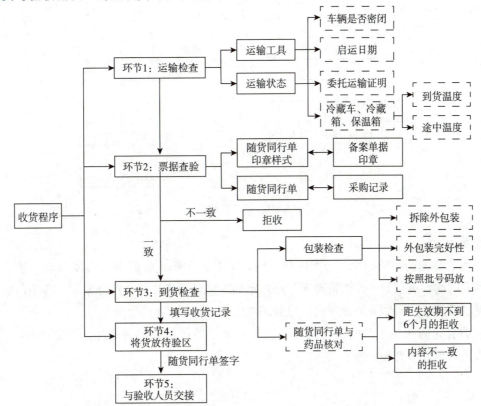

图 5-2　药品收货流程

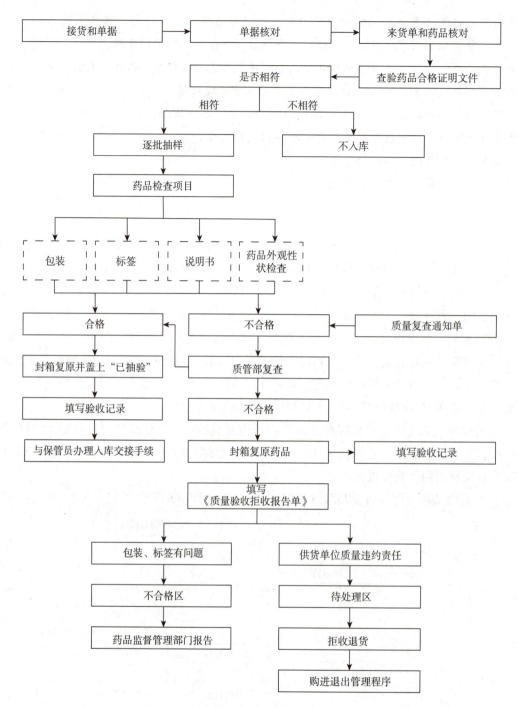

图 5－3　药品验收流程

4. 收货要点

（1）冷藏、冷冻药品的到货　检查冷藏车辆、车载冷藏箱或保温箱的温度情况，核查并保留运输过程和到货时的温度记录。如果运输未采用规定的冷藏设备或温度不符合要求，应拒收药品，并对药品进行控制管理，同时做好记录并向质量管理部门报告处理。

（2）验收合格的药品　及时进行入库或上架。对于验收不合格的药品，不得进行入库或上架，并报告给质量管理人员处理。

活动三 待验区域及设施设备

企业应根据药品的不同类别和特性，明确待验药品的验收时限。待验药品必须在规定的时限内完成验收。对于验收合格的药品，应及时进行入库操作。同时，任何在验收过程中发现的问题都应尽快处理，以防止对药品质量造成影响。

知识链接

《药品经营质量管理规范》

第七十五条 收货人员对符合收货要求的药品，应当按品种特性要求放于相应待验区域，或者设置状态标志，通知验收。冷藏、冷冻药品应当在冷库内待验。

1. 对药品待验区域及验收药品设施设备的要求

（1）待验区域必须有明显的标识，并与其他区域有效隔离。

（2）待验区域必须满足待验药品的储存温度要求。

（3）应设置专门管理特殊药品的待验区域，并符合相应的安全控制要求。

（4）保持验收设施设备的清洁，确保不会污染药品。

（5）按规定配置药品电子监管码的扫码设备，并确保数据上传的设备完好运作。

2. 对验收环境及设施设备的要求　如表5-1所示。

表5-1 验收环境设施设备要求

类别	要求
验收环境	必须设立专门的验收场所和符合卫生条件的检查室，以适应经营业务的需求
	验收养护室应该保持环境洁净，地面和墙壁应平整光滑。根据不同规模的养护室，面积应分别按照小型20m²、中型40m²和大型50m²进行安排
设施设备	具有温湿度调控设施，以防潮控温
	光线充足并配备符合规定要求的照明设施
	具有防尘、防虫、防污染设施和必要的消毒设施，防止任何可以对药品造成的污染，确保药品的质量
	应配备千分之一天平、量具、白瓷盘、崩解仪、澄明度检测仪、标准比色液等，企业经营中药材、中药饮片的还应配置水分分析仪、紫外荧光灯、解剖镜或显微镜

3. 验收人员条件

（1）从事验收的人员应具备药学、医学、生物学、化学或相关专业中专以上学历，或具备药学初级以上专业技术职称。

（2）从事中药材和中药饮片验收工作的人员应具备中药学专业中专以上学历，或具备中药学初级以上专业技术职称；对于直接收购中药材的人员，验收人员应具备中药学中级以上专业技术职称。

（3）对于疫苗验收员，需要具备预防医学、药学、微生物学或医学等专业本科以上学历，并具有中级以上专业技术职称。同时还需具有3年以上从事疫苗管理或技术工作的经验。

（4）质量管理和验收工作的人员应在职在岗，不得兼职其他业务。

（5）直接接触药品的质量管理、验收、养护和储存等岗位人员应进行岗前和年度健康检查，并建立健康档案。患有传染病或其他可能污染药品的疾病的人员不得从事直接接触药品的工作。身体条件不符合特定岗位要求的人员不得从事相关工作。

（6）验收人员应经过专业培训，熟悉药品的性能，具备一定的独立工作能力。视力需达到0.9或0.9以上（不包括校正后），无色盲和色弱疾患。同时，应定期接受公司组织的员工继续教育。

任务二 验收的主要内容

活动一 药品质量检查项目及外观质量检查

1. 定义 药品的外观性状检查是通过使用人体感官（眼、鼻、舌）来检查或识别药品的真伪优劣，因此也被称为感官检查。但是对于有毒、有刺激性或含有未知成分的药品，绝不能随意用口尝试或用鼻子嗅闻，以免发生事故。

药品的内在质量不同会导致其外观性状各异，例如颜色、气味、味道等方面的差异。对于假药而言，其外观性状与真药必然不同，只有明显区别可通过感官感知，而辨识不明显的可能会逃过感官检查的范围。对于劣药而言，药品内在质量的变化会引起外观的变化。一个合格的药品在出厂后，经过运输和储存过程，受到温度、光线、湿度等外界条件的影响，往往会发生变色、结块、发霉等现象。大多数药品的质量变异可以通过外观性状来反映。因此，对药品进行外观性状检查是药品入库验收的重要内容。下面将介绍几种常见药品剂型的外观检查方法和判断标准，详见表5-2。

表5-2 药品外观质量验收检查项目内容汇总

剂型	类型	外观质量检查项目
片剂	压制片（素片）（含脏器、蛋白质制剂）	性状（色泽）、明显暗斑（中草药除外）、麻面、黑点、色点、碎片、松片、霉变、飞边、结晶析出、吸潮溶化、虫蛀、异嗅、其他
	包衣片（糖衣片、薄膜衣片、肠溶衣片）	性状（色泽）、花片、黑点、斑点、粘连、裂片、爆裂、掉皮、脱壳、霉变、瘪片（异形片、凹凸不平）、片芯变色变软、其他
胶囊剂	硬胶囊剂	性状（色泽）、褪色、变色、破裂、漏粉、霉变、异嗅、查内容物有无结块、其他
	软胶囊剂	性状、胶丸大小均匀、光亮、粘连（振摇即散不算）、破裂、漏油、异嗅、畸形丸、霉变、其他
滴丸剂		性状、胶丸大小是否均匀、光亮、粘连、粘瓶、破裂、漏油、畸形丸、霉变、其他
注射剂	注射用粉针	性状（色泽）、澄清度、粘瓶、吸潮、结块、溶化、色点、色块、黑点、白块、纤维、玻璃屑、封口漏气、铝盖松动、其他
	冻干型粉针	性状（色泽）、粘瓶、溶化、萎缩、铝盖松动、其他
	注射液	性状（色泽）、长霉、白点、白块、纤维、玻璃屑、色点、结晶析出、瓶盖松动、裂纹、其他
滴眼剂	溶液型滴眼剂	性状（色泽）、浑浊、沉淀、结晶析出、长霉、裂瓶、漏药、白点、白块、纤维、色点、色块、其他
	混悬型滴眼剂	性状（色泽）、长霉、色点、色块、结块、漏药、胶塞、瓶盖松动、颗粒细度、滴管长度、其他
散剂	散剂	性状（色泽、混合均匀）、溶解、结块、异物、破漏、其他
	含结晶水药物散剂	性状（色泽、均匀）、风化、潮解、异物、破漏、霉变、其他
颗粒剂（冲剂）		性状（色泽）、结块、潮解、颗粒均匀、异物、异嗅、霉变、破漏、虫蛀、其他

续表

剂型	类型	外观质量检查项目
酊水剂	酊剂	性状（色泽）、澄清度、结晶析出、异物、浑浊、沉淀、渗漏、其他
	口服溶液剂	性状（色泽）、澄清度、结晶析出、沉淀、异物、渗漏、霉变、其他
	口服混悬剂	性状（色泽）、结块、异物、颗粒细微下沉缓慢、渗漏、霉变、其他
	口服乳剂	性状（色泽）、异物、异嗅、分层、渗漏、霉变、其他
糖浆剂		性状、澄清度、浑浊、沉淀、结晶析出、异物、异嗅、酸败、产氧、渗漏、霉变、其他
软膏剂	油脂性基质	性状、异物、异嗅、酸败、霉变、漏药、其他
	乳剂型基质	性状、异物、异嗅、酸败、分层、霉变、漏药、其他
眼膏剂		除与软膏剂检查一致外，涂于皮肤上应无刺激性，无金属异物
气雾剂		性状、异物、漏气、破漏、喷嘴（掀压费力、喷不出或连续喷）
栓剂		性状、霉变、酸败、干裂、软化、变形、走油出汗、其他
膜剂		完整光洁、色泽均匀、厚度一致、受潮、霉变、气泡、压痕均匀易撕开、其他
丸剂	蜜丸、水蜜丸、浓缩丸	性状、圆整均匀、大小蜜丸应细腻滋润、软硬适中、皱皮、其他
	水丸、湖丸	性状、大小均匀、光圆平整、粗糙纹、异物、其他
橡胶膏剂		性状、药物涂布均匀、透油（透背）、老化、失黏、其他

知识链接

外观质量检查相关名词

1. 麻面　片面粗糙不光滑。

2. 裂片　片剂受到震动或经放置一段时间从腰间裂开或顶部脱落一层的现象称为裂片。

3. 飞边　药片的边缘高过于片面而突出，形成不整齐的薄边。

4. 毛边　片子边缘有缺口。

5. 花斑　片面呈现较明的斑点。

6. 龟裂与爆裂　片面或边缘发生裂纹甚至部分包衣裂掉。

7. 暗斑　系指片面若隐若现的斑点。

8. 松片　将药片放在中指与食指间，用拇指轻轻挤压即碎裂。

2. 药品验收质量检查项目

（1）药品信息　检查药品的品名、规格（含量及包装）、生产批号、上市许可持有人、生产企业、化验单号、检验依据、出厂日期、检验部门以及检验人员的签章。

（2）药品标签或说明书　药品的标签或说明书必须明确注明药品的品名、主要成分、适应证、规格、用法用量、禁忌、不良反应、注意事项、贮藏条件、生产批号、注册商标、批准文号、上市许可持有人、生产企业等信息。对于有有效期或使用期限的药品，标签上必须标明该药品的有效期或使用期限；对于分装药品，必须附有说明书，并在包装上标明品名、规格、批准文号、上市许可持有人、生产企业、注册商标、产品批号、分装单位和分装批号。对于规定了有效期的药品，在分装后需要说明原有效期；原料药的标签应注明质量标准。特殊管理药品和外用药品的标签和包装上必须符合 GSP 实施细则中规定的标志。

（3）药品外包装　必须印有品名、规格（含量及包装）、数量、批准文号、生产批号、注册商标，有效期限或使用期限、上市许可持有人、生产企业、生产许可证编号、体积、重量、储运图示标志以及危险物品的标志。药品包装必须有封口胶条和封口签。

（4）注册商标　药品标签或包装上必须标明"注册商标"字样或注册商标标记。仅有商标而没有注册标记是无效的。

活动二　标签和说明书检查

 法规链接

《中华人民共和国药品管理法》

第四十九条　药品包装应当按照规定印有或者贴有标签并附有说明书。

标签或者说明书应当注明药品的通用名称、成份、规格、上市许可持有人及其地址、生产企业及其地址、批准文号、产品批号、生产日期、有效期、适应症或者功能主治、用法、用量、禁忌、不良反应和注意事项。标签、说明书中的文字应当清晰，生产日期、有效期等事项应当显著标注，容易辨识。

麻醉药品、精神药品、医疗用毒性药品、放射性药品、外用药品和非处方药的标签、说明书，应当印有规定的标志。

《药品经营质量管理规范》

第七十八条　验收人员应当对抽样药品的外观、包装、标签、说明书以及相关的证明文件等逐一进行检查、核对；验收结束后，应当将抽取的完好样品放回原包装箱，加封并标示。

检查标签或说明书的项目、内容是否齐全。

1. 标签　有药品通用名称、成分、性状、适应证或者功能主治、规格、用法用量、不良反应、禁忌、注意事项、贮藏、生产日期、产品批号、有效期、批准文号、生产企业等内容；对注射剂瓶、滴眼剂瓶等因标签尺寸限制无法全部注明上述内容的，至少标明药品通用名称、规格、产品批号、有效期等内容；中药蜜丸蜡壳至少注明药品通用名称。中药饮片的标签需注明品名、包装规格、产地、生产企业、产品批号、生产日期；实施批准文号管理的中药饮片，还需注明批准文号。

2. 化学药品与生物制品说明书　列有以下内容：药品名称（通用名称、商品名称、英文名称、汉语拼音）、成分［活性成分的化学名称、分子式、分子量、化学结构式（复方制剂可列出其组分名称）］、性状、适应证、规格、用法用量、不良反应、禁忌、注意事项、孕妇及哺乳期妇女用药、儿童用药、老年用药、药物相互作用、药物过量、临床试验、药理毒理、药代动力学、贮藏、包装、有效期、执行标准、批准文号、上市许可持有人及其地址、生产企业（企业名称、生产地址、邮政编码、电话和传真）。

3. 中药说明书　应列有以下内容：药品名称（通用名称、汉语拼音）、成分、性状、功能主治、规格、用法用量、不良反应、禁忌、注意事项、药物相互作用、贮藏、包装、有效期、执行标准、批准文号、说明书修订日期、上市许可持有人及其地址、生产企业（企业名称、生产地址、邮政编码、电话和传真）。

4. 分装类药品　注明原生产企业、分装企业、分装批号、效期。

5. 进口药品的标签　以中文注明药品通用名称、主要成分以及注册证号，并有中文说明书。

活动三　产品合格证与合格证明文件

 法规链接

附录4　药品收货与验收

第九条　验收药品应当按照批号逐批查验药品合格证明文件，对于相关证明文件不全或内容与到货药品不符的，不得入库，并交质量管理部门处理。

《药品经营质量管理规范》

第七十六条　验收药品应当按照药品批号查验同批号的检验报告书。供货单位为批发企业的，检验报告书应当加盖其质量管理专用章原印章。检验报告书的传递和保存可以采用电子数据形式，但应当保证其合法性和有效性。

验收药品时，对于产品合格证和合格证明文件具体要求如下。

（1）应按照药品批号检查同批号的检验报告书。检验报告书需加盖供货单位质量管理专用章原印章，传递和保存检验报告书可以采用电子数据形式，但必须确保其合法性和有效性。

（2）从生产企业购进药品时，需要检查出厂检验报告书的原件；从批发企业购进药品时，需要检查加盖供货单位质量管理专用章原印章的检验报告书原件或复印件。

（3）对于以电子数据形式传递和保存的检验报告书，必须确认其合法性和有效性。

（4）如果没有同批号的检验报告书，不得进行验收。

（5）针对实施批签发管理的生物制品的验收，需要有加盖供货单位质量管理专用章原印章的《生物制品批签发合格证》的复印件。

（6）对于进口药品的验收，需要有加盖供货单位质量管理专用章原印章的相关证明文件：①《进口药品注册证》或《医药产品注册证》；②进口麻醉药品和精神药品需要有《进口准许证》；③进口药材需要有《进口药材批件》；④《进口药品检验报告书》或注明"已抽样"字样的《进口药品通关单》；⑤进口国家规定实行批签发管理的生物制品必须有批签发证明文件和《进口药品检验报告书》。

活动四　进口药品与售后退回药品

1. 进口药品的验收要求

（1）《进口药品注册证》的内容　应包括药品的通用名称、商品名、主要成分、剂型、规格、包装规格、有效期、公司或生产厂商的名称及地址、注册证的有效期、检验标准、注册证号、批准时间、发证机关及印鉴等信息。

（2）验收进口药品时的注意事项　不仅要查看是否有《进口药品注册证》和《进口药品检验报告书》的复印件，还需要确认注册证等证明文件的有效期限，只有在有效期限内使用的证件才是合法的。同时，需要核对品名、生产厂商、供货厂商以及包装和标识等内容。

对于进口药品的验收，应该单独记录，并设计一个独立的"进口药品入库验收记录"。此外，进口药品的入库验收登记簿应当与《进口药品注册证》和《进口药品检验报告书》的复印件一同归档，不得分开存档。

2. 售后退回药品的验收要求

（1）对于售后退回的药品，应进行开箱检查，核对品名、规格、数量、生产企业和生产批号或生产日期，并对药品质量进行复验，以做出明确的结论和处理意见。若经复验属于质量问题，应及时与生产企业或供货单位联系，进行退货、换货或修理等处理。若经复验属于其他原因造成的损坏或无法修理，应通知相关部门进行处理。若经复验确认产品无质量问题，且内外包装完好，应通知相关部门与退货方联系，妥善处理。

（2）质量验收员应按照销售后退回药品的验收程序进行质量验收。验收合格的药品记录后转入合格品库（或区）；验收不合格的药品记录后转入不合格品库（或区），并做好不合格药品的台账记录。

（3）销售后退回药品的质量验收记录应至少保存5年。

3. 售后退回药品的收货流程图　如图5－4所示。

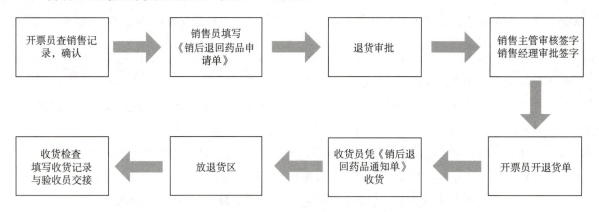

图5－4　售后退回的收货流程

活动五　中药材和中药饮片

1. 验收方法和内容　在进行药品验收时，按照药品验收单上的项目逐项检查中药材和中药饮片的包装和合格证。中药饮片的包装或容器应与药品性质相适应且符合药品质量要求。中药饮片的标签需注明品名、包装规格、产地、生产企业、产品批号、生产日期；整件包装上应有品名、产地、生产日期、生产企业等，并附有质量合格的标志。实施批准文号管理的中药饮片，还需注明批准文号。中药材应有包装，并标明品名、规格、产地、供货单位、收购日期、发货日期等；实施批准文号管理的中药材，还需注明批准文号，并做好相应的记录。

（1）中药材、中药饮片的验收方法　一般采用感官验收，主要通过手摸、眼观、嘴尝、鼻闻等方式进行。根据条件，也可以进行显微镜检查和理化分析等方法，来检查中药材和中药饮片的内部结构、成分和含量。

（2）验收的内容

1）外包装的验收：①中药材、中药饮片的外包装应符合药用或食用的标准；②中药材、中药饮片应有外包装，并附有质量合格的标志；③中药材的包装上应标明品名、产地、供货单位，中药饮片应标明品名、生产企业、生产日期等。对于实行批准文号管理的中药材和中药饮片，还需要在包装上标明批准文号。

2）干湿度的验收：①中药材的安全含水量应在10%～15%之间；②中药饮片的安全含水量，菌藻类应在5%～10%，其他类别应在7%～13%。

3）杂质的验收：中药材的杂质应控制在2%～3%，中药饮片的药屑、杂质、根、根茎、藤木类、花、叶以及动物、矿物、菌类的药屑和杂质不应超过2%，果实、种子、树脂类和全草类的药屑和杂质不应超过3%。

4）中药饮片片型的验收：中药饮片的各种片型应符合规定，厚度要均匀、整齐。表面光滑，无破碎、切割不完整、异型片不得超过10%。

中药饮片厚度的要求详见表5－3。

表 5 – 3　中药饮片厚度要求

片型	要求
片	极薄片：0.5mm 以下（鹿茸片）
	薄片：1～2mm（半夏、槟榔）
	厚片：2～4mm（大黄、泽泻、山药、白术）
段	长 10～15mm（全草类）
块	8～12mm 方块（何首乌、附子、葛根、茯苓）
丝及类丝宽	2～3mm
叶类丝宽	5～10mm

针对一些不适宜进行切割的中药，根据调剂和医疗上的需求，可以选择将其粉碎成颗粒或粉末的形式。粉碎后的颗粒应均匀无尘，而粉末则需要符合《中国药典》的要求。在中药材和中药饮片的验收过程中，如果发现虫蛀、发霉、泛油、变色、气味散失、潮解溶化、腐烂等现象，将被视为质量检验不合格的情况。

2. 验收中对发现问题的处理

（1）对于包装标识不完整的情况，应拒收货物。

（2）在验收过程中，如果发现虫蛀、霉变、泛油、变色等现象，也应拒收货物。

（3）对于干湿度不符合规定、杂质超标、片型不符合规定的情况，同样应拒收货物。

（4）对于不符合标准的货物，也应拒收。

（5）对于发现假药或劣药的情况，应当立即封存，并上报当地药品监督管理部门。

（6）对于有疑问的品种，如果本企业无法确保其质量是否合格，应当将其送往当地药品检验部门进行检验。

3. 毒性中药材、中药饮片的验收要求

（1）毒性中药材、中药饮片的包装必须符合规定。

（2）对于毒性中药材、中药饮片，必须实行双人验收并双人签字的制度。

活动六　包装质量检查

 法规链接

《药品经营质量管理规范》

第七十七条　企业应当按照验收规定，对每次到货药品进行逐批抽样验收，抽取的样品应当具有代表性：

（一）同一批号的药品应当至少检查一个最小包装，但生产企业有特殊质量控制要求或者打开最小包装可能影响药品质量的，可不打开最小包装；

（二）破损、污染、渗液、封条损坏等包装异常以及零货、拼箱的，应当开箱检查至最小包装；

（三）外包装及封签完整的原料药、实施批签发管理的生物制品，可不开箱检查。

根据规定，药品在入库验收时，包装的检查可分为外包装和内包装检查。

1. 外包装检查

（1）外包装的定义　外包装（运输包装）指的是内包装外面的木箱、纸箱、木桶、铁桶等包装物，以及衬垫物、防潮纸、麻袋、塑料袋等。药品的包装（包括运输包装）必须进行加封口、封签、封条，或使用防盗盖、瓶盖套等方式。

（2）外包装的检查内容

1）一般项目：检查外包装物是否坚固、耐压、防潮和防震；检查包装衬垫物是否清洁卫生、干燥；检查是否存在虫蛀、鼠咬等问题；检查包装衬垫是否紧实，瓶子之间是否有空隙，纸箱是否封牢，捆扎是否牢固，封签和封条是否破损。

2）必须项目：检查外包装上是否清晰齐全地标明品名、规格、厂牌、批号、批准文件、注册商标、有效期（对于效期药品）、数量数字等信息。

3）特定项目：检查特定储运图示标志以及危险药品的包装标志是否清晰可见，粘贴或固定是否牢固；检查各种药品的储运标志是否按照国家标准规定的要求和样式印刷或粘贴；对于危险药品，必须符合相关的包装标志要求；箱内应该附有"合格证"或其他标明"合格"字样的装箱单。

2. 内包装检查

（1）药品的内包装　内包装是直接接触药品的容器，对药品质量有着重要的影响。因此，在验收药品时，需要加强对内包装的检查。内包装包括盛装药品的瓶塞、纸盒、塑料袋、纸袋、金属容器，以及贴在容器外面的瓶签、盒签，以及填充物等。

（2）内包装的检查内容　主要有两个方面：对盛装容器质量的检查和包装工作质量的检查。

1）对盛装容器质量的检查：检查盛装药品的容器是否无毒、清洁，并且不与药物发生化学物理反应，也不应对药物质量产生影响。在药品入库验收中，需要检查以下内容。

①容器应端正、统一，内外清洁、干燥，并且没有裂痕或破损。如果容器内部有附加的填充物，填充物应该干净、干燥，并且充实。

②在选择容器时应合理，对于需使用玻璃瓶包装的药物，不应使用塑料袋或纸袋替代。例如，碘片具有较强的氧化性，适合使用磨口玻璃瓶作为容器，因为塑料袋不耐磨而且可被碘氧化变色，纸袋则不仅不耐磨还容易破损，也不能用来包装碘片。对于油类药物，不宜使用塑料制品，因为油脂可以溶解塑料中的有害物质。需要遮光的药品应使用棕色容器或带有黑纸包裹的无色容器，或其他不透光的容器。

2）对包装工作质量的检查：检查封口是否严密、合格，不应有渗漏、泄漏、盖塞松动、脱落等现象。包装印字应该清晰，所规定的内容如品名、规格、批号等都不应缺漏。瓶签应粘贴牢固、整齐、位置适中。包装的外部不应有药物痕迹、粘贴剂或油墨等污迹。

3. 中药材的包装检查　中药材应进行包装，并在包装上标明品名、规格、产地、供货单位、收购日期、发货日期等信息。对于直接收购地产的中药材，应在中药样品室（柜）中收集相应品种的样品，通过实物与样品对照的方式进行验收，以确保验收质量的准确性。在整个过程中，验收人员负责样品的收集、养护和更新，以防止样品出现质量变异；质量管理人员负责对样品进行复核确认，以确保样品的准确性。

4. 中药饮片的包装检查　中药饮片的包装或容器应与药品的性质相适应，并符合药品质量的要求。中药饮片的标签应注明品名、规格、产地、生产企业、产品批号和生产日期。整个包装上应标明品名、产地、日期、供货单位等信息，并附有质量合格的标志。对于实施批准文号管理的中药饮片，还需要注明批准文号。

任务三　验收的方法

活动一　抽样的原则与方法

1. 抽样原则　对每批到货的药品应进行逐批抽样验收，以保证样品的代表性。对于未能符合验收标准的样品，不得接收入库，并需立即向质量管理部门报告处理。

2. 抽样方法

（1）抽取的件数　整件数量在2件及以下的药品，应全部抽样；整件数量在2~50件的药品，至少抽样3件；整件数量在50件以上的药品，每增加50件至少增加1件抽样，不足50件按50件计算。

（2）开箱抽样检查　对抽取的整件药品，需要进行开箱抽样检查；从每个整件的上、中、下不同位置随机抽取3个最小包装进行检查；若存在封口不牢、标签污损、明显重量差异或外观异常等情况，需要至少再增加一倍抽样数量进行再检查。

（3）包装异常的情况　对于整件药品存在破损、污染、渗液、封条损坏等异常情况的，应进行开箱检查至最小包装。

（4）一般抽取数量　片剂、胶囊等药品抽样数量为100片（粒）；注射液1~20ml抽样数量为200支，50ml或50ml以上抽样数量为20支（瓶）；散剂3袋（瓶），颗粒剂5袋（块）；酊剂、水剂、糖浆剂等抽样数量为10瓶；气雾剂、膏剂、栓剂分别抽样数量为20瓶（支，粒）。

（5）非整件药品抽样　在到货的非整件药品中，需要逐箱进行检查；对于同一批号的药品，至少随机抽取一个最小包装进行检查。

（6）特殊情况　同一批号的药品，至少需检查一个最小包装；若生产企业有特殊质量控制要求或打开最小包装可能影响药品质量的，可以不打开最小包装；对于完好的原料药外包装和封签完整、实施批签发管理的生物制品，可以不开箱检查。

（7）销后退回药品的检查　对销后退回的药品，需要逐批进行检查验收，并开箱抽样检查；对于整件包装完好的药品，应按前四项规定的抽样原则加倍抽样检查；对于无完好外包装的每件药品，应抽样检查至最小包装；必要时，应送药品检验部门进行检验。

活动二　验收记录的管理及相关规定

 法规链接

《药品经营质量管理规范》

第八十条　验收药品应当做好验收记录，包括药品的通用名称、剂型、规格、批准文号、批号、生产日期、有效期、生产厂商、供货单位、到货数量、到货日期、验收合格数量、验收结果等内容。验收人员应当在验收记录上签署姓名和验收日期。

1. 验收记录　需要真实、准确、完整、可追溯，包含以下内容：药品通用名称、剂型、规格、批准文号、批号、生产日期、有效期、上市许可持有人、生产厂商、供货单位、到货数量、到货日期、验收合格数量、验收结果、验收人员签字等。具体要求如下。

（1）对于验收的药品，必须做好验收记录，并由验收人员在记录上签署姓名和验收日期。对于不合格的药品，应明确注明不合格事项并记录处置措施。

（2）验收人员需进行验收确认，并将验收数据录入计算机系统，以生成药品验收记录，包括采购来货和销后退回药品的验收记录。

（3）验收人员必须在验收记录上签署姓名和验收日期。

（4）如果验收结论为不合格，必须在验收记录中明确注明不合格事项和处置措施。

（5）验收记录应至少保存5年。

（6）对于冷藏冷冻药品在运输过程中的温度记录，也应作为验收记录之一进行保存。

2. 中药材和中药饮片验收记录

（1）中药材验收记录　应包含以下内容：品名、产地、供货单位、到货数量、验收合格数量等信息。

（2）中药饮片验收记录　应包含以下内容：品名、规格、批号、产地、生产日期、生产厂商、供货单位、到货数量、验收合格数量等信息。对于实施批准文号管理的中药饮片，还需要记录批准文号。

3. 销后退回药品验收记录　应包括以下内容：退货单位、退货日期、药品通用名称、规格、批准文号、批号、生产厂商（或产地）、有效期、数量、验收日期、退货原因、验收结果和验收人员等信息。

4. 注意事项

（1）药品批号必须真实记录，不得使用"√""×"或填写"有""无"。批号能明确标识药品的生产日期，同一药品因生产批次和包装班次不同可能有不同的批号，批号也是追踪质量问题药品的主要依据。

（2）在记录中，品名和供货单位不应使用简称。

（3）有效期是药品有效的截止期，而购进记录中的有效期是药监部门核准的药品有效期。如果包装上没有标明有效截止期，应根据有效期进行换算，例如至××年××月。

（4）企业无须为不同剂型（如针剂、片剂、水剂、粉剂）分别建立不同的记录本，这样会增加记录本数量，并破坏了验收时间顺序，不利于追踪和监测质量状况。

（5）不得使用铅笔填写记录，字迹应清晰，内容必须真实完整，能准确反映当时的实际检查情况。

（6）不得撕毁或任意涂改记录；如果确实需要更改，应将原内容划掉后，在旁边重新写明，并在改动处签名或盖上本人的图章，以保证原始记录清晰可见。

（7）签名时应写全名，不得代签或只写姓氏。

（8）填写记录时应按照表格的要求填写齐全，不得有空格漏填；如果某一项没有内容，一律用"—"表示。

活动三　不合格药品的控制管理与处理程序

1. 不合格药品处理　凡质量验收不合格，非药用规格或包装与其标志内容不符合规定要求，或未经药品监督管理部门批准的人用药品以及无批准文号、无注册商标、无生产批号的药品，应如下处理。

（1）拒收，填写《药品拒收报告单》。

（2）填写"药品复查通知单"，报质量管理部确认。

（3）确认为不合格的药品应存于不合格品库（区）、挂红牌标志。

（4）及时通知供货方，并按国家有关的规定进行处理。

2. 不合格药品的判定方法

（1）药品没有经过药品监督管理部门批准生产，除非国家有另外的规定。

（2）整件包装中没有出厂检验合格证的药品。

（3）药品的标签和说明书内容与药品监督管理部门批准范围不符、不符合规定或者没有规定的标志。

（4）购自没有法定资格（无"证照"或"证照"不全）的药品经营企业或非法药品市场的药品。

（5）生产企业生产的药品不合法。

（6）药品的性状和外观与合格品有明显差异。

（7）药品的内外包装明显破损，封口不严。

活动四　药品质量档案与药品质量信息管理

1. 药品质量信息内容

（1）国家和行业有关药品质量管理的法律、法规、政策等信息。

（2）供货单位的人员、设备、工艺、制度以及生产质量保证能力情况。

（3）同行竞争对手的质量措施、质量水平和质量效益的信息。

（4）企业内部经营环节中与质量相关的数据、资料、记录、报表、文件等，涵盖药品质量、环境质量、服务质量、工作质量等各个方面。

（5）药品监督检查公布的与本企业相关的质量信息。

（6）消费者的质量查询、质量反馈和质量投诉等信息档案。

2. 药品质量档案　建立药品质量档案是为了在对药品质量信息和资料进行收集、汇总和分析的基础上，为药品质量管理工作提供可靠的裁决和处理依据。药品质量档案可以从广义上理解为包括所有质量活动中形成的原始记录、票据凭证和传递文件等信息资料。而从狭义上来说，药品质量档案是指以药品质量信息为主要内容，按照不同品种建立的档案资料。该档案应包括药品的质量标准、合法性证明文件以及质量状态记录等内容。

3. 药品质量档案建档范围　应包括：①首营品种；②主营品种；③其他新经营品种，不包括首营品种；④发生过质量问题的品种；⑤药品监督管理部门重点监控的品种；⑥药品质量不稳定的品种；⑦消费者投诉较集中的品种；⑧其他有必要建立质量档案的品种。

4. 药品质量信息管理　为了确保药品质量信息在企业内部的反馈、传递、分析和处理顺畅，企业应建立一个完善的药品质量信息网络体系，以质量管理部为中心，并将各相关部门和门店作为网络单元。质量管理部负责网络的正常运行和维护，及时收集内外环境的质量信息并进行汇总分析，然后将这些信息传递给执行部门。

质量管理部门应设立质量管理信息中心，负责质量信息的传递、汇总和处理，以确保进货、销售、调拨、库存等过程中的药品质量信息能够顺畅地反馈和传递。

5. 药品质量信息管理要求

（1）质量信息的收集原则　准确、及时、适用和经济。

（2）质量信息的收集方法

1）内部信息：通过统计报表定期反映各类与质量相关的信息；通过质量分析会、工作汇报会等会议收集与质量相关的信息；通过质量信息反馈单和相关记录由各科填报以实现质量信息的传递；通过多种方式收集职工的意见和建议，了解质量信息。

2）外部消息：通过问卷、座谈会、电话访问等调查方式收集信息；通过现场观察和咨询来了解相关信息；通过人际关系网络收集质量信息；通过分析处理现有信息获得所需的质量信息。

（3）质量信息的处理由企业领导决策，质量管理部负责组织传递并督促执行。

（4）建立完善的质量信息反馈系统，对异常、突发的质量信息应以书面形式迅速向领导反馈，以确保质量信息的及时畅通传递和准确有效利用。

（5）员工应相互协调配合，将质量信息报告给质量管理部，由质量管理部进行分析汇总后报领导审阅，然后通过信息反馈单的方式将处理意见传递给员工。这个过程中，文字资料由质量管理部备份并进行存档。

（6）如果由于工作失误导致质量信息未按要求及时准确反馈，并连续发生两次，将在季度质量考核中受到处罚。

技能训练

模拟药品验收

【**训练目标**】本次实践的目标是使学生熟悉药品（包括原料药和各种剂型药品）的验收基本操作程序和要求。

【**训练准备**】

（1）场所　选择模拟药库或教室作为实践地点。

（2）人员　将学生分为 6~8 人的项目小组，每个小组选出 2 名学生担任组长，与其他组员共同完成实践练习。

（3）操作对象　各类型的药品。

（4）操作所需工具或材料　主要是验收工具和设备。

【**要点提示**】

（1）通过抽签确定操作对象，以获取需要验收的药品类型。

（2）根据操作对象选择相应的验收工具。

（3）根据操作对象的类型，按照相关的验收要求，按照验收程序进行相应的验收操作。

（4）根据验收操作的结果和相应的判断依据，对所验收的药品是否合格做出结论。

（5）根据验收操作过程和 GSP 的要求，做好验收记录。

目标检测

答案解析

一、单项选择题

1. 冷链药品的收货区应设置（　　）。

    A. 清洁工具   B. 冷藏库或阴凉处

    C. 保温箱   D. 验收台

2. 验收药品应当按照（　　）查验同批号的检验报告书。

    A. 药品收货单   B. 随货同行单

    C. 药品批号   D. 药品检验单

3. 化学药品与生物制品说明书应含有的内容是（　　）。

    A. 分子式   B. 功能主治

    C. 说明书修订日期   D. 产地

4. 检查外用药品的专有标识，外用药品专有标识为（　　）的"外"字样。

    A. 绿底黑字   B. 黄底红字

    C. 白底黑字   D. 红底白字

5. 每整件药品中至少抽取（　　）个最小包装。

    A. 3   B. 5

    C. 10   D. 1

6. 对于销后退回的冷冻、冷藏药品，一般由供货企业用冷藏车或冷藏箱带回，退货单位应当提供（　　），确认符合规定储运条件的方可收货。

A. 药品质量说明

B. 检验专用章

C. 药品售出期间储存、运输质量控制说明

D. 药品销售记录

7. 冷链到货时应有（　）可直接与冷藏车门对门进行卸货工作。

A. 专用缓冲区　　　　　　　　　B. 检验区

C. 保温箱　　　　　　　　　　　D. 冷藏柜

8. 实施批签发管理的生物制品查验加盖供货单位药品检验专用章或质量管理专用章原印章的
（　）复印件。

A.《生产药品注册证》　　　　　B.《生物制品批签发合格证》

C.《医药产品注册证》　　　　　D.《进口药材批件》

9. 销后退回的药品，等同于购进药品的验收，验收人员凭（　）执行严格的验收程序。

A. 销售通知单　　　　　　　　　B. 到货通知单

C. 随货同行单　　　　　　　　　D. 销后退回药品通知单

二、多项选择题

1. 药品到货检查的流程是（　）。

A. 运输工具检查　　　　B. 运输状态核查　　　　C. 票据货物核对

D. 包装的检查　　　　　E. 核对药品

2. 随货同行单应当包括（　）等内容。

A. 供货单位、生产厂商

B. 药品的通用名称、剂型、规格、批号、数量

C. 收货单位、收货地址、发货日期

D. 进货价格

E. 药品检验报告书

3. 收货时需要对方现场提供（　）。

A. 运输过程温度记录　　B. 随货同行单　　　　　C. 供货商专用章

D. 冷链运输交接单　　　E. 药品说明书

4. 开票员查阅"销售记录"系统，确认（　）。

A. 开票时间　　　　　　B. 销售客户的品种　　　C. 批号

D. 销售时间　　　　　　E. 验收记录

5. 验收员验收项目包括（　）。

A. 包装质量检查　　　　B. 产品合格证　　　　　C. 标签说明书

D. 药品外观性状检查　　E. 随货同行单

6. 验收员需要的学历与专业是（　）。

A. 药学或者医学、生物、化学等相关专业中专以上学历或者药学初级以上专业技术职称

B. 中药材、中药饮片验收员：中药学专业中专以上学历或者中药学中级以上专业技术职称

C. 直接收购地产中药材验收员：中药学中级以上专业技术职称

D. 高中以上文化程度

E. 医学硕士研究生

7. 检查分装类药品要有 （   ）。

   A. 分装批号　　　　　B. 注明原生产企业　　　　　C. 分装企业

   D. 生产时间　　　　　E. 采购记录

书网融合……

重点小结　　　　　　　微课　　　　　　　习题

项目六　GSP 对储存养护设施设备的管理

PPT

学习目标

知识目标：通过本项目的学习，应能掌握药品仓库的分类和设施设备的分类，熟悉药品仓库库区布局的基本要求，了解药库的环境要求、仓库的配置原则及养护要点。

能力目标：能认知 GSP 对药品储存养护设施设备的规定。

素质目标：通过本项目的学习，树立法律意识，培养严谨专业精神，用专业知识维护公共健康，遵循 GSP 标准进行药品管理。

情境导入

情境：随着夏季高温的到来，一名记者手持温度计，对几家大型连锁药店进行了实地探访，旨在调查药品的储存状况。走进首家药店，闷热的空气立刻扑面而来，店内仅依靠两台电扇降温，而空调并未开启。记者随手拿起柜台上的治疗脚气药膏，注意到其包装明确标注着"需在 20℃ 以下储存"，然而，店内的实际温度已高达 28℃。进一步观察发现，类似的问题不仅限于这一种药膏，店内多款药膏类药品均未按要求存放在 20℃ 以下的环境中。

当天的调查显示，不少规模较小的药店也普遍存在忽视药品储存温度规定的现象，更令人担忧的是，一些药店员工竟对药品储存的具体要求缺乏基本了解。

思考：1. 药品若未能遵循规定的温度标准储存，可能会导致哪些后果？

2. 为确保药品储存与养护的质量，必需配备哪些设施与设备？具体规范又包含哪些内容？

任务一　仓库环境和仓库分区分类

活动一　仓库整体环境的选择

 法规链接

《药品经营质量管理规范》

第四十三条　企业应当具有与其药品经营范围、经营规模相适应的经营场所和库房。

第四十四条　库房的选址、设计、布局、建造、改造和维护应当符合药品储存的要求，防止药品的污染、交叉污染、混淆和差错。

按照 GSP 规定，<u>企业应有与其经营规模相适应的仓库</u>。库区地面应平整、无积水和杂草，没有污染源。具体要求见表 6−1。

表 6 – 1　仓库内环境的要求

要点	具体要求
环境	库区应全部硬化或绿化，不得种植易长虫的花草、树木，可种植一些小灌木和没有花絮、花粉、绒毛的花草；在库区内多种植草皮，既能美化环境，又能吸收有害气体和尘埃
库区地面	库区地面平坦、整洁，容易修整，无露土地面，不易受酸碱或其他化学药品腐蚀。一般可用沥青混凝土地面，厚度在 3cm 左右，负荷量大的可用厚度 2～4cm 的水泥地面，负荷小的或保暖库可用木制地板。库内地面以水泥或其他硬质建筑建材铺设，铺设层下施以防水材料，如沥青、油毡等
排水要求	为了防止库房地面返潮或雨水积水，修建时应使库内地面高于库外地面；库外四周必须设置排水沟道，并经常保持畅通

1. 仓库库区选址及安全要求

（1）选址要求　药品储存作业区、辅助作业区、办公生活区应分开一定距离或有隔离措施，装卸作业场所应有顶棚。

（2）库房建筑要求　仓库具有适宜药品分类保管和符合药品储存要求的库房。库房内墙壁、顶棚和地面光洁、平整、门窗结构严密。

（3）安全防火要求　库区应有符合规定要求的消防、安全措施。

2. 药品仓库的选址需考虑的因素

（1）交通方便，运输通畅，无大量粉尘、有害气体及污水等严重污染源。

（2）与药品生产的布局相适应。

（3）药品生产企业的原料库、半成品库、成品库的设置应符合 GMP 要求，应与生产过程相衔接，尽量减少储运过程中的污染。

（4）医药物流企业的药品采购仓库应建设在大中城市及药品生产比较集中的地区，以便就近收购，近厂近储。

（5）中药材采购仓库通常设置在中药材生产基地或药材集散地，便于大量集中收购和调运的地点。

（6）应与各企业药品经营规模相适应。

（7）要考虑经济区域和药品的合理流向。按经济区域分布仓库网点，有利于购 – 销 – 存的相互联系，可以缩短运输路程，减少流通环节，加速药品流转，降低流通费用。

（8）应选择地质坚固，地势干燥、平坦，地形较高的位置，既便于库内运输，又便于地面排水。仓库不应建在地质松软或地质构造不稳定地段；库址还要考虑到地下水位和汛期洪水等情况。临近海、河的地区不得有地下水上溢；要有良好的排水条件，在雨季和汛期无水淹之患。

（9）化学危险品仓库应远离居住区，单独设立。

（10）给水充足，用电方便。

3. 药品经营企业仓库面积　企业应当具有与其药品经营范围、经营规模相适应的经营场所和库房。

活动二　仓库的分类与库区的合理布局

 法规链接

《药品经营质量管理规范》

第四十五条　药品储存作业区、辅助作业区应当与办公区和生活区分开 一定距离或者有隔离措施。

第四十六条　库房的规模及条件应当满足药品的合理 、安全储存，并达到以下要求，便于开展储存作业：

（一）库房内外环境整洁，无污染源，库区地面硬化或者绿化；

（二）库房内墙、顶光洁，地面平整，门窗结构严密；

（三）库房有可靠的安全防护措施，能够对无关人员进入实行可控管理，防止药品被盗、替换或者混入假药；

（四）有防止室外装卸、搬运、接收、发运等作业受异常天气影响的措施。

第四十七条　库房应当配备以下设施设备：

（一）药品与地面之间有效隔离的设备；

（二）避光、通风、防潮、防虫、防鼠等设备；

（三）有效调控温湿度及室内外空气交换的设备；

（四）自动监测、记录库房温湿度的设备；

（五）符合储存作业要求的照明设备；

（六）用于零货拣选、拼箱发货操作及复核的作业区域和设备；

（七）包装物料的存放场所；

（八）验收、发货、退货的专用场所；

（九）不合格药品专用存放场所；

（十）经营特殊管理的药品有符合国家规定的储存设施。

1. 药库的分类　药库是用来储存和养护药品的场所，是保证药品质量必备和最基础的设施。仓库储存的药品种类繁多，性能各异，以及仓储作业的复杂性，根据 GSP 的规定，可将药品仓库分为以下几类。

（1）按照一般管理要求　分为待验库（区）、合格品库（区）、发货库（区）、不合格品库（区）、退货库（区），经营中药饮片还应划分零货称取专库（区）。

以上各库（区）均应实行色标管理，其统一标准是：待验库（区）、退货库（区）为黄色；合格品库（区）、发货库（区）、零货称取专库（区）为绿色；不合格品库（区）为红色。

（2）按照温湿度管理要求　按药品储存温度、相对湿度管理要求，仓库可分为常温库、阴凉库、冷库。常温库，温度为 10~30℃；阴凉库，温度为不高于 20℃；冷库，温度为 2~10℃。各库房相对湿度应保持在 35%~75%。

（3）按照特殊管理要求　分为麻醉药品库、一类精神药品库、毒性药品库、放射性药品库和危险品库。

（4）按照储存的商品类型分类　按照 GSP 要求：药品与非药品应当分开存放，中药材、中药饮片应与其他药品分开存放，医药商品仓库通常分类如下。

1）化学药品库（西药）：用于储存各种化学药制剂、抗菌药、生物化学药品等。

2）中成药药品库：用于储存各种中成药制剂。

3）中药材库：用于储存各种中药材。

4）中药饮片库：储存各种经过炮制后包装的中药饮片。

5）生物制品库：用于储存各种疫苗、活菌制剂、抗毒素、血液制品、酶制剂等需要冷藏特殊储存的药品。

6）化学原料药品库：储存各种化学原料药。

7）生物原料库：储存各种用于生化药品提取的各种动物脏器。

（5）按照仓库的建筑结构分类　①平房仓库；②多层楼房仓库；③高层货架立体仓库。

2. 库区的分布　根据仓库业务活动和工作任务的不同，GSP 要求仓库库区布局分储存作业区、辅助作业区和办公生活区，见表 6-2。

表6-2　库区的分布

		外用药品区（库）
储存作业区	药品区	其他药品区（库）
		拆零药品区（库）
		特殊管理药品库
		中药材、中药饮片库
	非药品区	保健食品及功能食品区（库）
		医疗器械区（库）
辅助作业区	收货区	
	发货区	
	待处理区（待验、退回）	
办公区	用于管理办公、对外开票等	
生活区	宿舍、食堂等	

（1）储存作业区　是仓库的主体部分与主要业务场所，是指仓库用于收发药品、储存、整理、分类、加工、包装的场所，主要包括库房、货架以及整理、分类、包装等场地。储存作业区的布置应保证药品收发迅速、装卸搬运便利、储存药品安全、仓容合理利用的要求。各作业场所的布置，必须与仓库业务顺序相一致，使各作业环节密切衔接，以便加速作业流程。

（2）辅助作业区　是储存作业区的辅助场所，主要是为药品储存保管业务服务的。一般包括验收养护室、中药标本室、中药饮片分装室以及存放片垫用品、包装物料、搬运装卸机具等的场所。

辅助作业区的设置应靠近储存作业区，以便及时供应，同时应与储存作业区相隔一定距离，防止辅助作业区发生事故危及存货区域。

（3）办公生活区　是仓库的行政管理机构和生活服务设施的所在地，包括办公室、警卫室、汽车队、食堂、浴室、文体活动室、宿舍、休息室等。行政生活区一般应与库区各作业场所隔开，并有隔离设施和设置单独的出入口，以减少人员往来对仓储作业的影响和干扰，保证作业安全和药品储存安全并且便于收、发药品办理手续；警卫室应设在库区出入门口，以利于履行检查手续。

按照GSP要求，以上辅助作业区和办公生活区对储存作业区不得造成污染。

3. 仓库总平面布局要求　根据仓库总体设计的要求，科学、合理设计各个区域的具体布局要求。

（1）方便仓库作业和药品的安全储存。

（2）最大限度地利用仓库的面积。

（3）防止重复搬运、迂回运输和避免交通阻塞。

（4）有利于充分使用仓库设施和机械设备。

（5）符合仓库安全及消防要求。

（6）符合仓库目前需要与长远规划。

任务二　设施设备的分类和配置原则

活动一　设施设备的分类

 法规链接

《药品经营质量管理规范》

第四十七条　库房应当配备以下设施设备：

（一）药品与地面之间有效隔离的设备；

（二）避光、通风、防潮、防虫、防鼠等设备；

（三）有效调控温湿度及室内外空气交换的设备；

（四）自动监测、记录库房温湿度的设备；

（五）符合储存作业要求的照明设备；

（六）用于零货拣选、拼箱发货操作及复核的作业区域和设备；

（七）包装物料的存放场所；

（八）验收、发货、退货的专用场所；

（九）不合格药品专用存放场所；

（十）经营特殊管理的药品有符合国家规定的储存设施。

第八十三条 企业应当根据药品的质量特性对药品进行合理储存，并符合以下要求：

（四）储存药品应当按照要求采取避光、遮光、通风、防潮、防虫、防鼠等措施。

GSP 在设施与设备的条款中针对验收、储存、养护、陈列、配送等业务环节提出了它们在环境、布局、场所等方面应具备的内容要求。针对这些业务环节提出了它们各自应该配置的主要的仪器、设备、装置等，以履行自己在该环节上保持、保证、评价药品质量的具体功能。

药品仓库的划分可分为硬件和软件两大方面，具体内容包括以下几项。

（一）硬件

1. 装卸搬运设备 是仓库用来提升、堆码、搬运药品的机械设备。亦称起重运输设备，一般可分为以下两类。

（1）装卸堆垛设备 包括各种类型起重机、叉车、堆码机、滑车等。

（2）搬运传送设备 包括各种手推车、电瓶车或内燃机搬运车、拖车、运货卡车、各式平面传送装置和垂直传送装置等。

2. 保管设备

（1）苫垫用品 包括苫布、苫席、油毡、塑料布、枕木、码架、地台板、水泥条（墩）、石条（块）等。用于上盖下垫。

（2）存货用具 包括货架、货台、货橱、中药饮片储存箱，电冰箱或小冷藏库用于储存需冷藏药品，如生物制品、脏器制剂等。

3. 计量设备

（1）称量设备 包括各种磅秤、杆秤、台秤、天平秤以及自动称量装置等。

（2）库内量具 包括直尺、折尺、卷尺、卡钳、自动计数机等。

4. 储存养护设备

（1）检测调节温湿度的设备 如空调、除湿机、温湿度检测仪等。

（2）通风照明保暖避光设备 如抽（排）风机、各式电扇、联动窗户启闭装置，防护窗纱，带百叶的排风扇、暖气片组、照明灯、遮阴篷等。

（3）"五防"设施 防鼠用的粘鼠板、老鼠夹，防虫、防尘用的纱网，防盗用的护栏、防盗门窗，防火用的消防器材等。

5. 药品验收室检验设备 验收室应配有千分之一天平、澄明度检测仪、标准比色液等；经营中药材、中药饮片的还应配备水分测定仪、紫外荧光灯、解剖镜或显微镜；验收养护室、中药标本室应有必要的防潮、防尘设备并备有空调。

6. 劳动防护用品 如工作服、安全帽、坎肩、围裙、胶鞋（耐酸碱）、绝缘手套、口罩、护目镜、防毒面具以及防放射线装置等。

7. 其他用品及工具 包括电脑、打印机、开箱器、小型打包机、封装机、电工刀、剪刀、排刷、标号打印机等（表6-3）。

表6-3 设施设备一览

序号	设备编号	设施设备名称	规格型号	生产厂家	购置价格（元）	购置日期	启用日期	配置地点	用途	使用与维护负责人
1	001	电脑	联想200	联想	4000	2024-3-16	2024-3-16	柜台	办公	张三
2	002	打印机	联想100	联想	1000	2024-3-16	2024-3-16	柜台	办公	张三
3	003	灭火器1	金城500	金城	200	2024-3-16	2024-3-16	仓库	灭火	李四
4	004	灭火器1	金城500	金城	200	2024-3-16	2024-3-16	办公区	灭火	李四
5	005	温湿度计1	家庭100	家庭	20	2024-3-16	2024-3-16	仓库	库控	李四
6	006	温湿度计2	家庭100	家庭	20	2024-3-16	2024-3-16	办公区	库控	李四

（二）软件

软件包括制度与记录和凭证两大类（书面文件、实施过程真实记录），见表6-4。

表6-4 制度与记录和凭证

类型	内容
质量管理制度	药品保管、养护、出入库制度
质量程序文件	药品储存养护质量的操作程序，出库复核程序
管理记录、凭证、台账	温湿度记录、近效期药品催调表
计算机管理软件	仓储管理系统（WMS）：订单、出入库、输配送作业

为保证企业用于药品验收、储存及养护的设备、仪器、计量器具等能正常发挥作用，为药品验收和储存养护提供物质保障，应对仪器设备进行科学的管理。

使用管理方面需要注意：①明确管理责任者；②明确操作使用者；③规定存放、使用地点与环境；④规范操作使用方法；⑤建立仪器设备管理台账；⑥做好运行、使用记录。仪器设备的运行、使用记录，是追溯并证明药品验收、储存、养护等质量过程控制合法有效性的资料，所以应符合及时、完整、准确、有效的要求。

另外，质量管理部门负责计量器具与仪器的检定管理工作，应该定期联系法定计量机构进行检定或者校准。经检定合格的仪器设备，应有检定证书及检定合格标识。药品经营企业应进行计量检定或标准的仪器设备，如天平、台秤、温湿度监测设备（温度监控探头、温度记录仪、手持测温仪等）等。

活动二 设施设备配置要求与原则

《药品管理法》明确规定药品经营企业必须具有与所经营药品相适应的经营场所、设备、仓储设施。环境、场所与布局是GSP硬件配置要求的主要内容之一，也是开办药品经营企业不可缺少的基本条件之一。为保证企业经营药品的质量，企业硬件设施的设置，既要坚持国家标准，也要根据企业经营实际，合理、实效地做好这项工作。

1. GSP对仓库设备的要求

（1）有地垫、货架等，防潮、通风。地垫、货架等与地面之间高度不小于10cm。

（2）有窗帘、遮光膜等避免阳光直射的避光设备。

（3）有空调、换气扇等促进空气流通的通风设备。

（4）有地垫、货架、门帘、风帘等防止地面及墙壁的潮气或外界水汽影响的防潮设施。

（5）有风帘、电子猫、挡鼠板、灭蝇灯、捕鼠笼、粘鼠胶等防虫、防鼠设备。

（6）库房应有空调系统，可自动调节库房温度。

（7）库房应配备加湿器、除湿机、换气扇等设备，相对湿度应控制在 35%～75%。

（8）库房应安装温湿度自动监测系统，自动监测、记录库房温湿度，且能在温湿度超标时自动报警。

（9）独立库房及大面积库区应按每 300m² 安装一个探头，面积小于 300m² 的库房须安装一个探头；每个独立冷库至少安装两个探头；高架立体库每 2400m³ 安装一个探头。每个探头所测到的温湿度至少每两个小时自动记录一次，记录的数据应不可更改并能长期保存；有能实时监控库房温湿度的途径，可以为显示屏观看、电脑直联等。

按照 GB 50034—2004《建筑照明设计标准》的规定，根据库房高度、面积选用合适的照明设备，照度应能满足储存作业要求。

（10）危险品库的照明灯应做防爆处理。库房内应划分专用的零货储存区，便于零货拣选。

（11）有专用的拼箱发货操作区域、零货复核区域。有便于零货拼箱、发货、复核的操作台、零货箱、周转箱、运输箱、封口胶、标签、条码采集器等设备。

（12）有存放包装物料的专用库房或专用区域。

2. GSP 设施、设备的管理要求

（1）定期检查、维修、保养。

（2）操作使用记录。

（3）管理工作记录。

（4）管理档案。

3. 经营中药材、中药饮片的要求　经营中药材、中药饮片的，应当有专用的库房和养护工作场所，直接收购地产中药材的应当设置中药样品室（柜）。

中药材、中药饮片应分开、专库存放。有专用的中药材、中药饮片养护工作场所。养护场所可以共用。收集的中药样品应标明品名、常用名、产地、收集时间，并与所收购中药材、中药饮片相匹配。

4. 冷藏、冷冻药品的要求　具体要求如下。

（1）经营冷藏、冷冻药品的，应当配备与其经营规模和品种相适应的冷库、冷藏车及车载冷藏箱或者保温箱等设备。

（2）有特殊低温要求的药品，应当配备符合其储存要求的设施设备，经营有特殊低温要求的药品，应配备装量、温度适宜的冷库、冷柜、冰箱等设施设备。冷冻储存要求的制冷设备启停温度设定值应在 −25～−10℃ 范围内。

（3）与经营规模相适应的冷库、冷库制冷设备的备用发电机组或双回路供电系统。

（4）用于冷库温度自动监测、显示、记录调控、报警的设备，通过预先设置的温湿度上下限，若环境温湿度超限，系统可自动报警，通知管理人员及时采取措施。

冷库应有温度监测探头（两个以上）、温度显示设备、温度自动记录系统、调控系统、报警系统（高低温报警、断电报警、故障报警）。

药品储存环境温湿度自动监测应符合 GSP 规范及其相关附录的规定。

（5）与经营规模相适应的冷库。

法规链接

《药品经营质量管理规范》

第四十九条 "储存、运输冷藏、冷冻药品的，应当配备以下设施设备：

（一）与其经营规模和品种相适应的冷库，储存疫苗的应当配备两个以上独立冷库；

（二）用于冷库温度自动监测、显示、记录、调控、报警的设备；

（三）冷库制冷设备的备用发电机组或者双回路供电系统；

（四）对有特殊低温要求的药品，应当配备符合其储存要求的设施设备；

（五）冷藏车及车载冷藏箱或者保温箱等设备。

5. 其他

（1）经营生物制品类冷藏药品的。应配备与其经营规模和品种相适应的冷库（至少 $50m^3$）、2 辆以上冷藏车（容积不少于 $2m^3$），以及车载冷藏箱或者保温箱等设备。

（2）经营非生物制品类冷藏药品的，应配备与其经营规模和品种相适应的冷库（至少 $50m^3$）、冷藏车（1 辆以上，容积不少于 $2m^3$）。

（3）经营疫苗的，应当配备两个以上独立冷库，总容积为 $80m^3$ 以上。应配备 2 辆以上冷藏车。

（4）经营体外诊断试剂的，冷库至少 $30m^3$、冷藏车 1 辆以上或车载冷藏箱 80L 以上。

（5）设置 2 个独立冷库的，应配备应急发电系统或二路供电的切换装置，保证系统的连续供电。

设置 1 个独立冷库的，应设 2 套独立的制冷系统，一用一备，自行切换，每套设备的能力均可独立满足库房的控温要求。

（6）运输药品应当使用封闭式货物运输工具。

知识链接

药品零售企业的设施与设备

药品零售企业的设施与设备包括仓库、营业场所、营业工具、办公室等，固定的营业场所应与药品储存、办公及生活辅助区域分开或隔离。药品零售企业可以根据实际需要设置仓库，要求和药品批发企业仓库设置条件一致。一般不主张零售企业独立设置仓库，鼓励连锁化及配送化。药品零售企业营业场所环境和设施设备要求如下：①企业营业场所应宽敞、明亮、清洁、无污染物；②具有陈列药品的货柜、货架；③柜台及货架整齐合理，各柜台或展示货架的药品分类标志醒目；④营业场所要有检测和调控室温和湿度的设备，要安装温湿度计和空调；⑤对保存温度有不同要求的药品应设有符合药品特性要求的常温、阴凉和冷藏存放的设备，如冰箱或冷柜；⑥具有调配药品处方、临方炮制和药品拆零销售的必要设备和包装用品，如调配中药的调配台与预分装台，冲筒，乳钵，铁研船，药筛，天平，包装纸，戥秤，发药牌，小型粉碎切片干燥设备，煎药设备等；具有存放中药饮片的药斗（百子柜）等；⑦营业用计算工具、衡器、开票用具和包装用品齐全、完好、卫生，计量器具必须按规定检定合格；⑧经营第二类精神药品、毒性中药品种和罂粟壳的，有符合安全规定的专用存放设备，如保险柜等；⑨位于县级以上城市的药品零售企业应建立计算机管理信息系统，能够满足经营管理全过程及质量控制的有关要求，并有接受当地药品监督管理部门监管的条件。

技能训练

1. 实践操作并填写某企业经营设施、设备情况。

某企业经营设施、设备情况表

营业场所及辅助办公用房	营业用房面积		辅助用房面积		办公用房面积	备注
	m^2		m^2		m^2	

药品储存用仓库	仓库面积					
	仓库总面积	冷库面积	阴凉库面积	常温库面积	特殊管理药品专库面积	备注
	m^2	m^2	m^2	m^2	m^2	

养护室	面积	仪器、设备	备注
	m^2		

其他	中药饮片分装室面积		配送中配货场所面积	
	运输用车辆和设备	运输用车辆		
		车型：冷藏车 数量：		
		车型：轻型厢式货车 数量：		
		车型：轻型封闭货车 数量：		
		设备		
		GSP 无线监控冷藏箱 数量：		
		红外测温仪 数量：		
	电脑	服务器： 数量：		
		终端电脑： 数量：		

温湿度自动监控系统	测点终端：阴凉库 数量：			
	测点终端：冷库 数量：			
	测点终端：冷藏车 数量：			
	管理主机：温湿度监控 数量：			
	不间断电源：UPS 数量：			
	相关软件	数据转换器 数量：		
		监控软件 数量：		

监控系统	仓库：	办公：	

续表

符合药品特性要求的设备	
仓库现代化物流设备设施	

填写说明:

1. 根据企业设施、设备的实际填写。如无栏目所设项目,应注明"无此项"。
2. 表中所有面积均为建筑面积,单位为平方米。
3. "营业场所及辅助办公用房"栏目中"辅助用房"指库区中服务性或劳保用房。

2. 实践操作并填写某企业药品储存养护表。

某企业药品储存养护表

	评价	养护措施	备注
环境卫生	卫生状况优□ 卫生状况一般□ 卫生状况差□		
场所温度	温度符合规定要求□ 温度高于规定要求□ 温度低于规定要求□		
场所湿度	湿度符合规定要求□ 湿度高于规定要求□ 湿度低于规定要求□		
陈列设施	陈列设施完好□ 陈列设施陈旧□ 陈列设施破损□		
温湿度计	运转正常□ 出现故障□ 损坏□		
萤虫灯	使用正常□ 出现故障□ 损坏□		
灭火器	使用正常□ 出现故障□ 损坏□		
空调设备	使用正常□ 出现故障□ 损坏□		
通风设备	使用正常□ 出现故障□ 损坏□		
防火设备	使用正常□ 出现故障□ 损坏□		
防虫、防鼠、防鸟设备	使用正常□ 出现故障□ 损坏□		
计算机系统	运转正常□ 出现故障□ 损坏□		
电子扫码枪	使用正常□ 出现故障□ 损坏□		
干燥设备	使用正常□ 出现故障□ 损坏□		
增湿设备	使用正常□ 出现故障□ 损坏□		
药品分类	分类正确□ 分类不正确□		
药品标示	放置正确□ 放置不正确□		
药品外观质量	外观质量完好□ 外观质量异常□		
药品包装质量	包装完好□ 包装出现异常□		
养护情况	养护正常□ 养护不及时□ 养护措施正确□ 养护不正确□		

·····目标检测

答案解析

一、单项选择题

1. 药品批发企业中药饮片验收室必须具备的验收设备之一是（ ）。

    A. 旋转蒸发仪   B. 干湿球温湿度计

    C. 紫外荧光灯   D. 电脑

2. 直接收购地产中药材的应当（　　）。

  A. 设置中药样品室（柜）   B. 配备中药材鉴别仪器

  C. 聘任专业技术人员   D. 有专用的运输工具

3. 冷冻储存要求的制冷设备启停温度设定值应在（　　）范围内。

  A. 2～10℃   B. −4～0℃

  C. −10～−2℃   D. −23～−12℃

4. 《中国药典》中药品贮藏条件中对"阴凉库"温度的规定是（　　）。

  A. 不超过25℃   B. 不超过30℃

  C. 不超过15℃   D. 不超过20℃

5. 药品仓库待发货区通常悬挂（　　）。

  A. 红色标志   B. 绿色标志

  C. 黄色标志   D. 蓝色标志

二、多项选择题

1. 下列对药品仓库选址需考虑的因素描述正确的是（　　）。

  A. 交通方便，运输通畅，无大量粉尘、有害气体及污水等严重污染源

  B. 与药品生产的布局相适应

  C. 药品生产企业的原料库、半成品库、成品库的设置应符合 GMP 要求

  D. 应与各企业药品经营规模相适应

  E. 以上说法均不正确

2. 根据 GSP 的规定，可将药品仓库分为（　　）。

  A. 按照一般管理要求分为待验库（区）、合格品库（区）、发货库（区）、不合格品库（区）、
退货库（区）

  B. 按药品储存温度、相对湿度管理要求，仓库可分为常温库、阴凉库、冷库

  C. 按特殊管理要求分为麻醉药品库、一类精神药品库、毒性药品库、放射性药品库和危险
品库

  D. 按照储存的商品类型分类

  E. 以上说法均不正确

3. 为便于开展储存作业，库房的规模及条件应当达到的要求是（　　）。

  A. 库房内外环境整洁，无污染源，库区地面硬化或者绿化

  B. 库房内墙、顶光洁，地面平整，门窗结构严密

  C. 库房有可靠的安全防护措施，能够对无关人员进入实行可控管理

  D. 有防止室外装卸、搬运、接收、发运等作业受异常天气影响的措施

  E. 以上说法均不正确

4. 药品仓库应当配备的设施设备包括（　　）。

  A. 起重机、叉车、堆码机、滑车、手推车、电瓶车、搬运车、拖车等装卸搬运设备

  B. 苫布、苫席、油毡、货架、货台、货架等保管设备

  C. 磅秤、杆秤、台秤、天平秤、直尺、折尺、卷尺等计量设备

  D. 空调、除湿机、温湿度监测仪、排风扇、照明灯等储存养护用设备

  E. 以上说法均不正确

5. 下列对药品冷库的描述正确的是（　　）。

    A. 冷库应有温度监测探头（两个以上）

    B. 冷库应有温度显示设备

    C. 冷库应有温度自动记录系统、调控系统

    D. 冷库应有报警系统（高低温报警、断电报警、故障报警）

    E. 以上说法均不正确

6. 储运冷藏、冷冻药品的药品经营企业应当配备的设施设备包括（　　）。

    A. 与经营规模和品种相适应的冷库

    B. 用于冷库温度自动监测、显示、记录、调控、报警的设备

    C. 冷库制冷设备的备用发电机组或者双回路供电系统

    D. 储存疫苗的应当配备两个以上独立冷库

    E. 冷藏车及车载冷藏箱或者保温箱等设备

书网融合……

重点小结

习题

项目七　GSP 对校准、验证的管理

PPT

学习目标

知识目标：通过本项目的学习，熟练掌握 GSP 对校准与验证的要求，连续验证时间的确定；熟悉验证对象及组织部门，验证流程、验证测点的分布及验证文件、验证控制文件；了解有关验证的概念及相关术语。

能力目标：通过校准、验证相关内容的实训，会运用 GSP 等相关法规知识进行校准、验证，并养成良好的自主学习能力、信息处理能力、沟通能力和团结合作能力。

素质目标：通过本项目的学习，树立冷链药品质量安全意识，做事认真负责，严谨求实，依法进行校准、验证工作。

情境导入

情境：2016 年山东非法经营疫苗案中，价值 5.7 亿元的疫苗未经严格冷链储存、运输销往全国各地，导致药品变质，患者用药后出现身体不适，甚至死亡。该事件给我国冷链药品流通监管敲响警钟，药品冷链安全引起社会的广泛关注。为保障国民健康，避免类似事件的发生，近年国家药品监督管理部门不断强化冷链管理，出台相关法律规范。

思考：1. 请认真查阅现行版 GSP，找出与药品冷链管理相关条款。

　　　　2. GSP 对冷链设施设备校准、验证有哪些相关规定？

　　　　3. 参与一次验证实践，感悟校准、验证工作对保障药品质量的重要意义。

冷链药品对温度敏感，如胰岛素、血液制品、生物制品等，温度过高或过低都可能导致药品失效或变质，甚至造成重大事故。验证过程的目的就在于证明任何操作规程、生产工艺、活动或系统能够达到预期结果，冷链验证就是确认相关设施、设备及监测系统能够符合规定的设计标准和要求，并能安全、有效地正常运行和使用，确保冷藏、冷冻药品在储存、运输过程中的质量安全。

知识链接

1. 冷藏药品　也称冷链药品，指对贮藏、运输条件有冷处温度要求的药品。如胰岛素、干扰素、球蛋白、胸腺肽等所有的生物制品、所有的血液制品、所有的疫苗、部分活菌制剂、部分眼用制剂、部分抗肿瘤制剂等。

2. 冷链　指冷藏药品等温度敏感性药品的贮藏、流通过程都必须处于规定的温度环境下，以保证药品质量的特殊供应链管理系统。

3. 冷处　指温度符合 2～10℃ 的贮藏、运输条件。除另有规定外，生物制品应在 2～8℃ 避光贮藏、运输。

4. 冷冻　指温度符合 -25℃～-10℃ 及以下的贮藏、运输条件。

任务一 校准与验证的组织

活动一 对药品经营企业校准与验证的要求

一、GSP 对校准与验证的要求

1. 校准 是在规定条件下，为确定计量器具示值误差的一组操作。

2. 验证 是证明任何操作规程（或方法）、生产工艺或系统能够达到预期结果的一系列活动。

在冷链储存和运输中，设备的运行状态和准确性对于药品的质量和安全有着至关重要的影响。例如，用于监测冷链温度的每个温度记录仪都需要进行周期性校准或检定，以确保温度记录值的精度和准确性。冷链设备必须通过验证合格后，才能保证药品在整个冷链储运过程中温度、湿度等条件始终处于安全状态，因此，GSP 对校准和验证均有明确的规定。GSP 第三十六条指出：质量管理制度中应当包括设施设备验证和校准的管理内容；第五十三条则指出：企业应当按照国家有关规定，对计量器具、温湿度监测设备等定期进行校准或者检定。企业应当对冷库、温湿度监测系统以及冷藏运输等设施设备进行使用前验证、定期验证及停用时间超过规定时限的验证。另外，GSP 第五十四条、五十五条、五十六条及附录 5 均对验证的各方面管理提出了明确要求。

二、验证的类型

根据 GSP 对验证管理的规定，将冷链设施设备验证分为使用前验证、定期验证、停用时间超过规定时限的验证和专项验证。

1. 使用前验证 是指相关设施设备及系统在新投入使用前或改造后，对设计或预订的关键参数、条件及性能进行测试并确认。设施设备及系统在确定实际的关键参数及性能符合设计方案或规定的使用条件和标准后方可投入使用。

使用前验证包括如下内容。

（1）设计确认 选择与设定目标一致，符合预期要求的供应商或服务提供商、工程承包商。

（2）安装确认 确认是否符合安装要求，包括说明书、施工图纸等文件是否完整、紧固件是否牢靠、安装与图纸是否一致、供电是否符合标准等。

（3）运行确认 确认系统（冷库、冷藏车等）空载试运行是否符合标准，包括各种关键报警点的确认；除霜、除湿过程的确认；故障安全模式的确认；主用和备用机组轮流工作的确认。

（4）性能确认 模拟实际的使用情况，冷藏车、冷藏箱或保温箱进行动态条件下实际运输的验证，过程中采集监测数据以判断能否满足使用要求。包括：储存环境空载、最大负载立体温（湿）度分布测试，寻找波动大的冷点和热点进行监控；应急计划（如断电保温时间等）的验证；开关门温（湿）度分布验证等。冬夏极端条件下应各做一次。

2. 定期验证 是指根据相关设施设备及系统的具体情况，定期进行的验证，确认处于正常使用及运行的相关设施、设备及系统的参数漂移、设备损耗、异常变化趋势等情况。定期验证间隔时间不应超过 1 年。

3. 停用时间超过规定时限的验证 企业根据相关设施设备和系统的设计参数以及通过验证确认的使用条件，分别确定各类设施设备及系统最大的停用时间限度，超过规定的最大停用时限后需重新投入使用前，应当重新进行验证。如验证合格的设施设备停用超过 3 个月，因环境、规格材料、装载方式、装载量等影响温度的因素发生变化，或因设备维修后部分参数发生变更均应该再验证，基于风险评估结果来确保再验证的合理性。

4. 专项验证（有因验证）　专项验证是指设施设备及系统改变、超出设定的条件或用途，发生设备严重运行异常或产生故障时，针对所调整或改变的情况进行验证，以确定其性能及参数符合设定的标准。

活动二　验证对象及组织部门

一、冷链验证对象

依据 GSP 及附录中验证管理的要求，主要对冷库、冷藏车、冷藏箱、保温箱以及温湿度自动监测系统（以下简称监测系统）等进行验证，确认相关设施设备及监测系统能符合规定的设计标准和要求，并能安全、有效地正常运行和使用，确保冷藏、冷冻药品在储存、运输过程中的质量安全。企业对冷库、储运温湿度监测系统以及冷藏运输等设施设备进行使用前验证、定期验证及停用时间超过规定时限的验证。定期验证每年至少一次。

二、验证组织及职责

为了能更好地完成验证工作，企业必须成立专门的验证组织。一个完整健全的验证管理组织有两种形式：一种是常设机构，一种是兼职机构。也可根据不同验证对象，分别建立各有关部门组成的验证小组。常设机构由质量管理负责人和各部门负责人联合组成。涉及哪个项目验证就要组成由项目负责人负责的项目验证部。项目验证部是一个临时机构，可以随着项目验证的结束而解散。

（一）常设机构

1. 验证组织成员　常设验证组织成员及分工，见表 7-1。

表 7-1　常设验证组织成员及分工

姓名	所在部门	职务	验证组织内分工
×××	副总办公室	副总（质量负责人）	组长
×××	质管部	经理	副组长
×××	仓储部及运输部等	经理或项目负责人	配合验证实施
×××	综合办公室	主任	验证文件管理

其中，企业质量负责人（分管质量的副总）负责验证工作的监督、指导、协调与审批。质量管理部门负责验证工作的组织与实施。

2. 验证组织机构的主要职责

（1）负责验证管理的日常工作。

（2）制定及修订验证操作规程。

（3）年度验证计划的制定及监督。

（4）验证方案的起草或协调。

（5）验证文档管理。

（二）兼职机构

兼职机构亦称项目验证小组，可临时设立。

1. 验证小组成员　验证小组成员分工，见表7-2。

表7-2　验证小组成员分工

姓名	所在部门	职务	验证小组织内分工
×××	质管部	部长	验证小组组长
×××	运输部	冷藏车司机	验证前准备工作、验证操作实施
×××	仓储部	保管员	验证前准备工作、验证操作实施
×××	×××有限公司	项目经理	验证实施操作、报告分析

2. 验证小组职责

（1）负责验证方案的起草，并组织实施验证工作。

（2）负责验证数据的搜集、整理、汇总，并对各项验证结果进行分析与评价。

（3）负责组织、协调完成各项因验证而出现的变更工作。

（4）负责验证报告的起草、审核，出具验证结果并报批。

活动三　校准与检定

一、检定的基本知识

检定是为评定计量器具计量特性，确定其是否符合法定要求所进行的全部工作。

按照国家计量法相关规定，计量器具的管理分强制检定和非强制检定两类。对属于国家强制检定的计量器具应当依法强制检定。药品经营企业需要强制检定的计量器具主要包括：称量器具、液态温度计等。对属于国家非强制检定的计量器具应当定期进行校准，温湿度自动监测相关设备属于非强制检测范围，企业应按年度组织进行校准。

> **知识链接**
>
> **树立法律意识，依法进行检定**
>
> **1. 强制检定**　是指由县级以上人民政府计量行政部门所属或者授权的计量检定机构，对用于贸易结算、安全防护、医疗卫生、环境监测方面，并列入《中华人民共和国强制检定的工作计量器具目录》的计量器具实行定点定期检定。
>
> **2. 非强制性检定**　是由使用单位自行进行的定期检定或者本单位不能检定的，送有资质的其他计量检定机构进行的检定。

二、校准、检定的要求

企业应该按照国家有关规定，对计量器具、温湿度监测设备等定期进行校准或者检定。应有校准、检定管理制度或规程，明确有关校准或检定的周期（每年至少一次）。有专人负责计量器具、温湿度监测设备（温湿度监控探头、温度记录仪、手持测温仪）等的定期校准或检定工作，确保计量、监测的数据准确，并建立相应的管理档案。干湿球温湿度计、水银式温湿度计、各类台秤等需强制检定的计量器具，必须有计量检测机构出具的检定合格证（在有效期内）；有计量器具、温湿度监测设备等定期校准或检定的记录，记录的时间应与制度规定的周期相符。用于校准、检定、验证的标准器具应经法定的检测机构检定合格，未经检定合格的，其校准、检定、验证结果应视同无效。若企业无计量或检定专业人员，可委托法定计量检测机构或其他具有校准、检定、验证能力的单位进行校准和验证，但必须严格审核其资质，确保校准、检定、验证不流于形式。验证使用的温度传感器应当经法定计量机构校准，校准证书复印件应当作为验证报告的必要附件。验证使用的温度传感器应当适用被验证设备的测量范围，其温度测量的最大允许误差为 ±0.5℃。

三、校准和检定区别

校准过程是用户根据需要自主选择校准项目、校准单位和校准时间间隔，校准后只需给出初校准计量器具的示值与标准值之间的关系及可信度，不需要做出器具是否合格的结论，用户可自行选择计量器具能否投入使用。检定过程必须严格执行国家计量技术规范，带有强制性；检定结果要给出计量器具是否合格、能否投入使用的结论。因此，计量校准比计量检定更灵活、应用也更广泛。校准与检定的区别见表 7-3。

表 7-3　校准与检定区别

	校准	检定
对象	除强制检定之外的计量器具和测量装置	国家强制检定的种类
依据	按国家统一规定，也可由组织自行制定	由国家授权的计量部门统一制定的检定规程
性质	不具有强制性	具有强制性
周期	根据使用需要自行确定	按法律规定的强制检定周期实施
方式	可以自校、外校或自校与外校结合	只能在规定的检定部门或法定授权具备资格的组织进行
内容	评定示值误差	对计量特性进行全面评定，包括评定量值误差
结论	不判定是否合格，只评定示值误差，发出校准证书或校准报告	依据检定规程规定的量值误差范围，给出合格与不合格的判定，发给检定合格证书

任务二　校准与验证的内容

活动一　验证文件的种类与项目

验证文件是实施验证的指导性文件，也是完成验证、确立各种标准的客观证据。企业应根据 GSP 及附录的规定制定相关验证管理制度或规程，形成验证控制文件。

一、验证控制文件的种类

验证控制文件可分两类。一类是制度规范文件，例如企业冷链验证管理规范；企业冷链人员培训管理规范；冷链计量器具校准规范；冷链温度偏差处理规定等。另一类是有关方案流程、文件记录汇编，例如企业年度验证计划；冷藏车验证测试方案、报告；冷库验证测试方案、报告；冷藏箱验证测试方案、报告；验证偏差整改方案、报告等。

二、验证控制文件的内容

验证控制文件的内容包括验证计划、方案、标准、记录、报告、评价、偏差调查和处理、纠正和预防措施等，验证控制文件应当归入药品质量管理档案，并按规定保存。

1. 验证计划　按照质量管理体系文件中与验证管理相关的规定，企业根据业务经营模式和规模，以及使用的相关设施设备和系统的具体情况，按年度制定验证计划，验证组织严格按计划确定的范围、时间项目开展实施工作。

2. 验证方案 验证方案的内容包括待验证系统或设备的简介、组织分工、验证目的、范围、可接受标准、采样方法、验证步骤实施计划以及待填记录等内容。

验证方案的起草是涉及检查及试验方案的过程。因此，它是实施验证的工作依据，也是重要的技术标准。实施验证活动以前必须制定好相应的验证方案，验证的每个阶段都应有各自的验证方案，验证方案根据每一项认证工作的具体内容及要求分别制定，包括验证的实施人员、对象、目标、测定项目、验证设备及系统描述、测点布置、时间控制、数据采集要求以及实施验证的相关基础条件，验证方案应当经过批准方可实施。

3. 验证记录 记录各项目监测点的数据。企业应确保所有记录的连续、真实、完整、有效，无篡改，可追溯，并按规定保存。

4. 验证报告 验证完成后应当出具验证报告，验证报告内容包括验证过程、过程中采集的数据汇总、各测试项目数据分析图表、各测试项目结果分析、验证实施人员、验证结果总体评价等。验证报告应当经过审核和批准。

5. 偏差调查和处理 所有偏差必须得到有效处理，出现偏差时（与可接受标准不符），必须找出偏差产生的原因并及时解决。在验证过程中应当根据验证测定的实际情况，对可能存在的设施设备或使用不符合要求的状况、系统参数设定的不合理等偏差处理进行调整和纠正。使相关设施设备及监测系统能符合规定的要求和标准。

6. 纠正和预防措施 根据验证结果对可能存在的问题，制定有效的预防措施。有效防止各种影响药品质量安全因素所造成的风险。

根据以上验证结果制定验证后相关设施设备的标准操作规程（SOP）。

三、冷链验证项目

企业在制定验证方案时，应当根据验证的设施、设备和监测系统的具体情况及验证目的，确定相应的验证项目。现行版 GSP 附录 5 第六条主要确定了冷链的验证项目。

1. 冷库验证的项目

（1）验证目的 掌握温度分布情况，明确制冷机组的控制限和报警限，掌握冷库开门时间和断电保温时间，测试冷库报警系统。

（2）验证的内容

1）温度分布特性的测试与分析，分析超过规定的温度限度的位置或区域，确定适宜药品存放的安全位置及区域。

2）温控设备运行参数及使用状况测试。

3）温控系统配置的温度监测点终端参数及安装位置确认。

4）根据操作实际状况测定开门作业对库房温度分布及药品储存的影响。

5）断电状况测试实验，确定设备故障或外部供电中断的状况下，仓库保温性能及变化趋势分析。

6）对本地区的高温或低温等极端外部环境条件，分别进行保温效果评估。

7）新建库房初次投入使用前或改造后重新使用前应当进行空载及满载验证。

8）年度定期验证时应当做满载测试验证。

（3）验证步骤示例

1）验证负责人确定验证方案、验证时间及操作流程。

2）提前通知仓储部协调待验证库房。

3）准备验证工具。

4）验证负责人在验证时间内根据冷库验证流程进行库房验证。

5）验证过程中的相关数据在完成验证后应即时读取，保存数据。

6）完成验证报告后标示验证标记。

2. 冷藏车验证的项目

（1）验证目的　依据制冷机稳定性及记录冷藏车的温度控制数值，确认有代表性监控点，掌握提前预冷时间，熟练掌握装卸货开门时间及操作方法，明确应急预案准备时间，确定车内货物的码放方式。

（2）验证测试内容

1）空车验证制冷时间，温度分布均匀性，满车验证载货后温度分布均匀性。根据药品运输的温度和时间要求，对每台冷藏车做温度分布验证，测出车内的温度最高、最低点。分析超过规定的温度限度的位置或区域，确定适宜药品存放的安全位置及区域。

2）温控设备运行参数及使用状况测试。

3）温控系统配置的温度监测点终端参数及安装位置确认。

4）根据操作实际状况测定开门装卸货时间对车厢温度分布及变化的影响。

5）断电或停机状况测试实验，确定设备故障或外部供电中断的状况下，车厢保温的情况及变化趋势分析。

6）每年应当至少做两次对本地区极端外部环境的高温和低温条件下保温效果验证。

7）车辆新投入使用前或改造后重新使用前应当进行空载及满载验证，年度定期验证时应当做满载测试验证。

8）运输路径及运输最长时限验证。

9）冷藏车制冷机组、发动机组运行情况，系统的运行可靠性和相关报警验证等。

（3）验证步骤示例

1）验证负责人确定验证方案、验证时间及操作流程。

2）提前通知运营部协调待验证车辆。

3）准备各种验证工具。

4）验证负责人在验证时间内，根据冷藏车验证流程进行车辆验证。

5）验证过程相关记录，完成车辆验证后及时读取、保存数据。

6）完成验证报告后，标示验证标记。

3. 被动制冷系统验证（冷藏/保温箱验证）

被动制冷系统是指用预先冷冻的冰盒或冰袋制冷，加保温绝缘包装实现低温条件。被动制冷系统验证应考虑运输路径、沿途气候条件、运输方式和运输时间等因素。

（1）验证内容

1）包装系统的模拟环境验证和实际运输路径验证。

2）不同密度保温箱保温性能。

3）温度实时监测设备（温度记录仪）放置位置确认。

4）蓄冷剂配置使用的条件测试，蓄冷剂放置方式不能直接接触药品，尤其是 −20℃ 的冰。

5）根据操作实际状况测定开箱作业对箱体温度分布及变化的影响。

6）抗压、抗摔、抗碰撞测试。

7）实际存在的极端外部环境的高温和低温条件下的保温效果验证。

（2）验证步骤示例

1）确定包装材料与包装方式。

2）制定质量验收标准，规定冰袋、泡沫箱、纸箱具体形式。

3）制定 SOP。规范各种包装方式，冰袋预冷、释冷 15℃、2~8℃；硬冰袋释冷 20 分钟。

4）操作记录：详细记录所有操作关键环节，如冰袋温度、数量等。

5）线路验证：选择极端温度或运输最差条件进行。

4. 冰箱、冷柜的验证

（1）根据药品储存的温度要求做温度分布验证，测出温度最高点和最低点。

（2）正常运行状态下，连续 24 小时的温（湿）度自动记录数据（记录时间间隔不超过 10 分钟）。

（3）应急计划（如断电保温时间等）的验证等。

以上验证在冬夏极端条件下应各做一次。

5. 温湿度监测系统的验证
验证应根据 GSP 及其有关附录规定进行。验证使用的温湿度传感器应当经过校准或检定，校准或检定报告书复印件应当作为验证报告的必要附件。验证使用的系统温湿度测量设备的最大允许误差应当符合以下要求。

（1）测量范围在 0 ~ 40℃，温度的最大允许误差为 ±0.5℃。

（2）测量范围在 –25 ~ 0℃，温度的最大允许误差为 ±1.0℃。

（3）相对湿度的最大允许误差为 ±5% RH。

活动二　验证流程与验证测点的布局

一、验证流程

1. 验证流程　如图 7 – 1 所示。

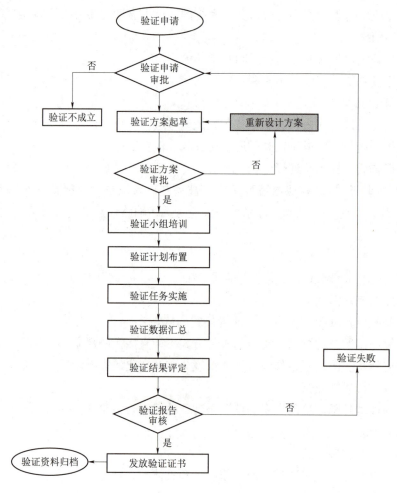

图 7 – 1　验证流程

2. 冷链物流设施验证步骤　依次为：计划、组织和人员、方案、方案批准、方案实施前准备、实施过程的验证记录、验证报告、验证结果应用。

（1）计划　验证是一个细致而又繁杂的工作，验证实施前要明确实施计划。计划内容包括：冷链设备验证时间、验证对象、验证执行人、界定验证标准和程度，执行部门和质量部门负责人复核、评价，质量部门负责人审核（表7-4）。

表7-4　××××年度验证计划表

验证范围	冷库、冷藏运输设施设备、储运温湿度监测系统		
验证项目	日程安排		负责人
	验证方案完成时间	验证完成时间	
冷库空载验证			
冷库满载验证			
冷藏车空载验证			
冷藏车满载验证			
冷藏箱满载验证			
温湿度监测系统验证			
低温天气环境下的验证			

（2）组织和人员　验证的组织是项目验证组织，其人员和职责如前所述。

（3）方案　验证方案的内容包括：①概述；②验证对象（设备、流程、系统、方法等）简介，包括构成、用途等；③验证目的；④验证内容；⑤验证项目；⑥验证条件、参数（验证工具）；⑦验证测试方法；⑧测试数据结果可接收标准；⑨测试数据结果；⑩执行操作人员签名（记录关键项目应有复核）；⑪偏差说明及解决方法；⑫确定再验证情况（设备维修、更换后；设备停用×月后再使用、×年后再验证）。

（4）方案批准　验证方案必须经质量部门负责人审批后方可实施。

（5）方案实施前准备　验证工作实施前要对相关人员进行培训，并做好验证准备工作，包括设备（系统）的准备、测试仪器的准备及相关文件、记录表格的准备等。

（6）实施过程的验证记录　应客观、准确，应有执行者签名、日期，关键项目应有复核。企业应确保所有验证数据的连续、真实、完整、有效、无篡改、可追溯，并按规定保存。

（7）验证报告　内容包括：验证过程的描述、验证时间、对象等，是否按验证方案执行，有无变更，验证分析，验证原始数据、验证数据统计与分析，偏差分析与解决方法，验证结论。将验证结果与可接受标准进行比较、分析，最后得出该系统（方法）是否满足预先所设定的标准，是否有效、可行的结论。

（8）验证结果应用　验证要有相关设施设备的验证档案，验证结束后，根据验证结果（验证确定的参数及条件）开展以下工作。

1）设定监控条件，制作冷链操作规程。

2）根据冷库和冷藏车内温度分布状况参数，确定药品摆放位置，使药品在储存、运输过程中得到符合法定温度条件保证。

3）指导日常温度监控位置设置，确保设施、设备在经验证合格的条件下发挥效能。

4）对出现严重温度偏差，分析查找原因，采取纠正预防措施，确保药品质量安全。

5）设计相关设施设备的使用记录，内容应与验证确定的参数及条件保持一致。

企业根据验证确定的参数及条件，正确、合理地使用相关设施设备，未经验证的设施设备及系统等不能用于药品冷藏、冷冻、储运、管理。验证的结果应用于质量管理体系文件相关内容的制定及修订。企业委托储存、运输、冷藏或冷冻药品的，一定按照GSP的相关规定，对受委托方进行质量体系审计，索取承运单位的运输资质文件，运输设施设备和监测系统证明及验证文件、承运人资质证明、运输过程温度控制及监测等相关资料。对受托方冷藏、冷冻相关设施、设备、系统不符合要求的以及未经过验证的，不得委托储存及运输。企业可委托具备相应能力的第三方机构实施验证工作，但验证过程应当符合GSP及其附录要求。

二、验证测点的布局

企业应按照GSP及相关附录要求，根据验证的对象及项目的具体情况，合理布局验证测点。

（1）在验证对象内一次性同步布点，确保测点数据的同步、有效。

（2）在各类设备中应进行均匀性布点和特殊项目及特殊位置专门布点。

（3）每个库房中均匀性布点数量不得少于9个，仓间各角及中心位置均应当布置测点，每两个测点的水平面间距不得大于5m，垂直间距不得超过2m。

（4）库房每个作业出入口及风机至少布置5个测点，库房中每组货架或建筑死角（包括房柱）的风向死角位置至少应当布置3个测点。

（5）每个冷藏车厢体内均匀性布点总数量不得少于9个，每增加20m³增加9个测点，不足20m³的按20m³计算。

（6）每个冷藏箱或保温箱的测点数量不得少于5个。

活动三 连续验证时间的确定

根据附录5第八条中的要求，企业应当在验证标准中确定适宜的连续验证时间，以保证验证数据的充分、有效、连续。

（1）库房温度分布均衡性验证，在库房各项参数及使用条件符合规定的要求并达到运行平衡后，数据连续采集时间不得少于48小时。

（2）冷藏车温度分布均衡性实验，应当在冷藏车达到规定的温度并运行稳定后，根据最远的配送距离所需要的有效时间连续采集数据，数据有效持续采集时间不得少于5小时。

（3）冷藏箱或保温箱在经过预热或预冷至规定温度并满载装箱完毕后，按照最远的配送时间连续采集数据。

验证所有数据应科学可靠，验证与实际操作相结合，验证周期应当至少做两次验证（极端外部环境的高温和低温条件下），每次验证应做3次连续测试，如不能获得稳定连续的合格数据，应重新调整验证方案，进行再验证。对验证偏差数据应进行分析和评估。所有偏差必须得到有效处理，出现偏差时（与可接受标准不符），必须找出偏差产生的原因并及时解决。

冷库验证方案举例如下。

某医药公司冷库验证方案（满载）

文件编号：

起草人（签字） ××× 职务：项目经理 起草时间：2022年7月4日	审定人（签字） ××× 职务：质量负责人 审定日期：2022年7月5日	批准人（签字） ××× 职务：质量负责人 批准日期2022年7有5日

1. 验证对象 以冷库为例。

（1）冷库基本情况　①冷库长 8m，宽 6.4m，高 2.78m，总计 142.34m³；②冷库内风机安装在门对面墙上，距离地面约 2.18m 的高度。温控系统的温度探头在风机下方回风口位置，距地面高度 2.18m；③制冷机参数设定为 3～7℃；④库房投入使用年限：新改造未使用；⑤验证类型：使用前满载验证。

（2）验证用记录仪情况　见表 7-5。

表 7-5　验证用记录仪基本情况

设备名称	长期数据记录仪	规格型号	PDEI
生产厂商	某电子技术有限公司	校准情况	符合要求

2. 验证依据　根据现行版《药品经营质量管理规范》及附录 5 验证管理的要求制定本方案。

3. 验证目的

（1）温度分布特性的测试与分析，确定适宜药品存放的安全位置及区域。

（2）温控设备运行参数及使用状况测试。

（3）开门作业对库房温度分布及药品储存的影响。

（4）确定设备故障或外部供电中断状况下，库房保温性能及变化趋势分析。

4. 验证小组及职责

（1）验证小组成员　见表 7-6。

表 7-6　验证小组成员

姓名	所在部门	职务	验证小组内分工
×××	质管部	部长（质量负责人）	验证小组组长
×××	储运部	冷库保管员	验证前准备工作、验证操作实施
×××	××有限公司	项目经理	验证实施操作、报告分析

（2）验证小组职责　①负责验证方案的起草、审核与报批。负责按批准的验证方案组织、协调各项验证工作，并组织实施验证工作。②负责验证数据的收集、整理、汇总，并对各项验证结果进行分析与评价。③负责组织、协调完成各项因验证而出现的变更工作。④负责验证报告的起草，并出具验证结果评定及结论。

5. 验证实施的必要条件

（1）系统文件　压缩机系统安装完好，能正常运行；温湿度自动监测系统正常运行。

（2）文件要求　压缩机标准操作规程，温湿度自动监测系统标准操作规程。

（3）仪表校准　验证用温湿度记录仪应经过校准。

（4）测点安装　按 GSP 附录 5 验证管理要求设计验证布点方案。

（5）人员培训　参加验证人员应该经过验证方案的培训工作。

6. 验证前条件的确认

（1）系统条件确认　①压缩机运行情况；②长期数据记录仪运行情况。

（2）文件要求及技术资料检查　①压缩机标准操作规程；②温湿度自动监测系统标准操作规程。

（3）仪表校准确认　见表 7-7。

表7-7 验证用记录仪校验情况

仪器名称	长期数据记录仪 PDEI	生产单位	某电子设备有限公司
校准单位	某市计量检定测试院	校准日期	2013 年 11 月 14 日 2014 年 02 月 26 日
出厂编号	校准情况	出厂编号	标准情况
A13 - 118	已校准	A13 - 115	已校准
A14 - 085	已校准	A13 - 103	已校准
……			

（4）温湿度测点安装位置检查

1）测点分布平面图（图7-2）

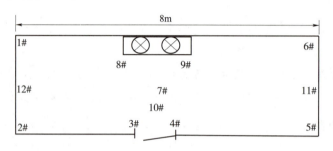

图7-2 测定分布平面图

2）测点分布说明

①测点分上下两层布点，上层距地面180cm，下层距地面12cm。

②1#、2#、5#、6#测点分别位于冷库四角，距墙30cm，货垛的后面。

③3#、4#测点分别位于门的左右两侧，距墙80cm；10#测点位于门的正前方200cm 处。

④8#、9#测点分别位于风机前100cm 的位置。

⑤7#测点位置为库房四角对角线的中心点。

⑥11#测点（一个）位于 5 和 6 测点的中间位置，12#测点位于 1#和 2#测点中间位置，货垛的后面。

⑦冷库门外放记录仪一台，测试冷库外实时温度。

⑧共计 24 台记录仪。

3）各测点对应的记录仪编号情况表（表7-8）。

7. 验证操作规程

（1）按照验证测点分布图，进行布点。

（2）设置记录仪记录间隔时间 5 分钟。

（3）启动记录仪开始记录。

（4）关闭冷库门，启动制冷机，设置制冷机制冷下限温度为3℃，上限为7℃，预冷至规定温度。

（5）将冷库内摆放2/3 药品，填充至记录仪空隙，摆放按照附录要求。

（6）冷库自动运行正常后，开门 10 分钟后，关闭冷库门。

（7）采集数据超过 48 小时后，断电至有测点超过8℃。

（8）回收设备，导出数据，进行分析。

表 7-8　记录仪编号情况表

序号	记录仪出厂编号	安装位置	序号	记录仪出厂编号	安装位置
1	A13-118	1#上	13	A13-115	7#上
2	A14-085	1#下	14	A13-103	7#下
3	A13-104	2#上	15	A13-114	8#上
4	A14-093	2#下	16	A14-082	8#下
5	A13-110	3#上	17	A13-113	9#上
6	A14-025	3#下	18	A14-081	9#下
7	A13-109	4#上	19	A13-107	10#上
8	A14-087	4#下	20	A14-084	10#下
9	A13-117	5#上	21	A13-111	11#
10	A14-088	5#下	22	A13-108	12#上
11	A13-106	6#上	23	A13-112	12#下
12	A13-105	6#下	24	A13-116	冷库外

8. 满载时性能测试项目

（1）温控系统启动测试　按附录要求布置验证记录仪测点，见终端布置图，启动记录仪记录，按照制冷机标准操作规程，设定温控参数为 3～7℃，启动制冷机，记录启动时间。冷库预冷后将冷库内摆放 2/3 药品，测试制冷机能否在设定的参数内，自动启停。

（2）开门测试　在制冷机自动启停后，打开库门，记录时间，10 分钟后关门。

（3）稳定性测试　冷库温度稳定后采集至少 48 小时的数据，分析温度分布特性与确定适宜药品存放的安全位置及区域。

（4）停机保温测试　规定的稳定性测试数据采集时间后，在冷库温度上升期间，切断冷库电源，记录时间，监测有超出 8℃ 的测点的时间。

9. 验证过程记录表　见表 7-9。

表 7-9　验证过程记录

序号	操作内容	时间	备注
1	确认验证对象各项参数		
2	将冷库内摆放 2/3 药品		
3	依据验证点位安装要求安装测点		
4	确认测点安装位置合理并拍照		
5	关闭库门，确认设置的温度范围，验证开始		
6	温控系统达到设定温度的时间		
7	开门作业开始时间		
8	开门作业结束时间		
9	断电作业开始时间		
10	验证作业结束时间		
11	验证设备拆除时间		

10. 验证方案的培训　验证开始前，验证小组成员接受验证方案培训，明确职责和分工，在验证过程中完成本职工作。填写如下各表（表 7-10、表 7-11）。

表7-10 冷库满载验证报告

文件编号：

参与验证人员签字：	
验证报告分析人（签字）	
验证报告批准人（签字）	

（1）验证过程记录 见表7-11。

表7-11 验证过程记录表

操作执行人： 日期：022年8月4日至8月7日

序号	操作内容	时间	备注
1	确认验证对象各项参数	8：40	2014.8.4
2	依据验证点位安装要求安装测点	8：50	2014.8.4
3	确认温控设备设置的温度范围3~7℃并记录，预冷开始	9：07	2014.8.4
4	预冷停止时间	11：10	2014.8.4
5	开始将冷库内摆放2/3药品时间	11：10	2014.8.4
6	停止摆放药品时间	11：42	2014.8.4
7	确认测点安装位置合理并拍照	11：43	2014.8.4
8	重新启动温控系统时间	11：44	2014.8.4
9	温控系统达到设定温度的时间	15：40	2014.8.4
10	开门作业开始时间	17：16	2014.8.4
11	开门作业结束时间	17：26	2014.8.4
12	断电作业开始时间	19：30	2014.8.6
13	验证作业结束时间	20：50	2014.8.6
14	验证设备拆除时间	8：00	2014.8.7

（2）验证过程记录分析

1）验证现场实景照片（图7-3）（验证报告中应拍三张实景图，本文只展示一个）。

图7-3 验证现场实景照片

2）数据曲线图（略）。

3）验证项目及内容的逐项分析。

A. 温度分布特性的测试与分析，确定适宜药品存放的安全位置及区域

　　数据分析：从各测点数据及曲线图（图7-4）分析，稳定运行期间的极大值：6.7℃，极小值：2.6℃，各测点趋势图一致。在稳定运行期间，同一时刻各温度点方差曲线处于0～0.1℃之间，说明库内温度均匀一致。

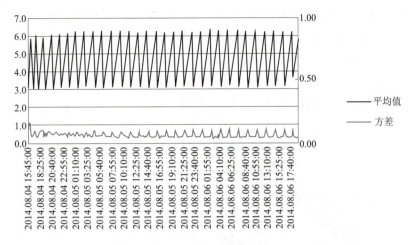

图7-4　测点数据及曲线

　　结论：当前冷库温控环境下，控制各测点在2.6～6.7℃的范围，温度均衡性很好，除风机前1m范围内不允许放置药品外，其他区域都是可放置药品的安全位置。

　　B. 温控设施运行参数及使用状况测试和确认（图7-5）。

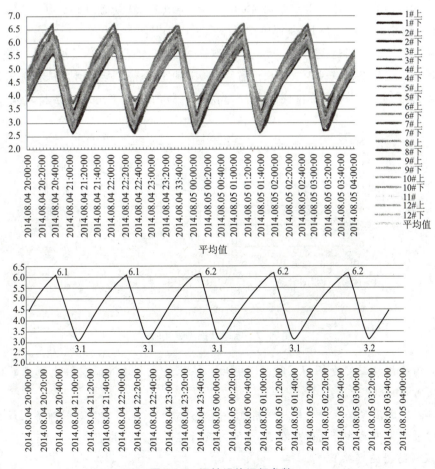

图7-5　温控设施运行参数

数据分析：①温控系统设定的运行参数3~7℃，配置的温度监测点安装位置在风机的回风口处，距地面218cm，温控系统正常运行期间，各测点温度在2.6~6.7℃；②当冷库外温度在18.3℃左右时，冷库制冷机组在8小时（8月4日20：00~8月5日4：00）内启动4次，平均启动周期时间：98分，平均0.06℃/min；③冷库制冷机组的制冷时间平均为25分钟，降温幅度平均为3.1℃，平均制冷状态降温速率为0.124℃/min；④在冷库外温度为17℃左右时，冷库预冷时间为2小时3分钟。

结论：温控系统测点安装位置合理。制冷机制冷性能优良。建议当前环境下，冷库制冷机开机123分钟之后才进行冷库开门出入库等作业。

C. 开门作业对库房温度分布药品储存的影响（图7-6）。

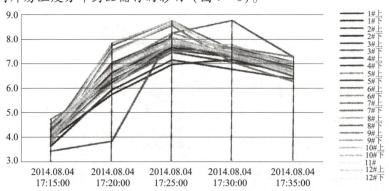

图7-6 开门作业对库房温度的分布影响

数据分析：开门作业，在冷库外温度为18.6℃，冷库开门10分钟（17：16~17：26），部分测点超出8℃，随着制冷机启动，在10分钟内重新降至8.0℃以下。

结论：当前环境下，开门造成了温度升高，建议每次开门作业时间尽量选择在不高于4℃时，时间不超过5分钟。如进货量较多时，应分次进行。待制冷机制冷停止后，再次进行进出作业。

D. 断电状况测试实验，确定设备故障或外部供电中断的状况下仓库保温情况及变化趋势分析（图7-7）。

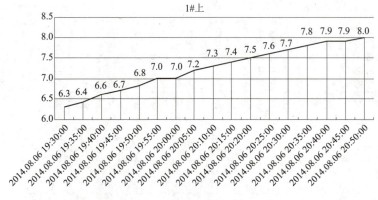

图7-7 断电状态测试实验

数据分析：当冷库外温度为17.7℃时，断电后，按照最先到达8℃的1#上测点的曲线分析，从6.3~8.0℃，用时80分钟。

结论：冷库考虑到温度高点停电的极端情况，针对此极端情况，首先加强对备用设施的维护和检查，在该库故障并短期内无法修复时应在50分钟内及时启动备用设施。

（3）偏差及预防措施（略）。

（4）结论：依据以上结果，可判定新改造的冷库温控系统在满载情况下能够符合储存冷藏药品的要求。

技能训练

冷藏箱的验证

【训练目的】掌握冷藏箱验证的相关规定；具备验证布点操作能力；树立药品安全意识，严谨认真地按规定连续验证时间进行操作，真实、完整地记录验证数据、完成验证报告。

【具体要求】

1. 材料准备

（1）工具　温湿度仪、温湿度自动监测系统、冰排（冰袋）。

（2）材料　《药品经营质量管理规范》（2016 年版）、冷藏箱验证方案、验证过程操作记录表、拍照设备、胶带、笔和纸等。

（3）设备　实训场地、生物疫苗冷藏箱、药店管理系统、医药企业虚拟仿真系统。

2. 操作步骤

（1）确认验证对象、明确验证流程　先确认好验证对象，确认本次验证工作所执行的文件与标准、验证流程；确认测试设备已经检定或校准。

（2）完成验证测试布点　根据 GSP 及附录和本次工作任务的要求明确布点方案，依据布点原则，按要求正确安装温湿度仪。

（3）确认测点安装位置并拍照片　检查布点数量和位置，确保符合验证要求；拍照，照片应能看清楚布点情况。

（4）确定连续验证时间，记录好检测数据。填写箱内温度分布测试数据记录表、蓄冷剂配置使用测试记录表、冷藏箱开箱作业箱内温度测试记录表、极端外部环境下的保温效果测试记录表（略）、运输最长时限验证记录表（略）。

箱内温度分布测试数据记录表

保温箱编号			自然环境温度/℃		
时间	测点 1 温度	测点 2 温度	测点 3 温度	测点 4 温度	测点 5 温度

蓄冷剂配置使用测试记录表

保温箱编号		蓄冷剂数量		自然环境温度/℃	
时间	测点 1 温度	测点 2 温度	测点 3 温度	测点 4 温度	测点 5 温度

冷藏箱开箱作业箱内温度测试记录表

冷藏箱编号			自然环境温度/℃		
开始时间			开始时温度/℃		
结束时间			结束时温度/℃		
时间	测点1温度	测点2温度	测点3温度	测点4温度	测点5温度
最先达到8℃的情况	监测点			用时	
是否存在偏差		偏差描述		偏差处理	
结论:					
检查人： 　　　　年　月　日			审核人： 　　　　年　月　日		

（5）拆除验证设备，填写好验证记录，结束验证工作。

【要点提示】

（1）注意布点数量位置应准确，不应遗漏。

（2）验证前应熟悉和理解验证文件，保证实施时心中有数。

（3）记录数据应填写真实、完整、准确。

答案解析

●●●● 目标检测

一、单项选择题

1. 企业应当按照国家有关规定，对计量器具、温湿度监测设备等定期进行（　）。

　　A. 维护　　　　　　　　　　　B. 检查

　　C. 校准或者检定　　　　　　　D. 保养

2. 应当确定适宜的持续验证时间，以保证验证数据的充分、有效及连续，因此验证数据采集的间隔时间不得大于（　）

　　A. 5小时　　　　　　　　　　B. 最长的配送时间

　　C. 48小时　　　　　　　　　　D. 5分钟

3. 每个冷藏车厢体内均匀性布点总数量不得少于（　）个，每增加$20m^3$，增加9个测点，不足$20m^3$的按照$20m^3$计算。

　　A. 5　　　　　　　　　　　　B. 9

　　C. 13　　　　　　　　　　　D. 19

4.（　）负责验证工作的监督、指导，协调与审批，（　）负责组织仓储、运输等部门共同实施验证工作。

A. 企业质量负责人、质量管理部门

B. 企业负责人、仓储部门

C. 企业负责人、质量管理部门

D. 企业质量负责人、仓储部门

5. 应当根据验证对象及项目，合理设置验证测点，每个保温箱的测点数量不得少于（ ）。

A. 3 个

B. 5m

C. 5 个

D. 9 个

二、多项选择题

1. 冷藏车验证项目包括（ ）。

A. 监测系统配置的测点终端参数及安装位置确认

B. 车厢内温度分布特性的测试与分析

C. 年度定期验证时进行满载验证

D. 冷藏车改造后重新使用前，进行空载及满载验证

E. 开门作业对车厢温度分布及变化的影响

2. 企业应当根据相关验证管理制度，形成验证控制文件，包括（ ）。

A. 验证方案

B. 报告

C. 评价

D. 偏差处理

E. 预防措施

3. GSP 规定，验证使用的温度传感器必须（ ）。

A. 经法定计量机构校准

B. 经药品批发企业自行校准

C. 验证所用温度传感器设备数量与报告所附校准证书数可不同，只选 1 ~ 2 个附于报告中即可

D. 温度传感器测量的最大允许误差应为 ± 0.5℃

E. 验证使用的温度传感器应当适用被验证设备的测量范围

4. 企业应当对冷库、储运温湿度监测系统以及冷藏运输等设施设备进行（ ）。

A. 使用前验证

B. 使用中验证

C. 使用后验证

D. 停用时间超过规定时限的验证

E. 定期验证

5. 以下属于冷库验证项目的是（ ）。

A. 温度分布特性的测试与分析

B. 监测系统配置的测点终端参数及安装位置确认

C. 年度定期验证时进行满载验证

D. 蓄冷剂配备使用的条件测试

E. 供电中断的状态下，库房保温性能及变化趋势分析

书网融合……

重点小结

微课

习题

项目八 GSP 对药品储存养护的管理

PPT

学习目标

知识目标：理解 GSP 对药品储存与养护的全面要求，包括温湿度控制、光照管理、分类储存原则、特殊管理药品的储存规定。掌握药品储存过程中的关键要素及养护环节；了解不同剂型药品的储存与养护要点。

能力目标：设计符合 GSP 标准的药品储存方案，制定并执行科学的药品养护计划。有效监控和管理药品质量，特别是在特殊管理药品和近效期药品的管理上展现高效处理能力。提升应急响应能力，确保药品储存与养护过程中的突发情况得到及时有效解决。

素质目标：强化从业人员的药品质量与安全意识，培养良好的团队合作精神与沟通协调能力。保持对新知识、新技术的持续学习热情，以适应行业发展的需求。塑造严谨细致的工作态度，确保药品储存与养护工作的每一个细节都得到妥善处理。

任务一 对药品储存与养护的要求

情境导入

情境：药品仓库管理员负责成千上万种药品的安全储存与养护。药品仓库管理员的决定直接关系到患者的用药安全与治疗效果。然而，面对复杂多变的药品种类和严格的储存条件，如何确保每一种药品都能在最佳环境下保存，避免因储存不当导致的质量损失？GSP 为我们提供了明确的指南。

思考：如何将这些理论转化为实际操作，确保药品从入库到出库，每一个环节都符合标准？

活动一 对药品批发和零售连锁企业药品储存养护的要求

 法规链接 --

《药品经营质量管理规范》

第八十三条 企业应当根据药品的质量特性对药品进行合理储存，并符合以下要求：

（一）按包装标示的温度要求储存药品，包装上没有标示具体温度的，按照《中华人民共和国药典》规定的贮藏要求进行储存；

（二）储存药品相对湿度为 35%~75%；

（三）在人工作业的库房储存药品，按质量状态实行色标管理，合格药品为绿色，不合格药品为红色，待确定药品为黄色；

（四）储存药品应当按照要求采取避光、遮光、通风、防潮、防虫、防鼠等措施；

（五）搬运和堆码药品应当严格按照外包装标示要求规范操作，堆码高度符合包装图示要求，避免损坏药品包装；

（六）药品按批号堆码，不同批号的药品不得混垛，垛间距不小于 5 厘米，与库房内墙、顶、温度调控设备及管道等设施间距不小于 30 厘米，与地面间距不小于 10 厘米；

（七）药品与非药品、外用药与其他药品分开存放，中药材和中药饮片分库存放；

（八）特殊管理的药品应当按照国家有关规定储存；

（九）拆除外包装的零货药品应当集中存放；

（十）储存药品的货架、托盘等设施设备应当保持清洁，无破损和杂物堆放；

（十一）未经批准的人员不得进入储存作业区，储存作业区内的人员不得有影响药品质量和安全的行为；

（十二）药品储存作业区内不得存放与储存管理无关的物品。

第八十四条　养护人员应当根据库房条件、外部环境、药品质量特性等对药品进行养护，主要内容是：

（一）指导和督促储存人员对药品进行合理储存与作业。

（二）检查并改善储存条件、防护措施、卫生环境。

（三）对库房温湿度进行有效监测、调控。

（四）按照养护计划对库存药品的外观、包装等质量状况进行检查，并建立养护记录；对储存条件有特殊要求的或者有效期较短的品种应当进行重点养护。

（五）发现有问题的药品应当及时在计算机系统中锁定和记录，并通知质量管理部门处理。

（六）对中药材和中药饮片应当按其特性采取有效方法进行养护并记录，所采取的养护方法不得对药品造成污染。

（七）定期汇总、分析养护信息。

第八十五条　企业应当采用计算机系统对库存药品的有效期进行自动跟踪和控制，采取近效期预警及超过有效期自动锁定等措施，防止过期药品销售。

第八十六条　药品因破损而导致液体、气体、粉末泄漏时，应当迅速采取安全处理措施，防止对储存环境和其他药品造成污染。

第八十七条　对质量可疑的药品应当立即采取停售措施，并在计算机系统中锁定，同时报告质量管理部门确认。对存在质量问题的药品应当采取以下措施：

（一）存放于标志明显的专用场所，并有效隔离，不得销售；

（二）怀疑为假药的，及时报告食品药品监督管理部门；

（三）属于特殊管理的药品，按照国家有关规定处理；

（四）不合格药品的处理过程应当有完整的手续和记录；

（五）对不合格药品应当查明并分析原因，及时采取预防措施。

第八十八条　企业应当对库存药品定期盘点，做到账、货相符。

一、GSP 对药品储存的要求

1. 温度要求　药品应按包装标示的温度要求储存。若包装上未标示具体温度，则依据《中华人民共和国药典》的规定进行贮藏。例如，冷处指 2～10℃，阴凉处指不超过 20℃，常温条件指 10～30℃。

2. 湿度范围　储存药品的相对湿度应控制在 35%～75%。

3. 色标管理　药品按质量状态实行色标管理：合格药品为绿色，不合格药品为红色，待确定药品为黄色。此管理方式有助于快速识别药品质量状态，提高仓储管理效率。

4. 防护措施　按照要求采取避光、遮光、通风、防潮、防虫、防鼠等措施。

5. 规范操作　搬运和堆码药品时，应严格按照外包装标示要求进行操作，避免损坏药品包装。堆码高度应符合包装图示要求，确保药品安全。

6. 堆码规范　药品需按批号堆码，不同批号的药品不得混垛。垛间距不小于5cm，与库房内墙、顶、温度调控设备及管道等设施间距不小于30cm，与地面间距不小于10cm，以确保药品储存环境的稳定。

7. 分类存放　药品与非药品、外用药与其他药品应分开存放，避免交叉污染。中药材和中药饮片应分库存放，以便于管理和养护。

8. 特殊管理药品　特殊管理的药品（如麻醉药品、精神药品等）需按照国家有关规定进行储存，确保安全可控。

9. 零货药品管理　拆除外包装的零货药品应集中存放，便于管理和发货。

10. 储存设施清洁　储存药品的货架、托盘等设施设备应保持清洁，无破损和杂物堆放，以维护药品质量。

11. 人员控制　未经批准的人员不得进入储存作业区，作业区内的人员行为不得影响药品质量和安全。同时，作业区内不得存放与储存管理无关的物品。

二、GSP 对药品养护的要求

1. 养护人员的核心职责　根据 GSP 规定，养护人员是药品养护工作的直接执行者，其核心职责在于根据库房条件、外部环境及药品质量特性，科学、系统地开展养护活动。具体而言，养护人员需做到以下几点。

（1）指导和督促合理储存　养护人员需持续关注和指导储存人员按照规范进行药品储存与作业，确保药品在储存过程中不受外界因素影响，保持最佳状态。

（2）改善储存条件与防护措施　定期检查并改善储存条件，包括温湿度控制、避光、防潮、防虫、防鼠等措施，同时确保库房的清洁卫生，为药品创造一个优良的储存环境。

（3）有效监测与调控温湿度　利用现代化设备对库房温湿度进行实时监测，并根据需要进行有效调控，确保药品储存环境始终符合规定标准。

2. 精细化养护计划与记录　GSP 强调了养护计划的制定与执行。养护人员需按照既定的养护计划，定期对库存药品的外观、包装等质量状况进行全面检查，并建立详细的养护记录。特别是对于储存条件有特殊要求或有效期较短的品种，应实施重点养护，确保这些药品在储存过程中的安全与质量。

3. 问题药品的快速响应与处理　GSP 要求，一旦发现药品存在质量问题，养护人员必须立即采取行动。具体而言，养护人员需在计算机系统中锁定问题药品，防止其继续出库销售，并及时记录问题详情，同时通知质量管理部门介入处理。对于中药材和中药饮片，还需根据其独特性质采取适宜的养护方法，并确保养护过程不会对药品造成二次污染。

4. 养护信息的汇总与分析　GSP 规定，养护人员应定期汇总、分析养护信息，为管理决策提供数据支持。通过数据分析，可以发现养护工作中存在的问题与不足，进而制定改进措施，不断提升养护工作的效率与质量。

5. 过期药品与破损药品的管理　为防止过期药品流入市场，GSP 明确要求企业采用计算机系统对库存药品的有效期进行自动跟踪和控制，通过近效期预警及超过有效期自动锁定等措施，确保过期药品无法销售。对于因破损导致的液体、气体、粉末泄漏等紧急情况，GSP 则规定了迅速采取安全处理措施的要求，以防止对储存环境和其他药品造成污染。

6. 质量可疑药品与不合格药品的处理　对于质量可疑的药品，GSP 提出了立即停售、计算机系统中锁定并报告质量管理部门确认的处理流程。对于存在质量问题的药品，则需根据具体情况采取不同措施，如隔离存放、报告监管部门、按照国家有关规定处理等。同时，不合格药品的处理过程需有完整的手续和记录，并对不合格原因进行深入分析，以便及时采取预防措施。

7. 定期盘点与账货相符　GSP 强调了库存药品定期盘点的重要性。通过定期盘点，可以确保库存药品的数量与账目完全一致，从而及时发现并纠正管理中的漏洞与偏差（图 8-1）。这一举措不仅有助于维护企业的经济利益，更是对消费者用药安全负责的体现。

综上所述，GSP 对药品养护的要求涵盖了从人员职责、养护计划、问题处理到信息管理、过期与破损药品管理等各个方面。这些要求共同构成了一个完整、严密的药品养护管理体系，为药品的质量与安全提供了有力保障。

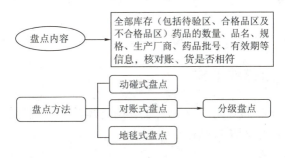

图 8-1　药品盘点内容与方法

活动二　对药品零售企业药品陈列与储存的要求

✎ **法规链接** ······

《药品经营质量管理规范》

第一百五十九条　企业应当对营业场所温度进行监测和调控，以使营业场所的温度符合常温要求。

第一百六十条　企业应当定期进行卫生检查，保持环境整洁。存放、陈列药品的设备应当保持清洁卫生，不得放置与销售活动无关的物品，并采取防虫、防鼠等措施，防止污染药品。

第一百六十一条　药品的陈列应当符合以下要求：

（一）按剂型、用途以及储存要求分类陈列，并设置醒目标志，类别标签字迹清晰、放置准确。

（二）药品放置于货架（柜），摆放整齐有序，避免阳光直射。

（三）处方药、非处方药分区陈列，并有处方药、非处方药专用标识。

（四）处方药不得采用开架自选的方式陈列和销售。

（五）外用药与其他药品分开摆放。

（六）拆零销售的药品集中存放于拆零专柜或者专区。

（七）第二类精神药品、毒性中药品种和罂粟壳不得陈列。

（八）冷藏药品放置在冷藏设备中，按规定对温度进行监测和记录，并保证存放温度符合要求。

（九）中药饮片柜斗谱的书写应当正名正字；装斗前应当复核，防止错斗、串斗；应当定期清斗，防止饮片生虫、发霉、变质；不同批号的饮片装斗前应当清斗并记录。

（十）经营非药品应当设置专区，与药品区域明显隔离，并有醒目标志。

第一百六十二条 企业应当定期对陈列、存放的药品进行检查，重点检查拆零药品和易变质、近效期、摆放时间较长的药品以及中药饮片。发现有质量疑问的药品应当及时撤柜，停止销售，由质量管理人员确认和处理，并保留相关记录。

第一百六十三条 企业应当对药品的有效期进行跟踪管理，防止近效期药品售出后可能发生的过期使用。

第一百六十四条 企业设置库房的，库房的药品储存与养护管理应当符合本规范第二章第十节的相关规定。

一、对营业场所的要求

（1）明确规定要对温度进行监测和调控，目的在于通过对整个供应链的温度控制，进而保障药品的质量不发生大的变化。值得注意的是温度监测与调控是指24小时的持续运行，而不仅指正常营业时间。

（2）要求环境整洁有序，清洁卫生，没有无关杂物且应有防虫防鼠设施。

二、对药品陈列与储存的要求

在零售药店的运营中，药品的陈列不仅关乎顾客购物体验，更直接影响到药品的安全性与合规性。根据GSP要求药品的陈列需严格遵循以下要求。

1. 分类明确，标识清晰

（1）按剂型、用途及储存要求分类　确保药品按照其特性科学分类，同时设置醒目标志，类别标签字迹清晰、放置准确。

（2）处方药与非处方药分区　明确区分处方药与非处方药区域，并设置专用标识，保障顾客购药安全。

（3）外用药与其他药品分开　确保外用药与其他药品分开摆放，避免混淆使用。

（4）拆零药品专区存放　拆零销售的药品应集中存放于拆零专柜或专区，便于管理。

（5）非药品专区设置　经营非药品应设置专区，与药品区域明显隔离，并设有醒目标志，避免顾客误购。

2. 摆放有序，避免光照
整齐摆放于货架或柜台：药品需整齐有序地摆放在货架或柜台内，避免阳光直射，以防药品变质。

3. 特殊管理药品不陈列
第二类精神药品、毒性中药品种和罂粟壳等特殊管理药品严禁陈列，以减少安全风险。

4. 冷藏药品温度监控
冷藏药品需放置在冷藏设备中，并按规定进行温度监测和记录，确保存放温度符合要求。

5. 中药饮片规范陈列
中药饮片柜斗谱应正名正字书写，装斗前复核，定期清斗，防止饮片变质。不同批次饮片装斗前应清斗并记录。

三、对药品陈列与储存检查的要求

1. 定期药品陈列检查制度
零售药店必须定期对陈列及储存的药品进行全面检查，特别是针对拆零药品、易变质药品、近效期药品、摆放时间较长的药品以及中药饮片进行重点检查。此举旨在通过定期检查，及时发现并处理药品可能存在的质量问题，确保药品在销售过程中的安全性与有效性。

2. 质量疑问药品的及时处理　一旦发现药品存在质量疑问，零售药店应立即将该药品撤柜并停止销售。随后，由专业的质量管理人员对药品进行进一步的确认和处理，确保所有处理过程均有详细的记录备查。这一流程确保了药品质量问题得到及时、有效的解决，维护了消费者的权益。

3. 药品有效期管理的严格执行　零售药店必须建立健全的药品有效期跟踪管理制度，通过近效期预警及过期自动锁定等措施，有效预防近效期药品售出后可能发生的过期使用风险。这不仅要求药店员工对库存药品的有效期有清晰的了解，还需借助现代信息技术手段，实现对药品有效期的精准监控和科学管理。

综上所述，GSP 对零售药店药品陈列检查与有效期管理提出了全面而严格的要求。药店需严格遵守这些规定，结合定期药品陈列检查、质量疑问药品的及时处理以及药品有效期管理的严格执行等多方面的综合措施，确保药品在陈列与销售过程中的安全性与合规性，为广大消费者提供高质量的药品服务。

任务二　药品储存实务

> **情境导入**

情境：某药店投诉，从某医药批发公司进货一批吲哚美辛栓，其中一箱有走油及酸败现象，但同批号进货其他栓剂药品则无此问题。为此该批发企业质量管理人员立即调查，经查发现此箱药品堆放在库房散热器与供暖管道之间。质管员确定该问题是由于药物储存不当造成的。最后，该批发企业同意此药店吲哚美辛栓退货请求，一切损失由该批发企业承担。

思考：通过本案例，你对药品储存有何认识？GSP 对药品堆垛有何要求？

活动一　色标管理与温湿度条件管理

一、色标管理

为了有效控制药品储存质量，应对药品按其质量状态分区管理。为杜绝库存药品的存放差错，必须对在库药品实行色标管理。

（1）绿色　合格药品区（库）、拆零区（库）、待发药品区（库）。

（2）黄色　待验药品区（库）、退货药品区（库）。

（3）红色　不合格药品区（库），包括破损、过期、质量异常等情况。

药品质量状态的色标区分如图 8-2 所示。

标牌制作应以大面积的色彩为底色，其中字体采用黑或白的均匀清晰字体。专库（如特殊药品库、中药饮片库、冷库等）内部往往包含了三种质量状态，其标牌宜采用普通的黑白灰三色制作，以避免和质量状态混淆。

图8-2 色标管理

二、温湿度条件管理

 法规链接

《药品经营质量管理规范》

第四十七条 库房应当配备以下设施设备：

（三）有效调控温湿度及室内外空气交换的设备；

（四）自动监测、记录库房温湿度的设备。

第一百四十五条 营业场所应当有以下营业设备：

（一）货架和柜台；

（二）监测、调控温度的设备。

《附录3 温度度自动监测》

第一条 企业应当按照《药品经营质量管理规范》（以下简称《规范》）的要求，在储存药品的仓库中和运输冷藏、冷冻药品的设备中配备温湿度自动监测系统（以下简称系统）。系统应当对药品储存过程的温湿度状况和冷藏、冷冻药品运输过程的温度状况进行实时自动监测和记录，有效防范储存运输过程中可能发生的影响药品质量安全的风险，确保药品质量安全。

按温度条件分类，仓库可分为常温库、阴凉库、冷库（图8-3）。根据《中国药典》规定，常温库10~30℃；阴凉库不超过20℃；冷库2~10℃；GSP规定各库的相对湿度均为35%~75%。

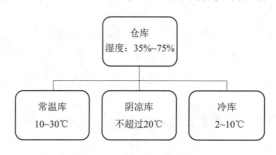

图8-3 库区温湿度管理

对药品储存仓库的温湿度进行控制和监控是储存环节最核心要求，其原因是在储存过程中保持在药品研发阶段确定的温湿度环境，进而使得药品质量的真实有效性和标示的有效期相符，最终达到保障人体用药安全有效的目的。

1. 仓库的温湿度自动监测 我国药品流通过程中对药品储存的温湿度监测与控制，受到监测手段、设备以及观念的局限，过去主要采用人工定时观察记录，存在流于形式、管理失控的问题。为达到药品质量控制实效性的管理目标，GSP借鉴了国际先进的管理技术与理念，要求药品储运环节全面实现温湿度自动监测、记录、跟踪、报警，以达到药品储运环节质量控制的真实、完整、准确、有效。

GSP 单独设立了附录对此进行阐述。

2. 药品仓库常见的温湿度调控手段　如表 8 – 1 所示。

表 8 – 1　仓库常见温湿度调控

超限情况	常用措施	涉及设备设施
温度偏高	通风换气	换气风机、开窗
	机械制冷	空调
	遮光	窗帘、遮光纸
	加冰制冷	
温度偏低	机械制热	空调、暖气片
	密闭防寒	门窗、保温外墙
湿度偏高	通风换气	换气风机、开窗
	机械除湿	除湿机
	化学吸湿	吸湿剂（如石灰、无水氯化钙等）
湿度偏低	洒水、拖地	
	机械加湿	雾化加湿机

通风换气是最常用也是最经济的降温除湿措施。采用此方式时，应结合仓库内外的温湿度差进行综合考虑，如表 8 – 2 所示。

表 8 – 2　通风换气措施应用

仓库内外温湿度对比	通风换气是否适用	不适用的原因
室外温湿度均低于库内	适用	
室外温度略高于库内，但相差不大（3℃以内），且湿度低于库内	适用	
室外温度略高于库内，但相差较大（超出3℃），湿度低于库内	不适用	外界的热空气一旦进入室内开始降温就会使相对湿度迅速增加
温湿度均高于库内	不适用	起不到降温除湿的效果

值得注意的是，药品仓库的空间较大，而温湿度的变化是一个相对缓慢的过程。从采取相应措施直至达到控制目的往往有一段反应时间。如果温湿度超限后才启动措施，往往会造成一段时间的温湿度不符要求，增大了质量变化的风险。这就需要我们对相应的调控设施进行验证，找到相应的反应时间，进而在操作规程中进行明确，设定预警限和行动限从而提前采取措施。

活动二　药品分类储存与堆垛管理

一、库房分区

根据库房的建筑形式、面积大小、库房楼层或固定通道的分布和设备状况，结合储存药品需要的条件，将储存场所划分为若干货区，每一货区再划分为若干货位，每一货位固定存放一类或几类数量较少、保管条件相同的药品。货区的具体划分常以库房为单位，即以每一座独立的仓库为一个货区。在多层建筑中也有按楼层划分货区的。自动化的高位立体仓库在电脑中进行分区。

1. 按温度条件分类　仓库可分为常温库、阴凉库、冷库。

2. 按功能分区　仓库可分为储存作业区、辅助作业区、办公区、生活区。其中储存作业区内又可按要求细分为：药品区、非药品区；非药品区进一步按保健食品及功能食品、医疗器械、消毒器械分区。辅助作业区可分为收货区、发货区、待验区、退货区。

二、药品区分类

药品区按药品特性和储存保管习惯分类如下。

1. 针剂类　主要针对无菌或灭菌制剂等质量要求高的药品，如注射剂、注射用无菌粉末、输液等。

2. 水剂类　针对大量含水或其他液体溶剂的一般制剂，如液体制剂、半固体制剂（软膏剂、眼霜剂、霜剂等）、栓剂、气雾剂、药膜等。

3. 片剂类　针对成形的普通固体制剂，如片剂、胶囊剂、丸剂、滴丸剂等。

4. 粉剂类　针对呈现粉末状、颗粒状等一般固体制剂，包括原料药、颗粒剂、散剂、干糖浆等。

外用药单独设区。特殊管理药品、中药材、中药饮片、贵重药品、冷藏药品、危险品等应设立专库。另外，零货与整件药品分开，单独设零货库。

以某仓库的药品仓库为例，库区粗分见表8-3。

表8-3　某仓库的药品仓库的分区

	针剂类
	水剂类
	片剂类
	粉剂类
药品库	外用药区
	特殊管理药品库
	中药材、中药饮片库
	贵重药品库
	冷库

按剂型分类后，同一类的药品应规定统一的排列顺序。一般先按药理作用排序，同一品种按批号先后排列。批号在前的，放在最外侧，方便拣货。

具体分配货位时，还应考虑药品的数量、性质及垛位条件、周转情况、库房面积等因素。

需要注意的是，储存药品分区分类应适度。若分类过细，就是给每个品种都留出货位，却往往由于存放不满而浪费仓容；若分类过粗，易使品种混杂，造成管理上的混乱。为应付特殊情况，库房还应预留一定的机动货区，随时接收计划外入库，还可作为药品盘点、整理等场地之用。

三、药品堆垛

1. 药品堆垛距离　GSP将堆垛操作中的"间距"整合成"六距"（垛间距、地距，及墙、顶、温度调控设备、管道等固定设施距）。对这些间距进行强制要求，其根本目的是在于给储存的药品创造一个安全、稳定的环境，减小各种使药品受损或质量变化的风险。

（1）垛间距　是指货垛与货垛之间的距离，不小于5cm。留垛距是为便于通风和检查商品以便于分批管理和监控。

（2）地距　是要求药品必须用托盘及货架进行离地存放，不小于10cm。其目的是为了便于通风，避免药品受潮及虫害。

（3）固定设施距　指货垛与墙、顶、温度调控设备及管道等设施间距，不小于30cm。目的是便于仓库温湿度均匀及货垛的安全。

2. 堆垛要求　在搬运和堆垛等作业中均应严格按药品外包装图示标志的要求搬运存放，规范操作，怕压药品应控制堆放高度，不得倒置，应轻拿轻放，严禁摔撞。药品按品种、规格、批号、生产日期及效期远近依次或分开堆垛。

常见的外箱储运标识分为方向类、防雨防晒类、易碎轻放类及限制类，具体标识如图8－4所示。

图8－4　外箱储运标识

3. 药品堆垛应遵循的原则

（1）安全　堆垛时，应保证人身、药品和设备三方面的安全。应根据包装的坚固程度和形状，以及药品性质的要求、仓库设备等条件进行操作，应轻拿轻放，防止药品及包装受损，应做到"三不倒置"，即轻重不倒置、软硬不倒置、标志不倒置；应留足"六距"；应保持"三条线"，即上下垂直，左右、前后成线，使货垛稳固、整齐、美观。严禁超重，保证库房房建筑安全。

（2）方便　堆垛应保持药品出库和检查盘点等作业方便。应保持走道、支道畅通，不能有阻塞现象。垛位编号应利于及时找到货物。应垛垛分清，尽量避免货垛之间相互占用货位，应垛垛成活，无"死垛"，使每垛药品有利于出库，有利于盘点、养护等作业。

（3）节约　药品堆垛必须在安全的前提下，尽量做到"三个用足"，即面积用足、高度用足、荷重定额用足，充分发挥仓库使用效能，尽量节约仓容量。

活动三　货架储存管理

一、货架储存要求

（1）货架应背靠背地成双行排列，并与主通道垂直。单行货架可以靠防火墙放置。同时还要考虑药品的出库情况，周转快的放在发货区附近。

（2）货架标志应放在各行货架面向通道的两端，并标明各行货架编号以及存放物资的种类。

（3）为便于在货架高层取货，可设计制作一个带有固定小梯子的取货车或推高机，能接近所有的货架格取货或进行堆垛作业。

二、货架布置方式

货架布置方式常见的有竖式、横式、V式、斜主干道式等，如表8－4所示。

表 8 - 4　货架布局类型及特点

货架布局类型	仓库工作区布局图	特点
竖式		货架长边平行或垂直于墙面，可最大程度利用仓库空间
横式		
V式		在仓库面积利用损失不大的情况下，调整仓库货架布局以提高拣货效率。是竖式和横式布局的综合利用和变形
斜主干道式		

三、储存作业区管理

（1）储存药品的货架、托盘等设施设备应当保持清洁，无破损和杂物堆放。

（2）未经批准的人员不得进入储存作业区，储存作业区内的人员不得有影响药品质量和安全的行为。

（3）药品因破损而导致液体、气体、粉末泄漏时，仓库管理人员应迅速采取安全有效的处置措施：如稀释、清洗、通风、覆盖、吸附、除尘或灭活等措施，防止因破损对储存环境和其他药品造成污染。

（4）药品仓管员应定期做好库存盘点工作，做到货、账相符。

1）盘点内容：全部库存药品的数量、品名、规格、生产厂商、药品批号、有效期等信息，核对账、货是否相符。盘点时应包括待验区、合格品区及不合格品区的药品。

2）盘点方式：动碰式盘点、对账式盘点、地毯式盘点。

（5）保持库区环境、库房和货架卫生、货堆整洁、定期清扫和消毒。做好防尘、防潮、防污染、防火、防盗、防虫、防鼠等工作。库房内严禁存放生活用品和其他杂物。

活动四　药品的效期管理与特殊管理药品的储存

 法规链接

《药品经营质量管理规范》

第一百七十八条　本规范下列术语的含义是：

（十）国家有专门管理要求的药品：国家对蛋白同化制剂、肽类激素、含特殊药品复方制剂等品种实施特殊监管措施的药品。

《麻醉药品和精神药品管理条例》

第四十六条　麻醉药品药用原植物种植企业、定点生产企业、全国性批发企业和区域性批发企业以及国家设立的麻醉药品储存单位，应当设置储存麻醉药品和第一类精神药品的专库。该专库应当符合下列要求：

（一）安装专用防盗门，实行双人双锁管理；

（二）具有相应的防火设施；

（三）具有监控设施和报警装置，报警装置应当与公安机关报警系统联网。

全国性批发企业经国务院药品监督管理部门批准设立的药品储存点应当符合前款的规定。

麻醉药品定点生产企业应当将麻醉药品原料药和制剂分别存放。

第四十八条　麻醉药品药用原植物种植企业、定点生产企业、全国性批发企业和区域性批发企业、国家设立的麻醉药品储存单位以及麻醉药品和第一类精神药品的使用单位，应当配备专人负责管理工作，并建立储存麻醉药品和第一类精神药品的专用账册。药品入库双人验收，出库双人复核，做到账物相符。专用账册的保存期限应当自药品有效期期满之日起不少于5年。

第四十九条　第二类精神药品经营企业应当在药品库房中设立独立的专库或者专柜储存第二类精神药品，并建立专用账册，实行专人管理。专用账册的保存期限应当自药品有效期期满之日起不少于5年。

《放射性药品管理办法》

第十三条　放射性药品生产、经营企业，必须配备与生产、经营放射性药品相适应的专业技术人员，具有安全、防护和废气、废物、废水处理等设施，并建立严格的质量管理制度。

第十八条　放射性药品的包装必须安全实用，符合放射性药品质量要求，具有与放射性剂量相适应的防护装置。包装必须分内包装和外包装两部分，外包装必须贴有商标、标签、说明书和放射性药品标志，内包装必须贴有标签。

标签必须注明药品品名、放射性比活度、装量。

说明书除注明前款内容外，还须注明生产单位、批准文号、批号、主要成份、出厂日期、放射性核素半衰期、适应症、用法、用量、禁忌症、有效期和注意事项等。

《医疗用毒性药品管理办法》

第六条 收购、经营、加工、使用毒性药品的单位必须建立健全保管、验收、领发、核对等制度；严防收假、发错，严禁与其他药品混杂，做到划定仓间或仓位，专柜加锁并由专人保管。

毒性药品的包装容器上必须印有毒药标志，在运输毒性药品的过程中，应当采取有效措施，防止发生事故。

一、药品的效期管理

药品在规定的时间内和一定储存条件下能够保持其质量和有效性。但在超出一定时限后，即使在规定的储存条件下，其效价（或含量）也会逐渐下降，甚至增加毒性。因此，为保证药品质量，保证用药安全，药品必须严格遵守其特定的储存条件，并在规定的期限内使用，以确保药品的有效性和安全性。因此，加强药品有效期的管理，是保证用药安全、有效的重要条件，更是降低药品损耗、提升业绩的重要举措。药品有效期是指该药品被批准的使用期限。药品标签中的有效期应当按照年、月、日的顺序标注，具体格式为"有效期至×××年××月"或者"有效期至×××年××月××日"；也可以用数字和其他符号表示为"有效期至××××.××."或"有效期至××××/××/××"等。有效期若标注到日，应当为起算日期对应年月日的前一天，若标注到月，应当为起算月份对应年月的前一月。

药品出库销售应严格遵循"先进先出，近期先出，按批号发货"的原则。企业应结合自身的经营规模、经营模式、品种特性，明确药品近效期的具体时限，在计算机系统中进行设置。大中型批发企业的药品近效期时限一般不少于1年，小型批发企业的药品近效期时限应不少于6个月。运用近效期自动报警功能，按月填写近效期药品催销表进行催销。此表可由系统自动生成（表8-5）。

表8-5 近效期药品催销表

年 月 日

序号	通用名称	商品名称	规格	生产企业	批号	单位	数量	进价	金额小计	供货企业	有效期至	货位

二、特殊管理药品以及国家有专门管理要求的药品的储存

1. 特殊管理药品的范围 随着社会的发展和法律法规的完善，特殊管理类药品范围在不断扩大，除了药品管理法中提到的麻醉药品、精神药品、医疗用毒性药品、放射性药品之外，目前明确要求进行专门管理的药品还包括：药品类易制毒化学品、蛋白同化制剂、肽类激素、终止妊娠药品、部分含特殊药品复方制剂。

常用的特殊管理药品如下。

（1）麻醉药品 《麻醉药品品种目录（2013版）》共121个品种，其中我国生产及使用的品种及包括的制剂、提取物、提取物粉具体如下：可卡因、罂粟浓缩物（包括罂粟果提取物、罂粟果提取物粉）、二氢埃托啡、地芬诺酯、芬太尼、氢可酮、氢吗啡酮、美沙酮、吗啡（包括吗啡阿托品注射液）、阿片（包括复方樟脑酊、阿桔片）、羟考酮、哌替啶、瑞芬太尼、舒芬太尼、蒂巴

因、可待因、右丙氧芬、双氢可待因、乙基吗啡、福尔可定、布桂嗪、罂粟壳、奥赛利定、泰吉利定。

〔备注：常用麻醉药品目录根据《国家药监局 公安部 国家卫生健康委关于调整麻醉药品和精神药品目录的公告》（2023 年第 43 号）、《国家药监局 公安部 国家卫生健康委关于调整麻醉药品和精神药品目录的公告》（2023 年第 120 号），以及《食品药品监管总局 公安部 国家卫生计生委关于公布麻醉药品和精神药品品种目录的通知》（食药监药化监〔2013〕230 号）及相关补充文件更新〕

（2）精神药品

①第一类精神药品：哌醋甲酯、司可巴比妥、丁丙诺啡、γ-羟丁酸、氯胺酮、马吲哚、三唑仑；每剂量单位含羟考酮碱大于 5mg，且不含其他麻醉药品、精神药品或药品类易制毒化学品的复方口服固体制剂；每剂量单位含氢可酮碱大于 5mg，且不含其他麻醉药品、精神药品或药品类易制毒化学品的复方口服固体制剂；咪达唑仑（原料药及注射剂）。

②第二类精神药品：异戊巴比妥、格鲁米特、喷他佐辛、戊巴比妥、阿普唑仑、巴比妥、氯硝西泮、地西泮、艾司唑仑、氟西泮、劳拉西泮、甲丙氨酯、硝西泮、奥沙西泮、匹莫林、苯巴比妥、唑吡坦、丁丙诺啡透皮贴剂、布托啡诺及其注射剂、咖啡因、安钠咖、地佐辛及其注射剂、麦角胺咖啡因片、氨酚氢可酮片、曲马多、扎来普隆、佐匹克隆；含可待因复方口服液体制剂（包括口服溶液剂、糖浆剂）；每剂量单位含羟考酮碱不超过 5mg，且不含其他麻醉药品、精神药品或药品类易制毒化学品的复方口服固体制剂；丁丙诺啡与纳洛酮的复方口服固体制剂；瑞马唑仑（包括其可能存在的盐、单方制剂和异构体）；苏沃雷生、吡仑帕奈、依他佐辛、曲马多复方制剂；每剂量单位含氢可酮碱不超过 5mg，且不含其他麻醉药品、精神药品或药品类易制毒化学品的复方口服固体制剂；地达西尼、依托咪酯（在中国境内批准上市的含依托咪酯的药品制剂除外）；莫达非尼；右美沙芬、含地芬诺酯复方制剂、纳呋拉啡、氯卡色林、咪达唑仑（除注射剂以外其他单方制剂）。

〔备注：常用麻醉药品、精神药品目录根据《国家药监局 公安部 国家卫生健康委关于调整麻醉药品和精神药品目录的公告》（2023 年第 43 号）、《国家药监局 公安部 国家卫生健康委关于调整麻醉药品和精神药品目录的公告》（2023 年第 120 号）、《食品药品监管总局 公安部 国家卫生计生委关于公布麻醉药品和精神药品品种目录的通知》（食药监药化监〔2013〕230 号）、以及《国家药监局 公安部 国家卫生健康委关于调整精神药品目录的公告》（2024 年第 54 号）及相关补充文件更新〕

（3）医疗用毒性药品

①毒性中药品种：包括砒石（红砒、白砒）、砒霜、水银、生马钱子、生川乌、生草乌、生白附子、生附子、生半夏、生南星、生巴豆、斑蝥、青娘虫、红娘子、生甘遂、生狼毒、生藤黄、生千金子、生天仙子、闹羊花、雪上一枝蒿、白降丹、蟾酥、洋金花、红粉、轻粉、雄黄。

②毒性西药品种：包括去乙酰毛花苷 C、阿托品、洋地黄毒苷、氢溴酸后马托品、三氧化二砷、毛果芸香碱、升汞、水杨酸毒扁豆碱、亚砷酸钾、氢溴酸东莨菪碱、士的宁、亚砷酸注射液、A 型肉毒毒素及其制剂。

（备注：医疗用毒性药品目录根据《医疗用毒性药品管理办法》及相关补充文件更新）

（4）放射性药品　此类药品含放射核素：^{32}磷、^{51}铬、^{123}碘、^{125}碘、^{131}碘、^{132}碘等。

知识链接

含麻黄碱类复方制剂主要经营品种

含麻黄碱类复方制剂主要经营品种有：复方酚咖伪麻胶囊（力克舒）、鼻炎康片、复方甘草口服溶液、复方磷酸可待因溶液、盐酸苯海拉明片、复方福尔可定口服溶液、氨酚待因片、氨酚伪麻片/

氨酚苯美片（白加黑）、鼻炎通喷雾剂（原鼻炎滴剂）、布洛伪麻分散片（可泰舒）、酚麻美敏片（泰诺）、呋麻滴鼻液、复方胆氨片（喘安片）、复方福尔可定口服溶液、复方甘草口服溶液、复方甘草片、复方桔梗麻黄碱糖浆、复方桔梗远志麻黄碱片、复方妥英麻黄茶碱片（肺宝三效）、复方盐酸伪麻黄碱胶囊（康泰克）、麻黄碱苯海拉明片（百喘朋）、美扑伪麻片（新康泰克）、消咳颗粒、消咳宁片、盐酸苯海拉明片。

2. 对储存的特殊要求

（1）麻醉药品、第一类精神药品设专库。专用仓库必须位于库区建筑群内，不靠外墙。仓库采用无窗建筑形式，整体为钢筋混凝土结构，具有抗撞击能力，入口采用钢制保险库门，实行双人双锁管理。库内应安装相应的防火设施，需要安装监控设施和报警装置。报警装置应当与公安机关报警系统联网。

（2）第二类精神药品宜存放于相对独立的储存区域，且应加强账、货管理。

（3）医疗用毒性药品、药品类易制毒化学品应设专区。

（4）放射性药品专库存放，应采取有效的防辐射措施。需要特别注意其包装、标志、贮存、监控以及废弃物的安全管理。

（5）第二类精神药品、毒性中药品种和罂粟壳不得进行柜台陈列。

任务三　药品养护实务

情境导入

情境：某年夏季，某药品仓库保管员对药品进行检查，发现一批川贝枇杷膏（糖浆剂）发霉，经查该药是在库养护期间包装不严，且夏季炎热，受到污染，而出现霉变现象。保管员承担主要责任。

思考：1. 糖浆剂保管养护的关键是什么？

2. 其他剂型又该如何开展养护工作？

药品养护即根据药品的储存特性要求，采取科学、合理、经济、有效的手段和方法，通过控制调节药品的储存条件，对储存过程中的药品质量进行定期检查，达到有效防止药品质量变异、确保储存药品质量的目的。

活动一　药品养护的基本要求与药品的养护措施

一、药品养护的基本要求

（一）养护工作内容

药品养护的各项工作都应围绕保证药品储存质量，控制和降低质量安全风险为目标。主要的工作内容有：检查和控制各仓库的储存与作业是否合理；设施设备是否正常运行；对温湿度监测是否规范；对在库药品进行定期巡检、对发现的问题及时采取纠正和预防措施、对年度养护工作进行回顾和分析等。如图8-5所示。

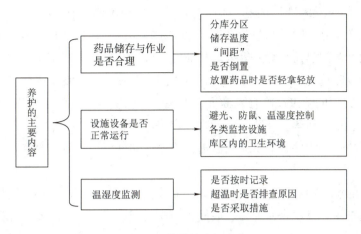

图 8 - 5　养护的主要内容

(二) 养护职责与分工

养护工作涉及质量管理、仓储保管、业务经营等方面的综合性工作，按照工作性质及质量职责的不同，要求各相关岗位必须相互协调与配合，保证药品养护工作的质量。

其中，养护员职责如下。

1. 制度执行与规程遵循　执行《药品养护管理制度》，严格按照《药品养护操作规程》对在库药品实施全面、规范的养护工作。

2. 药品分类与存放指导　根据药品的理化性质和储存条件要求，结合库房的实际情况，指导和督促仓管员做好药品的合理分类与存放，确保药品储存环境适宜。

3. 循环质量检查与记录　负责对库存药品定期进行循环质量检查，一般药品每季度一次，储存条件有特殊要求的（如冷藏、冷冻药品）、易变质的药材和饮片、近效期的品种及中药注射剂应当每月开箱检查一次，并做好养护检查记录。

4. 问题药品处理与报告　发现质量问题的药品，立即在计算机系统中锁定，并挂黄牌暂停发货，同时及时通知质量管理部门进行处理，确保问题药品得到有效控制。

5. 温湿度管理与环境调控　负责库房的温湿度管理工作，根据气候变化采取相应措施，确保库房温湿度维持在药品储存要求的范围内。

6. 设备维护与记录管理　正确使用并定期检查、维护和保养养护设备，确保设备处于良好状态，同时做好相关记录，为设备管理提供依据。

7. 储存环境改善与防鼠工作　定期检查并改善药品的储存条件、防护措施及卫生环境，确保药品储存的安全性与整洁性。检查并改善储存条件、防护措施、卫生环境；每天检查药品的储存条件、卫生环境，做好仓库的防鼠工作，并进行登记。

8. 养护质量报表编制与上报　按季度编制养护质量报表，详细总结养护工作成果与问题，及时上报质管部，为持续改进药品养护工作提供依据。

二、药品的养护措施

应依据季节气候的变化，按药品性能对温湿度的特殊要求，利用仓库现有条件和设备，采取密封、避光、通风、降温、除湿等养护措施，调控温湿度，预防药品发生质量变异。

1. 温湿度的监控　药品养护最基本的控制要素就是对各药品仓库温湿度的监测和调控，应严格按照相应库房的温湿度标准对温湿度进行监控。具体见项目三相关内容。

2. 避光和遮光 有些药品对光敏感，如肾上腺素遇光变玫瑰红色，维生素 C 遇光变黄棕色。对此类药品必须采取避光措施。除药品包装必须采用避光容器或其他遮光材料包装外，药品在库储存期间应尽量置于阴暗处，对门、窗、灯具等采取相应的措施进行遮光，特别是一些大包装药品，在分发之后剩余部分药品应及时遮光密闭，防止漏光，造成药品氧化分解、变质失效。

3. 虫鼠的控制 常用的防虫设施有风幕机、灭虫灯、黏虫胶等。防鼠设施有：灭鼠板、电子猫、捕鼠笼、外门密封条、挡鼠板等。在药品仓库内不应采用药物防鼠。

应建立防虫防鼠的管理程序，对虫鼠控制进行规划、实施、检查及记录。保证各设施的完好与正常运行。

在虫鼠滋生严重的季节，除对仓库内部进行加强检查外，对仓库周边环境同样应进行控制，以降低风险。在日常的巡查中如发现仓库地面、墙面或门窗出现裂缝，应及时修补，避免形成虫害藏匿之处和出入通道。

4. 防火措施 药品的包装尤其是外包装，大多数是可燃材料，所以防火是一项常规性工作。在库内四周墙上适当的地方应挂有消防用具和灭火器，并建立严格的防火岗位责任制。对有关人员进行防火安全教育，进行防火器材使用的培训，使这些人员能非常熟练地使用防火器材。库内外应有防火标记或警示牌，消防栓应定期检查，危险药品库应严格按危险药品有关管理方法进行管理。

三、养护常见问题及解决

养护中常见问题有设备设施问题、药品质量问题、中药材中药饮片问题、养护记录问题（图 8 - 6）。

1. 设备设施问题 设备故障、老化或维护不当。解决措施：出现损坏、故障，及时更换和报修，应有报修记录。

2. 药品质量问题 药品在储存过程中出现变色、潮解、霉变等质量问题。解决措施：立即以醒目的方式进行标记，同时报质量管理部门核实、处理。

3. 中药材、中药饮片问题 中药材和中药饮片易生虫、霉变、变色等。解决措施：按照其特性，采用晾晒、通风、干燥、吸湿、熏蒸等合适有效的方法。

4. 养护记录问题 养护记录不完整、不准确或缺失。解决措施：建立健全养护记录制度，明确记录内容和要求；定期对养护记录进行检查和审核，确保记录的完整性和真实性；利用计算机系统辅助记录和管理，提高工作效率和准确性。

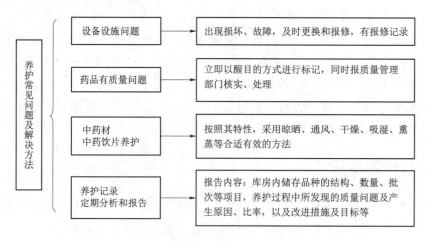

图 8 - 6　养护常见问题及解决方法

活动二　养护工作的具体实施

法规链接

《附录3　温湿度自动监测》

第五条　系统应当自动对药品储存运输过程中的温湿度环境进行不间断监测和记录。

系统应当至少每隔1分钟更新一次测点温湿度数据，在药品储存过程中至少每隔30分钟自动记录一次实时温湿度数据，在运输过程中至少每隔5分钟自动记录一次实时温度数据。当监测的温湿度值超出规定范围时，系统应当至少每隔2分钟记录一次实时温湿度数据。

第六条　当监测的温湿度值达到设定的临界值或者超出规定范围，系统应当能够实现就地和在指定地点进行声光报警，同时采用短信通讯的方式，向至少3名指定人员发出报警信息。

当发生供电中断的情况时，系统应当采用短信通讯的方式，向至少3名指定人员发出报警信息。

第十三条　药品库房或仓间安装的测点终端数量及位置应当符合以下要求：

（一）每一独立的药品库房或仓间至少安装2个测点终端，并均匀分布。

（二）平面仓库面积在300平方米以下的，至少安装2个测点终端；300平方米以上的，每增加300平方米至少增加1个测点终端，不足300平方米的按300平方米计算。

平面仓库测点终端安装的位置，不得低于药品货架或药品堆码垛高度的2/3位置。

（三）高架仓库或全自动立体仓库的货架层高在4.5米至8米之间的，每300平方米面积至少安装4个测点终端，每增加300平方米至少增加2个测点终端，并均匀分布在货架上、下位置；货架层高在8米以上的，每300平方米面积至少安装6个测点终端，每增加300平方米至少增加3个测点终端，并均匀分布在货架的上、中、下位置；不足300平方米的按300平方米计算。

高架仓库或全自动立体仓库上层测点终端安装的位置，不得低于最上层货架存放药品的最高位置。

（四）储存冷藏、冷冻药品仓库测点终端的安装数量，须符合本条上述的各项要求，其安装数量按每100平方米面积计算。

第十四条　每台独立的冷藏、冷冻药品运输车辆或车厢，安装的测点终端数量不得少于2个。车厢容积超过20立方米的，每增加20立方米至少增加1个测点终端，不足20立方米的按20立方米计算。

每台冷藏箱或保温箱应当至少配置一个测点终端。

一、药品储存的合理性

药品养护员在日常养护工作中，应对在库药品的分类储存、货垛码放、垛位间距、色标管理等工作内容进行巡查，及时纠正发现的问题，确保药品按规定的要求合理储存。

二、仓储条件监测与控制

药品仓储条件的监测与控制内容主要包括库内温湿度条件、药品储存设备的适宜性、药品避光和防鼠等措施的有效性、安全消防设施的运行状态。

为保证各类库房的温湿度符合规定要求，仓库保管人员应在养护员的指导下，有效地对库房温湿度条件进行动态监测和管理，发现库房温湿度超出规定范围或接近临界值时，应及时采取通风、降温、除湿、保温等措施进行有效调控。

三、库存药品质量的循环检查

药品在库期间，由于受到外界环境因素的影响，随时都有可能出现各种质量变化现象。因此，除需采取适当的保管、养护措施外，还必须经常和定期进行在库检查。通过检查，及时了解药品的质量变化，以便采取相应的防护措施。

1. 检查的时间和方法 药品在库检查的时间和方法，应根据药品的性质及其变化规律，结合季节气候、储存环境和储存时间长短等因素掌握，大致可分为以下3种。

（1）"三三四制" 循环养护检查或月检三分之一。每个季度3个月，第一个月检查30%，第二个月检查30%，第三个月检查40%；或者每个月检查三分之一，使库存药品每个季度能全面检查一次。

（2）定期检查 根据药品性质及管理需要，对不同类别药品应设定不同的检查年限。一般上、下半年对库存药品逐堆逐垛各进行一次全面检查。对易变质药品、近效期药品、特殊管理药品等，应重点检查，一般每月至少一次。

（3）随机检查 当气候条件出现异常变化，遇高温、严寒、雨季或发现药品有质量变化迹象时，应由质量管理部组织有关人员进行局部或全面检查；为避免遗漏，应严格规定检查顺序，如按每个货架、货垛顺时针检查等；主要检查内容包括包装情况、外观性状，应按规定的程序和要求进行有效管理。

2. 检查的内容与要求 在库药品都是经过验收合格的药品，养护检查主要是针对药品在库保管过程中药品质量是否发生变化来进行质量检查工作的，一般应根据药品的剂型打开药品包装进行检查。举例见表8-6。

表8-6 常见剂型的检查内容

剂型	检查内容（质量变化情形）
注射剂	色泽、澄明度
片剂	色泽、斑点、粘连、裂片、异味
硬胶囊剂	粘连、霉变、脆化
颗粒剂	结块、潮解、破漏
软膏剂	破漏、分层、霉变
糖浆剂	霉变、破漏

对于不能打开包装的药品，一般只能根据药品的最小销售包装来判断药品的质量情况。针对不同的药品，可以采取观察药品外包装是否变色、比较同品种的重量、轻摇药品判断是否有破碎等方法。

养护检查需要做好记录，做到边检查边整改，发现问题及时处理（表8-7、表8-8）。

表8-7 库存药品养护检查记录

编号：

序号	检查日期	存放地点	货位	商品名称	通用名称	规格	生产企业	批号	有效期至	单位	数量	质量情况	养护措施	处理结果	备注

养护员：

表 8 - 8　中药材/中药饮片在库养护记录

序号	品名	生产企业	生产日期	批号	数量	供货单位	进货日期	养护日期	养护方法	养护结论	处理措施	备注

四、常见剂型的药品保管与养护要点

主要是检查储存条件与药品说明书规定的贮存要求是否相符，如大部分注射剂怕日光照射，药品是否采取了避光措施或门窗是否有遮光措施；片剂含有淀粉易吸湿变质应注意防潮；粉针剂湿度大易吸潮结块；胶囊剂养护重点主要是控制温度，温度过高则会引起粘连；糖浆剂受热易产生霉败和沉淀；软膏剂在冬季应注意防冻，温度过低会造成水分与基质分离而变质；栓剂温度过高会熔化变形，温度过低或太干燥亦会开裂。

1. 注射剂

（1）温湿度　注射剂的最佳储存条件是冷库（以包装上标明的储存温度为准），相对湿度35% ~ 75%。其中水针剂应注意防冻（温度低于0℃以下时容易冻裂受损），粉针剂应注意防潮。

（2）避光　大部分注射剂都怕日光照射，日光中的紫外线能加速药品的氧化分解，因此储存注射剂的仓库，门窗应采取遮光措施。

（3）加强澄明度检查　注射剂在储存中，澄明度会起变化，如中草药注射剂久贮会发生氧化、聚合等反应，逐渐变混浊或产生沉淀；化药制剂中的某些含盐类注射剂久贮会侵蚀玻璃，造成脱片，影响澄明度，因此储存养护中应加强澄明度检查。

2. 片剂

（1）温湿度　片剂一般均储存于常温库，但糖衣片最好储存于阴凉库。

（2）片剂的保管与养护要点　主要是防潮。因片剂的淀粉等辅料易吸湿，而使片剂发生质量变化，产生碎片、潮解、粘连等现象。

（3）糖衣的保管与养护要点　糖衣片吸潮后易产生花斑变色，无光泽，严重的产生粘连、膨胀、霉变等现象。

（4）避光　某些片剂的活性成分对光线敏感，受光照射而变质，因此应采取避光保存。

3. 胶囊剂

（1）温湿度　胶囊剂的储存保管与养护要点主要是控制温度，最佳储存条件是阴凉库（以包装上标明的储存温度为准），相对湿度35% ~75%。胶囊在受热、吸潮以后容易粘连、变形或破裂。

（2）避光　有色胶囊应避光保存，以免出现变色、色泽不均匀等变质现象。

4. 水溶液剂

（1）应控制库房温度，一般储存常温库。湿度35% ~75%。

（2）库温过高时，某些成分易挥发；库温过低时，某些制剂如乳剂，会冻结分层，所以冬季严寒季节应注意防冻。

5. 糖浆剂　糖浆剂受热、光照等因素，均易产生霉败和沉淀，最好储存于阴凉库（以包装上标明的储存温度为准），并注意避免日光直射，库内相对湿度亦按35% ~75%进行控制。

6. 软膏制剂

（1）温湿度　乳剂基质和水溶性基质制成的软膏制剂一般保存于常温库，相对湿度35%～75%，冬季应注意防冻，以免水分和基质分离而造成变质。

（2）防重压。

7. 栓剂

（1）温湿度　栓剂一般存放于常温库，相对湿度35%～75%。

（2）温度过高栓剂会熔化变形，影响质量。温度过低会干裂。太干燥时亦会开裂。

五、养护中发现质量问题的处理

储存养护过程发现药品质量可疑时，应立即采取停售措施，悬挂"暂停发货"黄牌，通知质量管理部进行复查处理。怀疑为假药的，则应及时报告药品监督管理部门；属于特殊管理的药品，按照国家有关规定处理。

储存养护过程中发现药品破损的，应及时移出现场，并清理；因破损而导致液体、气体、粉末泄漏时，应当迅速采取包括稀释、清洗、通风、覆盖、吸附、除尘、灭活等措施防止对储存环境和其他药品造成污染。并在ERP系统中调整破损药品在库状态。

活动三　中药材、中药饮片养护

中药材和中药饮片应分库存放。药品经营企业应根据中药材、中药饮片的性质设置相应的储存仓库，合理控制温湿度条件。对于易虫蛀、霉变、泛油、变色的品种，应设置密封、干燥、凉爽、洁净的库房；对于经营量较小且易变色、挥发及融化的品种应配备避光、避热的储存设备，如冰箱、冷柜。对于毒麻中药应做到专人专账、专库（柜）双锁保管。

一、中药材和中药饮片质量变异及养护措施

（一）引起药材和饮片质量变异的因素

1. 药材和饮片的水分、成分　饮片应将其水分控制在7%～13%之间。药材与饮片含淀粉、黏液质、油脂、挥发油、色素等成分时，易受环境因素影响发生质量变异。详见表8-9。

表8-9　水分和成分对药材、饮片质量的影响

水分	水分过高	易发生虫蛀、霉烂、潮解、软化、粘连等
	水分过低	易发生风化、走味、泛油、干裂、脆化等
成分	淀粉	易吸收水分，且淀粉为营养食料，易引起虫蛀、霉变，如枸杞子等
	黏液质	遇水膨胀发热，易发酵引起虫蛀、霉变
	油脂	与空气、日光、湿气接触易被氧化，形成甘油和脂肪酸而具有异味，如桃仁、杏仁等，也易产生"酸败"，如刺猬皮、狗肾等
	挥发油	长期与空气接触，随挥发油的挥发而气味减弱，如白芷、当归、荆芥、薄荷、肉桂、樟脑、姜黄等。含挥发油的饮片，在20℃以上的温度条件下，会逐渐挥发
	色素	该成分不稳定，易受日光、空气、湿气影响而分解变色，特别是花类药物，如月季花、玫瑰花等

2. 环境因素

（1）温湿度　室温控制在 25℃ 以下，相对湿度控制在 75% 以下。

（2）日光　日光是导致中药变色、气味散失、挥发、风化、泛油的因素之一。主要是对色素的破坏，导致变色，如花、叶、全草类药材（玫瑰花、桑叶、益母草等）。日光能产生热，对含挥发油的药材（如当归、川芎、丁香）亦有影响。

（3）空气　主要是对饮片的氧化作用，特别是含油质、鞣质及糖分的饮片，如大黄、牡丹皮、黄精、薄荷等药物气味散失。

（4）霉菌　如黄曲霉素、杂色曲霉素、黄绿青霉素、灰黄霉素等，会产生毒素，危害人体健康。一般温度在 20 ~ 35℃，相对湿度在 75% 以上，淡豆豉、瓜蒌、肉苁蓉等饮片易发生霉变、腐烂等。

（5）害虫　温度在 18 ~ 35℃，相对湿度在 75% 以上，中药饮片含水量在 13% 以上时，最利于常见害虫的繁殖生长。尤其蕲蛇、泽泻、党参、芡实、莲子等含蛋白质、淀粉、油脂、糖类较多的饮片易被虫蛀。

（6）包装容器　贮存中药时，必须根据药品理化性质、贮存要求，选择适当的玻璃容器，以免影响药品质量。

（7）贮存时间　中药材和饮片都有一定的有效期，如果时间过长，虽不会发生某种明显的质变，但会出现品质降低，甚至失效。

（二）药材和饮片的质量变异及养护措施

1. 易生虫药材　对易生虫的药材，在保管过程中除了勤检查以外，还必须从杜绝害虫来源、控制其传播途径、消除繁殖条件等方面着手，才能有效地保证其不受虫害。因此，贮存这类药材，如党参、款冬花、薏苡仁、乌蛇等，首先应选择干燥通风的库房。库内地面潮湿的，应加强通风，并可在地面上铺放生石灰、炉灰、木炭等；架底垫木高到 40cm 以上，在垫木上最好销上木板芦席或油毡纸等以便隔潮。另外，对不同药材可以采取密封、冷藏、药物熏蒸、对抗、曝晒、加热等适当的养护措施，以保证药材不虫蛀。

2. 易走油发霉药材　药材少油发霉会影响药效，特别是发霉严重的，霉烂变质后完全失去疗效。药材发霉，是指在药材上寄生和繁殖了霉菌，称为"霉变"。对这类药材的保管，最忌闷热。如牛膝、天冬、白术等保管不善，都可产生走油或霉变，故应置于通风干燥处，严防潮湿。防止霉变腐烂，可采取晾干、通风、干燥、吸湿、盐渍及冷藏等方法。防走油可用避光、降温方法。

3. 易变色及散失气味药材　部分花、叶、全草及果实种子类药材，由于所含的色素、叶绿素及挥发油等，受温度、湿度、空气、阳光等的影响，易失去原有的色泽和气味，如莲须、红花、丁香等。在贮存保管中应根据药材的不同性质以及具体条件，进行妥善养护。贮存场所要干燥阴凉，严格控制库的温、湿度。贮存时间不宜过长，并应做到先进先出。最好单独堆放，以免与其他有特殊气味的药材串味。防变色，可采取避光，降温等方法。

4. 易融化、怕热药材　易融化、怕热药材主要指熔点比较低，受热后容易粘连变形，或使结晶散发的那些药材，如阿胶、儿茶、樟脑等。对这类药材必须选择能经常保持干燥阴凉的库房，并将药材包装好或装容器里。

5. 易潮解、风化药材　含有盐类物质的结晶体药材，在潮湿的地方或空气中湿度大，都会受影响而逐渐融化。当开始融化时，一般称为"返潮"或潮解，如芒硝、大青盐等。对这类药材应选择阴凉、避风和避光的库房，或在室内适宜的地方保管；包装物以能防潮不通风为宜。

常见的质量问题及养护措施见表 8 - 10。

表 8 – 10 中药及中药饮片常见质量问题及养护措施

质量变异情况	预防	处理
虫蛀	密封、冷藏、对抗	药物熏蒸、高温杀虫
泛油、霉变	通风吸潮、密封、晾晒烘烤、硫黄熏蒸	撞刷、淘洗、沸水喷洗、醋洗、油擦
变色	遮光避光、通风防潮、密封、吸潮、烘烤	
气味散失	密封、晾晒、药剂熏蒸	
融化	降温、除湿	
潮解、风化	密封	

6. 需要特殊保管的药材 对毒剧麻药、易燃性药材、贵细药及新鲜的药材和饮片，应根据各自的特殊性质进行分别保管（表 8 – 11）。

（1）毒剧麻药 应专人、专库（专柜）、专账保管，并且注意湿度、温度等影响。贮存供应办法，应按毒麻药管理条例进行。

（2）易燃性药材 遇火或高温易燃烧，如数量较多的应放在危险品仓库贮存，数量少的也应单独存放，并应远离电源、火源，同时有专人保管。

（3）贵细药材 在贮存中，由于成分性质不同，可发生各种不同变异现象。如人参易生虫、麝香易受潮走味等。所以对贵重药类应专柜、专库、专账、专人负责保管。一般用固定的箱、柜、缸、坛等密闭后，贮存在干燥、阴凉、不易受潮受热的地方。

（4）鲜药材 新鲜药材受温度和空气中微生物的影响，容易腐烂。

表 8 – 11 需要特殊保管的中药材及中药饮片储存养护注意事项

分类	举例	养护要点及注意事项
剧毒药材	砒石、水银、斑蝥、轻粉	专人、专库储存，每件包装必须有明显的标示
易燃药材	火硝、硫黄、海金沙、松香	数量较大则应储存在危险品专库，数量小则应注意与其他药材保持距离单独存放，并注意通风降温
贵细药材	人参、鹿茸、麝香、犀角、猴枣、熊胆、燕窝、西红花、珍珠等	应放在安全可靠的库房内储存，操作时注意防止残损，宜密闭保存
鲜药材	鲜石斛、鲜地黄、鲜何首乌等	拣选、假植、埋藏

二、中药材和中药饮片传统养护技术

传统养护技术具有经济、简便易行、有效等优点，其方法有清洁养护法、除湿养护法、密封养护法、对抗同贮法、低温养护法、高温养护法。具体作用及适用药材见表 8 – 12。

表 8 – 12 中药材和中药饮片传统养护技术介绍

名称	作用	适用药材举例
清洁养护法	清洁卫生是防止仓虫入侵的最基本和最有效的方法	所有品种
除湿养护法（包括通风法、吸湿防潮法）	防霉、防虫	含淀粉多的：泽泻、山药、葛根；含糖分及黏液质较多的：肉苁蓉、熟地黄、天门冬、党参
密封养护法	防挥发、防霉变、防虫	种子类：紫苏子、莱菔子、薏苡仁、扁豆；酒制：当归、常山、大黄；醋制：芫花、大戟、香附、甘遂；盐炙：知母、车前子、巴戟天；蜜炙：款冬花、枇杷叶、甘草

续表

名称	作用	适用药材举例
对抗同贮法	利用一种特殊气味能驱虫去霉的中药与易生虫霉变的中药一起同放共存，从而达到防虫防霉的目的	蛤蚧—花椒、吴茱萸、荜澄茄；蕲蛇、白花蛇—花椒、大蒜；土鳖虫—大蒜；牡丹皮—山药、泽泻；人参—细辛；冰片—灯芯草；硼砂—绿豆；藏红花—冬虫夏草
低温养护法	2~10℃，具有防霉、防虫、防变色、防走油的作用	适用于贵重药材、容易霉蛀的药材以及无其他较好方法保管的药材，如蛤蟆油、银耳、人参、菊花、陈皮、山药、枸杞子等
高温养护法	可有效防止虫害侵袭。高于40℃害虫停止发育，高于50℃，害虫将在短时间死亡。含挥发油的饮片烘烤温度不宜超过60℃	所有耐高温的药材和饮片

三、中药材和中药饮片现代养护技术

现代养护技术主要有干燥养护技术、气调养护技术、^{60}Co - γ 射线辐射杀虫灭菌养护技术、气幕防潮养护技术、包装防霉养护法、蒸气加热养护技术、气体灭菌养护技术、中药挥发油熏蒸防霉技术等。

1. 干燥养护

（1）远红外加热干燥养护　波长为 56~10 000μm 称为远红外线。干燥的原理是电能转变为远红外辐射出去，被干燥物体的分子吸收后产生共振，引起分子的原子振动和转动，导致物体变热，经过热扩散、蒸发现象或化学变化，最终达到干燥的目的。

优点：干燥快，提高药材质量，成本低，有利自动化，减轻劳力。

（2）微波干燥养护　微波是指频率为 300~300 000MHz 的高频电磁波。微波干燥实际上是一种感应加热和介质加热，药材中的水和脂肪等能不同程度地吸收微波能量，并把它转变为热量。

微波干燥的优点：干燥速度快，加热均匀，产品质量高，热效率高，反应灵敏。

2. 气调养护法　气调，即空气组成的调整管理。气调养护是指在密闭条件下，人为调整空气的组成，造成一低氧的环境，抑制害虫和微生物的生长繁殖及药材自身的氧化反应，以保持中药品质的一种方法。

方法：充氮（或二氧化碳）降氧，使库房内充满98%的氮气，而氧气留存不到2%，使害虫缺氧窒息而死。达到杀虫、防霉、保色、保味、减少损耗、经济的目的。

此方法能达到杀虫、防霉、防止走油的作用，防止变色、变味等现象的发生，且费用少，无残毒，无公害。

3. 辐射防霉除虫养护　应用放射性^{60}Co 产生的 γ 射线或加速产生的 β 射线辐照药材与物质时，附着在物质上的霉菌、害虫吸收放射能和电荷，很快引起分子电离，从而产生自由基。这种自由基经由分子内或分子间的反应过程诱发射线化学的各种过程，使机体内的水、蛋白质、核酸。脂肪和碳水化合物等发生不可逆变化，导致生物酶失活，生理生化反应延缓或停止，新陈代谢中断，霉菌和害虫死亡，故能有效地保护药材和物质的品质，相对地延长贮藏期。

优点：①效率高，效果显著；②不破坏药材外形，不影响药效；③不会有残留放射性和感生放射性。

4. 气幕防潮养护法　气幕（气帘或气闸）：是装在药材仓库房门上，配合自动门以防止库内冷空气排出库外、库外热空气又侵入库内的装置，进而达到防潮的目的。

5. 包装防霉养护法　是指将中药材灭菌后，在无菌条件下放入无菌包装的方法。避免了再次污染的机会，在常温条件下，不需任何防腐剂或冷冻设施，在一段时间内不会发生霉变。目前绝大部分是采用聚乙烯材料。聚乙烯不宜用蒸气灭菌，最适宜用环氧乙烷混合气体灭菌。

6. 蒸气加热养护技术　利用蒸气杀灭中药材及饮片中所含的霉菌、杂菌及害虫。分为低温长时灭菌、亚高温短时灭菌及超高温瞬时灭菌三种。超高温瞬间灭菌是将灭菌物迅速加热到150℃，经2～4秒的瞬间完成灭菌，药效损失甚微。

具有成本低、投资少、成分损失少及无残留毒物等优点。

7. 气体灭菌养护技术　主要是指环氧乙烷防霉技术及混合气体防霉技术。是由环氧乙烷与氟利昂按国际通用配方组成，具有灭菌效果可靠、安全、操作简便等优点。

8. 中药挥发油熏蒸防霉技术　是利用某些中药的挥发油，使其挥发，熏蒸其他中药材或饮片，起到抑制霉菌和杀灭霉菌作用的一种方法。其中以荜澄茄、丁香挥发油的效果最佳。

活动四　药品养护档案与信息

一、养护档案

养护档案，是指企业记录药品养护信息的档案资料，其内容包括温湿度监测和调控记录，检查中有问题药品的记录以及对养护工作情况的定期汇总和分析等。企业应结合仓储管理的实际，本着"以保证药品质量为前提，以服务业务经营需要为目标"的原则，对所有品种建立药品养护档案，针对重点养护品种建立药品重点养护品种确认表。

1. 批发企业的药品养护档案　如表8-13至表8-16所示。

表8-13　药品养护档案表

编号：　　　　　　　　　　　　　　　　　　　　　建档日期：

通用名称		商品名称		外文名称		有效期	
规格		批准文号		剂型		注册商标	
生产企业			地址			邮编	
用途							
质量标准				检查项目			
性状				包装情况	内：		
					中：		
储存条件					外：	体积：	

养护质量问题摘要	时间	生产批号	质量问题	时间	生产批号	质量问题

填表人：

表 8 - 14　**重点养护品种确认表**

编号：　　　　　　　　　　　　　　　　　　时间范围：

序号	通用名称	商品名	规格	剂型	有效期	生产企业	确定时间	确定理由	养护重点	备注

养护员：　　　　　　　　　　　　　　　　　　　　　　　　　　质量管理部审核人：

备注：重点养护品种包括：对储存条件有特殊要求的品种如冷藏药品、特殊管理药品；近效期药品；效期短的药品；近期发生过质量问题的品种；易变质的药品如中药材和中药饮片等。

表 8 - 15　**药品养护检查记录**

序号	药品名称	规格	生产日期	批号	有效期	数量	生产厂家	质量状况	养护措施	处理结果

表 8 - 16　**药品储存环境温湿度记录表**

适宜温度范围_____~_____℃　适宜相对湿度范围_____% ~_____%　　年　　月

日期	上午					下午					记录员
	库内温度/℃	相对湿度/%	调控措施	采取措施后		库内温度/℃	相对湿度/%	调控措施	采取措施后		
				温度/℃	湿度/%				温度/℃	湿度/%	
1											
2											
...											
30											
31											

GSP 引入计算机系统进行管理，要求批发企业实行仓库温湿度自动监测，药品养护档案的填写基本在计算机系统内完成。

2. 零售企业药品养护档案　包括药品陈列环境及存放条件检查记录、门店温湿度记录、冷藏设备运行温湿度记录、陈列药品检查记录、近效期药品检查记录、拆零药品检查记录、易变质药品检查记录、不合格药品报告单等（表 8 - 17 至表 8 - 20）。

表 8-17　药品陈列环境及存放条件检查记录

门店名称：　　　　　　　　　　　　　　　　　　　检查时间：　年　月　日

环境、门、窗、锁	□整洁卫生　□防蚊　□防鼠 □密闭　　□防漏　□防盗	处理措施	备注
货架、柜台、标志	□齐备　　□完好　　□醒目		
消防器材、电源线	□完好　□定置　□按规定检修养护 □有安全隐患（裸露、破损等）		
空调、冰箱、温湿计	□齐备　□完好　□按规定开启使用		
药品陈列条件	□避光　□通风　□温湿度适宜 □已分类陈列		
冷藏药品的存放	□符合要求　□不符合要求		
外观及包装情况	□潮湿　□发霉　□虫蛀　□鼠咬 □无异常　□完好		
综合结论	□符合 GSP 规定　□基本符合 □不符合	检查人：	

注：检查后在相应的"□"内打"√"或打"×"，结论不符合规定时，应注明处理措施及结果。

表 8-18　药品陈列环境温湿度记录表

适宜温度范围＿＿＿~＿＿＿℃ 适宜相对湿度范围＿＿%~＿＿%　　年　月

日期	上　午					下　午					记录员
	库内温度/℃	相对湿度/%	调控措施	采取措施后		库内温度/℃	相对湿度/%	调控措施	采取措施后		
				温度/℃	湿度/%				温度/℃	湿度/%	
1											
2											
...											
30											
31											

表 8-19　陈列药品检查记录

店陈列药品检查记录

日期：　　　　　　填表人

药品类别	品种数量	外观包装	质量状况	处理结果	备注
处方药区					
非处方药区					
拆零柜					
冷藏柜					
中药饮片					
重点养护品种（近效期，拆零，冷藏药品）检查记录	药品名称	规格	生产企业	批号	有效期至	数量	外观包装	质量状况	处理结果

表 8 – 20　中药饮片清斗装斗复核记录

编号：　　　　　　　　　　　　　　　　日期：

通用品名	产地	规格	清斗时间	清斗前斗内剩余数量	装斗时间	装斗数量	装斗批号	质量状况	备注

装斗人：　　　　　　　　　　　　　　复核人：

二、药品养护信息

按照 GSP 规定，药品养护人员应定期汇总、分析和上报养护检查、近效期或长时间储存的药品的质量信息。以便质量管理部门和业务部门及时、全面地掌握储存药品质量信息，合理调节库存药品的数量，保证经营药品符合质量要求，其报告内容应汇总该经营周期内经营品种的结构、数量、批次等项目，统计并分析储存养护工程中发现的质量问题的相关指标，如质量问题产生的原因、比率，进而提出养护工作改进的措施及目标（表 8 – 21）。

表 8 – 21　某医药批发企业确定的重点养护品种清单

易氧化的药物	如溴化钠、碘化钙、维生素 E、维生素 A、维生素 C、叶酸等
易水解的药物	如硝酸甘油、阿司匹林、氯霉素、四环素类、青霉素类、头孢菌素类等
易吸湿性药物	如蛋白银、枸橼酸铁铵、胃蛋白酶、淀粉酶等
易风化药物	如硫酸钠、咖啡因、磷酸可待因等
易挥发的药物	如麻醉乙醚、乙醇、挥发油、樟脑、薄荷脑等
具有熔化性的药物	如水合氯醛、樟脑、薄荷脑等
易发生冻结的药物	如水剂、稀乙醇作溶剂的制剂、注射剂等
具有吸附性的药物	如淀粉、药用炭、白陶土、滑石粉等
近效期药品	
首营品种	
已发现不合格药品的相邻批号的药品	

▍技能训练

1. 某药店投诉从某医药批发公司进货的一批吲哚美辛栓中，有一箱出现走油和酸败现象，而同批号的其他栓剂则无此问题。经查，问题药品堆放在库房散热器与供暖管道之间。通过本案例，你对药品储存有何认识？GSP 对药品堆垛有何要求？

2. 发货员小赵正拖着发货箱在发货，看到地上一瓶正红花油的瓶子未拧紧，渗到外包装上赶紧找来干净的抹布擦拭干净，放到货箱里拖走了。上述哪些方面不符合 GSP 要求？

答案解析

目标检测

一、单项选择题

1. GSP 规定，药品储存的相对湿度应控制在（　　）。
   A. 20% ~ 40%　　　　　　　　B. 35% ~ 75%
   C. 60% ~ 80%　　　　　　　　D. 80% ~ 90%

2. 下列药品中通常需要按照阴凉库条件（不超过20℃）储存的是（　　）。
   A. 注射液　　　　　　　　　　B. 口服固体制剂（非糖衣片）
   C. 抗生素眼药水　　　　　　　D. 益生菌制剂

3. 药品与非药品在库房中应（　　）。
   A. 混合存放，便于管理　　　　B. 分开存放，避免混淆
   C. 根据销量决定存放位置　　　D. 随意存放，无特定要求

4. 特殊管理的药品（如麻醉药品、精神药品）应按照（　　）进行储存。
   A. 企业内部规定　　　　　　　B. 国家有关规定
   C. 行业协会标准　　　　　　　D. 地方药监部门建议

5. 药品在搬运和堆码时，应遵循的原则是（　　）。
   A. 高度不限，方便取货即可
   B. 随意堆放，节省空间
   C. 严格按照外包装图示标志要求操作
   D. 根据个人经验灵活处理

6. 药品堆垛时，不同批号的药品应（　　）。
   A. 混垛存放，便于管理
   B. 分开存放，并保持一定间距
   C. 紧邻墙壁堆放，节省空间
   D. 随意堆放，无须特别处理

7. 对于易挥发的药品（如乙醇、薄荷脑），主要应采取（　　）。
   A. 避光存放　　　　　　　　　B. 防潮处理
   C. 通风控制　　　　　　　　　D. 低温冷藏

8. 近效期药品通常指的是距离失效期（　　）以内的药品。
   A. 1 个月　　　　　　　　　　B. 3 个月
   C. 6 个月　　　　　　　　　　D. 12 个月

9. 药品养护员的核心职责不包括（　　）。
   A. 定期检查库存药品质量　　　B. 负责药品入库验收
   C. 调控库房温湿度　　　　　　D. 记录养护过程及结果

10. 药品因破损导致的液体泄漏时，首先应采取的措施是（　　）。
    A. 直接丢弃
    B. 掩盖后继续销售
    C. 立即清理泄漏物，并采取消毒措施
    D. 无须处理，等待自然风干

11. 以下颜色在药品色标管理中代表合格药品区的是（　　）。

    A. 红色　　　　　　　　　　　B. 黄色

    C. 绿色　　　　　　　　　　　D. 蓝色

12. 药品堆码时，垛间距应不小于（　　）。

    A. 2cm　　　　　　　　　　　B. 5cm

    C. 10cm　　　　　　　　　　D. 20cm

13. 药品与非药品、外用药与其他药品在库房中应（　　）。

    A. 混合存放，便于拣选

    B. 严格按照分区要求分开存放

    C. 根据销售人员习惯存放

    D. 无须特别区分，随意存放

14. 药品储存作业区内不得存放（　　）。

    A. 待验药品　　　　　　　　　B. 与储存管理无关的物品

    C. 近效期药品　　　　　　　　D. 退货药品

15. 对于需要避光的药品，除了包装要求外，还应采取（　　）。

    A. 放置在明亮处以便监控

    B. 使用透光性好的容器存放

    C. 尽量置于阴暗处，并采取遮光措施

    D. 无特别要求，随意存放

16. 药品仓库常见的温湿度调控手段中，属于物理降温的是（　　）。

    A. 空调制冷　　　　　　　　　B. 除湿机除湿

    C. 通风换气　　　　　　　　　D. 加热设备升温

17. 在药品养护过程中，发现药品质量问题时，首先应（　　）。

    A. 直接报废　　　　　　　　　B. 在计算机系统中锁定并记录

    C. 通知销售人员促销　　　　　D. 无须处理，等待上级指示

18. 下列不属于药品仓库常用的温湿度调控设备的是（　　）。

    A. 空调　　　　　　　　　　　B. 除湿机

    C. 微波炉　　　　　　　　　　D. 加湿器

19. 对于需要冷藏的药品，其储存温度一般应控制在（　　）。

    A. 2～10℃　　　　　　　　　B. 10～25℃

    C. 20～30℃　　　　　　　　 D. 常温条件即可

20. 在药品批发和零售连锁企业中，对于特殊管理的药品，应（　　）。

    A. 与普通药品混合存放

    B. 设置专库或专柜，并实行双人双锁管理

    C. 随意存放，但应做好标记

    D. 根据销售人员要求存放

二、多项选择题

1. GSP 要求药品储存需采取的防护措施有（　　）。

    A. 避光　　　　　　　B. 遮光　　　　　　　　　C. 防潮

    D. 防虫　　　　　　　E. 防鼠

2. 药品在分类储存时，通常分类的依据是（　　）。

    A. 药品剂型　　　　　　B. 药品用途　　　　　　　C. 药品生产企业

    D. 储存条件　　　　　　E. 是否处方药

3. 药品堆垛时，需留出的间距包括（　　）。

    A. 垛间距　　　　　　　B. 地距　　　　　　　　　C. 墙距

    D. 顶距　　　　　　　　E. 设备距

4. 下列属于药品养护中需要特别关注的药品类型是（　　）。

    A. 近效期药品　　　　　B. 易氧化药品　　　　　　C. 所有普通药品

    D. 冷藏药品　　　　　　E. 医疗器械产品

5. 药品养护记录应包括（　　）。

    A. 检查日期和人员　　　B. 药品名称、规格、批号　　C. 温湿度记录

    D. 养护措施　　　　　　E. 处理结果

三、简答题

1. 简述 GSP 对药品储存温湿度的要求。

2. 在药品养护过程中，养护人员发现药品存在质量问题时应如何处理？

书网融合……

重点小结　　　　微课 1 - 1　　　　微课 1 - 2　　　　微课 2 - 1　　　　微课 2 - 2

微课 3 - 1　　　　微课 3 - 2　　　　微课 3 - 3　　　　习题

项目九　药品销售与广告宣传管理

PPT

学习目标

　　知识目标：掌握药品销售计划编制方法及流程；熟悉药品拆零销售及特殊管理药品销售规定；了解药品广告管理的相关法律法规。

　　能力目标：编制并执行合理的药品销售计划。熟练进行药品拆零销售操作并规范记录。准确识别和分析药品广告的合规性。

　　素质目标：培养高度的职业素养和责任心。强化团队合作精神与沟通协调能力。树立诚信意识，持续学习，不断自我提升。

情境导入

　　情境：假如你是一位刚入职的药品零售店员，面对着琳琅满目的药品和不断进店的顾客，你深感责任重大。你知道，在这个岗位上，不仅要满足顾客的需求，更要确保每一笔销售都符合《药品经营质量管理规范》的要求。

　　某天，店里来了一位急需含麻药品的顾客，你需要在确保合规的前提下，为他提供专业的服务。又有一天，你需要协助编制下个月的药品销售计划，需要结合市场需求和 GSP 要求，制定出一个既实际又合规的销售计划。当店里准备开展一次药品促销活动，你该如何确保广告内容既吸引人眼球又符合相关法律法规？

　　思考：如何将药品零售岗位的挑战与 GSP 要求相融合？

任务一　药品销售管理

活动一　药品销售计划编制

　　在药品零售领域，销售计划不仅是指导日常销售活动的蓝图，更是确保业务合规、满足市场需求的关键。一个精心编制的销售计划，能够帮助药店合理安排库存、优化销售策略，从而在竞争激烈的市场中脱颖而出。然而，药品销售计划的编制并非易事，它需要对市场趋势有敏锐的洞察力，对顾客需求有深入的了解，同时还需要严格遵循 GSP 的各项要求。

一、编制销售计划前的准备工作

　　编制销售计划前，需进行市场调研、销售历史数据分析、内部资源评估、组建编制团队。

1. **市场调研**　收集并分析市场数据，了解竞争对手情况、目标客户需求及市场趋势。
2. **销售历史数据分析**　回顾过去一年的销售数据，识别销售热点和增长点。
3. **内部资源评估**　评估企业生产能力、库存状况及物流配送能力，确保销售计划的可执行性。
4. **组建编制团队**　成立跨部门团队，包括销售、市场、生产等部门成员，共同制定销售计划。

二、编制销售计划工作流程

编制药品销售计划是一个复杂而细致的过程，涉及多个环节和步骤。以下详细梳理了工作流程，包括每个环节的具体步骤和注意事项。

（一）明确计划的目的

1. 步骤

（1）确定核心目标　明确销售计划旨在解决的问题或达成的市场目标，如提升市场份额、增加特定药品的销售额、推广新产品等。

（2）设定具体指标　将核心目标转化为可量化的具体指标，如销售额增长率、新客户获取数、市场渗透率等。

2. 注意事项

（1）确保目标具体、可衡量、可达成，并与公司整体战略相一致。

（2）考虑目标的长期和短期影响，设定合理的时间框架。

（二）分析营销环境

1. 步骤

（1）市场调研　收集关于目标客户、竞争对手、市场规模、政策法规等方面的信息（表9-1至表9-3）。

（2）SWOT分析　评估公司自身的优势、劣势，以及外部的机会和威胁（表9-4）。

（3）趋势预测　基于历史数据和市场调研结果，预测未来市场的发展趋势。

2. 注意事项

（1）确保数据的准确性和时效性，使用可靠的信息来源。

（2）综合分析内外部因素，为制定销售策略提供全面依据。

表9-1　市场情况一览表

市场规模	总销售量			顾客需求、购买行为趋势
	市场细分1	市场细分2	……	
合计				

表9-2　竞争企业情况一览表

	企业1	企业2	企业3	……
规模				
目标				
市场份额				
产品质量				
营销战略				
其他				

表9-3　各个分销渠道上的销售数量和份额

分销渠道	销量	份额
分销渠道1		
分销渠道2		
……		

表 9 - 4　SWOT 分析框架

外因	内因	
	列出优势（strengths）	列出劣势（weaknesses）
列出机会（opportunities）	SO 战略 发挥优势，利用机会	WO 战略 利用机会，克服劣势
列出威胁（threats）	ST 战略 利用机会，避免风险	WT 战略 使劣势最小，避免风险

（三）进行销售预估

1. 步骤

（1）历史数据分析　回顾过去几年的销售数据，分析销售趋势和季节性变化。

（2）市场潜力评估　结合市场调研结果，评估目标市场的潜在需求。

（3）综合预测　考虑促销活动、新产品上市等因素，对未来销售额进行预测。

2. 注意事项

（1）销售预估应保守且实际，避免过度乐观或悲观。

（2）定期进行预测更新，以适应市场变化。

（四）市场机会和问题分析

1. 步骤

（1）机会识别　分析市场中的未满足需求、新兴细分市场等潜在机会。

（2）问题诊断　识别影响销售的主要问题，如渠道不畅、品牌知名度低等。

（3）优先级排序　根据机会和问题的重要性，进行优先级排序。

2. 注意事项

（1）机会和问题应基于事实和数据进行分析，避免主观臆断。

（2）优先考虑解决关键问题，同时抓住重要市场机会。

（五）确定销售目标

1. 步骤

（1）根据销售预估和公司的整体战略，设定具体的销售目标（如销售额、市场份额、新客户数量等）（表 9 - 5）。

（2）将销售目标分解为季度、月度甚至周度的具体指标。

（3）与销售团队沟通销售目标，确保他们理解并接受这些目标。

2. 注意事项

（1）销售目标应具有挑战性但可实现。

（2）确保销售目标的 SMART 原则（具体、可衡量、可达成、相关性、时限性）。

表 9 - 5　××企业××年销售任务分解一览表

时间	销售任务	区域			
		华东	华南	东北	西北
第一季度					
第二季度					
第三季度					
第四季度					
全年合计					

（六）制定销售战略和方案

1. 步骤

（1）确定目标市场和目标客户群。

（2）制定产品定位和差异化策略。

（3）选择合适的销售渠道和促销策略。

（4）制定销售预算和时间表。

（5）制定应对市场变化的备选方案。

2. 注意事项

（1）销售战略应与公司的整体战略相一致。

（2）应考虑竞争对手的策略和市场动态。

（3）确保销售方案的可行性和灵活性。

（七）制作损益表

1. 步骤

（1）列出销售计划中的预期收入和成本（表9-6）。

（2）计算预期的利润和损失。

（3）分析不同销售场景下的盈亏平衡点。

（4）评估销售计划对公司整体财务状况的影响。

2. 注意事项

（1）确保数据的准确性和完整性。

（2）考虑潜在的风险和不确定性因素。

（3）与财务部密切合作，确保损益表的合理性。

表9-6　企业预期的损益情况一览表

支出		收入		收支差额
项目	金额	项目	金额	

（八）调整控制方案

1. 步骤

（1）设定销售计划的监控指标和里程碑。

（2）定期检查销售计划的执行情况。

（3）根据市场反馈和销售数据，及时调整销售策略和方案。

（4）与销售团队保持沟通，解决执行过程中的问题。

2. 注意事项

（1）保持销售计划的灵活性和适应性。

（2）及时调整不切实际的销售目标或策略。

（3）鼓励销售团队提供反馈和建议，以便不断改进销售计划。

三、销售计划编制的结束工作

1. 内部沟通与培训　组织销售团队进行销售计划的学习和讨论，确保每位成员都明确自己的任务和职责。

2. 收集反馈意见　邀请各部门对销售计划提出意见和建议，进一步完善计划内容。

3. 最终审核与批准　将完善后的销售计划提交给管理层审核批准，确保计划的合法性和合理性。

4. 发布与执行　正式发布销售计划并开始执行，同时建立监督机制以确保计划的有效实施。

活动二　药品销售规范

 法规链接 ....

《中华人民共和国药品管理法》

第五十四条　国家对药品实行处方药与非处方药分类管理制度。具体办法由国务院药品监督管理部门会同国务院卫生健康主管部门制定。

第五十七条　药品经营企业购销药品，应当有真实、完整的购销记录。购销记录应当注明药品的通用名称、剂型、规格、产品批号、有效期、上市许可持有人、生产企业、购销单位、购销数量、购销价格、购销日期及国务院药品监督管理部门规定的其他内容。

第五十八条　药品经营企业零售药品应当准确无误，并正确说明用法、用量和注意事项；调配处方应当经过核对，对处方所列药品不得擅自更改或者代用。对有配伍禁忌或者超剂量的处方，应当拒绝调配；必要时，经处方医师更正或者重新签字，方可调配。

药品经营企业销售中药材，应当标明产地。

依法经过资格认定的药师或者其他药学技术人员负责本企业的药品管理、处方审核和调配、合理用药指导等工作。

第六十条　城乡集市贸易市场可以出售中药材，国务院另有规定的除外。

第六十一条　药品上市许可持有人、药品经营企业通过网络销售药品，应当遵守本法药品经营的有关规定。具体管理办法由国务院药品监督管理部门会同国务院卫生健康主管部门等部门制定。

疫苗、血液制品、麻醉药品、精神药品、医疗用毒性药品、放射性药品、药品类易制毒化学品等国家实行特殊管理的药品不得在网络上销售。

第六十八条　国务院药品监督管理部门对下列药品在销售前或者进口时，应当指定药品检验机构进行检验；未经检验或者检验不合格的，不得销售或者进口：

（一）首次在中国境内销售的药品；

（二）国务院药品监督管理部门规定的生物制品；

（三）国务院规定的其他药品。

《药品经营质量管理规范》

第八十九条　企业应当将药品销售给合法的购货单位，并对购货单位的证明文件、采购人员及提货人员的身份证明进行核实，保证药品销售流向真实、合法。

第九十条　企业应当严格审核购货单位的生产范围、经营范围或者诊疗范围，并按照相应的范围销售药品。

第一百六十五条　企业应当在营业场所的显著位置悬挂《药品经营许可证》、营业执照、执业药师注册证等。

第一百六十六条　营业人员应当佩戴有照片、姓名、岗位等内容的工作牌，是执业药师和药学技术人员的，工作牌还应当标明执业资格或者药学专业技术职称。在岗执业的执业药师应当挂牌明示。

第一百六十七条 销售药品应当符合以下要求：

（一）处方经执业药师审核后方可调配；对处方所列药品不得擅自更改或者代用，对有配伍禁忌或者超剂量的处方，应当拒绝调配，但经处方医师更正或者重新签字确认的，可以调配；调配处方后经过核对方可销售。

（二）处方审核、调配、核对人员应当在处方上签字或者盖章，并按照有关规定保存处方或者其复印件。

（三）销售近效期药品应当向顾客告知有效期。

（四）销售中药饮片做到计量准确，并告知煎服方法及注意事项；提供中药饮片代煎服务，应当符合国家有关规定。

第一百七十二条 非本企业在职人员不得在营业场所内从事药品销售相关活动。

一、药品批发企业销售规范

药品批发企业在销售药品时，应按照 GSP 要求规范经营行为，确保合法销售。具体工作中，主要注意以下两点。

1. 销售行为的合法性 指企业应严格遵守国家法律、法规，依法规范经营，严禁销售假药、劣药，确保经营行为的合法性和药品质量。销售药品时应如实开具发票，做到票、账、货、款一致，并按规定保存销售票据。

2. 销售对象的合法性 指企业应依法将药品销售给合法的购货单位，严格审核购货单位的生产范围、经营范围或诊疗范围，并按相应范围销售药品。不得向证照不全的单位或个人销售药品，确保药品销售流向真实、合法。对销售对象的审核程序规定如下。

（1）业务销售部门负责收集并审核客户合法资质证明，质量管理部门负责指导和监督。

（2）审核内容包括：①审核药品经营（生产）许可证与营业执照的合法性与有效性，证照复印件需加盖持证单位公章原印章。②审核购货方证照核准项目与实际经营行为是否相符，不得将处方药销售给非药品经营企业或无处方药经营范围的药品经营企业。③对医疗机构，应审核其是否取得医疗机构执业许可证；军队医疗机构还需审核对外服务证明。④药品生产企业、科研机构因科研需要购药的，应提供相关审核证明。⑤核实药品采购人员及上门自行提货人员的身份证明。

（3）药品销售部门应填写"首营企业审核表"，建立合法销售客户档案。

药品批发企业应严格按照药品经营许可证、营业执照核准的经营方式和经营范围开展药学经营活动，遵守国家法律、法规。不得将药品销售给未取得相关许可证或营业执照的单位或个人，也不得直接销售给使用者或患者。不得冒用其他企业名义销售药品。在销售药品时，应正确介绍药品，不得虚假夸大、误导客户，或有意隐瞒存在的毒副作用或不良反应等相关警示用语。

二、药品零售企业及零售连锁企业门店销售规范

（一）药品零售管理规定

药品零售企业和零售连锁门店应按照 GSP 的有关规定销售药品。应按照依法批准的经营方式和经营范围从事药品经营活动。药品经营企业必须将药品经营许可证、营业执照、执业药师注册证及举报投诉电话上墙，悬挂在醒目、易见的地方，方便群众监督。药品销售不得采用有奖销售、附赠药品或礼品销售等方式。销售药品应正确介绍药品的性能、用途、禁忌及注意事项。营业人员应佩戴有照

片、姓名、岗位等内容的工作牌。在岗执业的执业药师应挂牌明示等。具体工作时，还应着重做好以下工作。

（1）企业应在零售场所内提供咨询服务，指导顾客安全、合理用药。应在营业店堂明示服务公约，设置顾客意见簿和公布药品监督管理部门的监督电话，对顾客的批评或投诉应及时加以解决，对顾客反映的药品质量问题，应认真对待、详细记录、及时处理。非本企业在职人员不得在营业场所内从事药品销售相关活动。

（2）在营业店堂内进行的广告宣传，应符合国家有关规定。

（3）建立卫生制度，保证药品不受污染。

（4）药品应按剂型或用途以及储存要求分类陈列，具体要求如下：①店堂内陈列药品的质量和包装应符合有关规定；②门店应检查药品陈列环境和存放条件是否符合规定要求；③处方药与非处方药应分柜摆放；④特殊管理的药品应按照特殊药品管理的有关规定存放；⑤危险品不应陈列，如因需要必须陈列时，只能陈列代用品或空包装，危险品的储存应按国家有关规定管理和存放；⑥药品零售企业经营非药品时，必须设立非药品专售区域，将药品与非药品明显隔离销售，并设有明显的非药品区域标志。

（5）销售中药饮片应符合炮制规范，并做到计量准确。属于零售门市部门加工炮制的品种，应严格按照现行版药典标准及中药炮制规范依法炮制，不得粗制滥造。自行加工筛选和炮制的品种，都应做好记录，详细记录名称、数量、辅料名称、用量、增量、损耗等。调配处方人员必须认真遵守调剂规程和有关规定进行调配，保证剂量准确，防止生、制代替，错配、错付等事故发生。应搞好柜台、药斗、用具、仓库和个人卫生。

（6）销售时对发现有质量疑问的药品，首先应下架停售。还应及时通知质量管理机构或质量管理人员进行处理，要查明原因，分清责任，采取有效的处理措施，并做好记录。

（7）企业销售药品应当开具销售凭证。

（8）对实施电子监管的药品，在售出时，应当进行扫码和数据上传。

（9）除药品质量原因外，药品一经售出，不得退换。

知识链接

1月7日，A县食品药品监管局在GSP专项检查中发现，B药店在执业药师陈某不在岗时，既未悬挂警示牌告知消费者，也未停止销售处方药和甲类非处方药。据此，执法人员依据《药品流通监督管理办法》向B药店发出《责令改正通知书》，要求陈某7日内到岗，并规定药师不在岗时需悬挂警示牌并停止销售相关药品。1月16日复查时，陈某已到岗。然而，7月13日日常检查中，该局再次发现B药店在陈某不在岗时存在同样违规行为。执法人员随即依据相同法规，对B药店作出警告的行政处罚决定。

（二）处方药销售

1. 处方药销售管理　处方药是指必须凭执业医师或执业助理医师处方才可调配、购买和使用的药品。非处方药（OTC）是指为方便公众用药，在保证用药安全的前提下，经国家卫生行政部门规定或审定后，不需要医师或其他医疗专业人员开写处方，一般公众即可自行判断、购买和使用的药品。相对于非处方药，处方药的使用对人体具有更大的风险性。为安全起见，对于处方药销售，应严格遵照相关规定。

（1）处方药不应采用开架自选的销售方式。

（2）质量负责人和药师应按照工作时间安排在岗履行职责，并佩戴有照片、姓名、执业药师或药学专业技术职称等内容的胸卡上岗，不得无故离岗，药师不在岗时，暂停销售处方药并应挂牌"药师不在岗，暂停处方药销售"告知购药者。

（3）处方应经执业药师审核并签字后方可依据处方调配和销售。无医师开具的处方不得销售处方药。对处方所列药品不得擅自更改或代用。对有配伍禁忌或超剂量的处方，应当拒绝调配，必要时，需经原处方医师更正或重新签字方可调配。

（4）调配处方后经过核对方可销售。处方的审核、调配、核对人员均应在处方上签字或盖章。

（5）处方必须保留2年以上备查。

（6）应认真填写处方药登记销售记录（表9-7），处方药登记销售记录表应至少保留5年。

表9-7　××药房处方药登记销售记录表

编号：

购药日期	药品名称规格	批号	数量	患者姓名	性别	年龄	联系方式	诊断结论	使用风险告知	审方人	配方人	复核人	备注

药品零售企业必须凭处方销售的药品包括：注射剂、医疗用毒性药品、其他按兴奋剂管理的药品、精神障碍治疗药（抗精神病、抗焦虑、抗躁狂、抗抑郁症药）、抗病毒药（逆转录酶抑制剂和蛋白酶抑制剂）、肿瘤治疗药、含麻醉药品的复方口服溶液和曲马多制剂、未列入非处方药目录的抗菌药和激素、含关木通中药制剂，以及国家药品监督管理部门公布的其他必须凭处方销售的药品。

2. 药品零售企业禁止销售的处方药范围　按照相关规定，药品零售企业禁止销售下列药品：麻醉药品、放射性药品、一类精神药品、二类精神药品（有经营范围的连锁门店除外，并应凭执业医师出具的处方，按规定剂量销售，将处方保存两年备查。禁止超剂量或者无处方销售。不得向未成年人销售）、戒毒药品、终止妊娠药品、蛋白同化制剂、肽类激素（胰岛素除外）、含特殊药品的复方制剂、药品类易制毒化学品、疫苗、胃肠动力药西沙必利，以及法律法规规定的其他不得在零售企业经营的药品。

活动三　销售凭证的管理

 法规链接 --

《药品经营质量管理规范》

第九十一条　企业销售药品，应当如实开具发票，做到票、账、货、款一致。

第九十二条　企业应当做好药品销售记录。销售记录应当包括药品的通用名称、规格、剂型、批号、有效期、生产厂商、购货单位、销售数量、单价、金额、销售日期等内容。按照本规范第六十九条规定进行药品直调的，应当建立专门的销售记录。

中药材销售记录应当包括品名、规格、产地、购货单位、销售数量、单价、金额、销售日期等内容；中药饮片销售记录应当包括品名、规格、批号、产地、生产厂商、购货单位、销售数量、单价、金额、销售日期等内容。

第一百六十八条　企业销售药品应当开具销售凭证，内容包括药品名称、生产厂商、数量、价格、批号、规格等，并做好销售记录。

一、销售凭证的种类

1. 发票　作为正式的交易凭证，应详细记录交易双方信息、药品名称、规格、数量、价格等关键内容。

2. 销售清单或出库单　用于内部管理和药品追溯，记录药品的出库情况、收货单位信息等（表9-8）。

3. 电子凭证　随着信息化的发展，越来越多的企业采用电子凭证进行销售记录。电子凭证应确保真实、完整、可追溯，并符合相关法律法规的要求。

二、销售凭证的记录内容

1. 药品的基本信息　包括药品名称、规格、生产厂家、生产批次、有效期等。

2. 交易双方信息　购货单位名称、地址、联系方式以及销售人员信息等。

3. 交易细节　交易日期、数量、价格、付款方式等。

4. 特殊管理要求　对于特殊管理的药品，如麻醉药品、精神药品等，还需记录相关审批手续和购买者的身份证明信息。

三、销售凭证的保存与管理

1. 保存期限　根据《药品经营质量管理规范》要求，销售凭证应至少保存5年，以便在需要时进行追溯和查询。

2. 存储方式　销售凭证可采用纸质或电子方式存储。纸质凭证应存放在安全、防潮、防火的场所；电子凭证应定期进行备份和防病毒处理。

3. 查阅与审计　企业应建立完善的凭证查阅和审计制度，确保在需要时能够迅速找到相关凭证，并接受相关部门的审计。

表9-8　药品销售记录

编号：			类别：处方药						业务员：			
销售日期	通用名称	商品名称	剂型	规格	批号	有效期	销售数量	生产企业	购货单位	单价	金额合计	备注

任务二　药品拆零销售及特殊管理药品的销售

活动一　药品拆零销售管理

法规链接

第一百六十一条　药品的陈列应当符合以下要求：

（六）拆零销售的药品集中存放于拆零专柜或者专区。

第一百六十九条 药品拆零销售应当符合以下要求：

（一）负责拆零销售的人员经过专门培训；

（二）拆零的工作台及工具保持清洁、卫生，防止交叉污染；

（三）做好拆零销售记录，内容包括拆零起始日期、药品的通用名称、规格、批号、生产厂商、有效期、销售数量、销售日期、分拆及复核人员等；

（四）拆零销售应当使用洁净、卫生的包装，包装上注明药品名称、规格、数量、用法、用量、批号、有效期以及药店名称等内容；

（五）提供药品说明书原件或者复印件；

（六）拆零销售期间，保留原包装和说明书。

一、药品拆零的概念

药品拆零销售是将药品最小包装拆分销售的方式。药品的最小包装单元是指直接接触药品的最小包装形式，如瓶、复合膜袋、安瓿、铝塑泡罩板等。这些包装单元通常印有药品的基本信息，如名称、规格、用法用量等，对于确保药品在储存、运输和使用过程中的安全性和有效性至关重要。

以罗红霉素胶囊为例：其规格为150mg×6粒×1板，如在销售时，取其1~5粒，以粒为单位进行销售，破坏了其最小包装单元，已不能完整反映药品的名称、规格、用法、用量、有效期等全部内容，则必须按药品拆零进行管理。

二、药品拆零的情况

药品拆零应在保证药品质量的前提下，以方便人民群众用药，方可拆零销售。一般来讲，无论是瓶装、铝塑泡罩板装、袋装的片剂、胶囊，在遵循以上原则的基础上是可以进行拆零销售的。

1. 可拆零销售的情况 瓶装、铝塑泡罩板装、袋装的片剂、胶囊，在遵循保证药品质量原则的基础上，可以进行拆零销售。

2. 不可拆零销售的情况

（1）颗粒剂、液体制剂类 其最小包装不允许破坏而拆零销售。

（2）丸剂、安瓿或塑料管装的口服液 通常以盒为单位销售，不破坏其最小包装单元。

（3）软膏类药品 通常以支为单位销售，外面有纸盒包装，内附说明书，销售时不破坏最小包装单元，不属于拆零药品范畴。

3. 特殊情况的拆零销售

（1）注射剂 若以盒为单位销售，未破坏最小包装单元，则不属于拆零。若取其几支销售，则属于拆零销售范畴。

（2）50ml以上的瓶装注射液 通常以瓶为单位销售，且标签内容符合相关规定，附有等量药品使用说明书，可不按拆零药品销售管理。

4. 不宜拆零销售的药品 需避光、易潮解、易氧化等药品不应采取拆零销售方式。

三、药品拆零的注意事项

（1）拆零药品的储存环境。必须设立拆零药品销售专柜，拆零药品集中存放，并由专人管理。备好销售必备的工具，如药匙、包装袋等，并保持清洁卫生。

（2）拆零药品应保留最小包装单元的包装，至销售完为止，并做好拆零记录。

（3）出售拆零药品时，应在药袋上写明姓名、药品名称剂型、用法、用量等内容，并向顾客交代清楚注意事项。

（4）拆零药品应做好拆零记录，拆零记录一般应包括以下项目：拆零起止日期、品名、剂型、规格、批号、有效期、剩余数量、生产企业、质量状况、经手人等。从开始拆零至销售完毕或有质量问题拆柜。

（5）建立必需的养护检查制度，防止拆零药品因光线、空气、湿度、温度等引起药品变质。由于药店店堂陈列环境可能不完全适宜药品储存条件的要求，因此必须按月检查陈列药品的质量以随时发现可能出现的问题。对拆零药品至少每半月要检查一次。并按规定做好检查记录。如有变质现象发生，立即撤柜，并按相关管理程序予以处理。

（6）企业应建立相关的规程和制度。拆零销售记录见表9-9。

表9-9　拆零销售记录表

编号：
类别：OTC

药品通用名			商品名			规格		批号		
生产企业						单位		有效期		
日期		数量		质量状况	患者信息	病情主述	剩余数量	分拆人	复核人	备注
拆零日期	销售日期	拆零数量	销售数量							

注：OTC类药品患者信息和病情主述项可不填。

总之，药品拆零销售管理是药品零售环节中的重要环节之一。通过规范的管理和操作，可以确保药品拆零销售过程中的质量和安全，满足顾客的个性化需求，促进药品资源的合理利用。

活动二　特殊管理药品的销售

 法规链接

《麻醉药品和精神药品管理条例》

第二十三条　麻醉药品和精神药品定点批发企业除应当具备药品管理法第十五条规定的药品经营企业的开办条件外，还应当具备下列条件：

（一）有符合本条例规定的麻醉药品和精神药品储存条件；

（二）有通过网络实施企业安全管理和向药品监督管理部门报告经营信息的能力；

（三）单位及其工作人员2年内没有违反有关禁毒的法律、行政法规规定的行为；

（四）符合国务院药品监督管理部门公布的定点批发企业布局。

麻醉药品和第一类精神药品的定点批发企业，还应当具有保证供应责任区域内医疗机构所需麻醉药品和第一类精神药品的能力，并具有保证麻醉药品和第一类精神药品安全经营的管理制度。

第二十九条　第二类精神药品定点批发企业可以向医疗机构、定点批发企业和符合本条例第三十一条规定的药品零售企业以及依照本条例规定批准的其他单位销售第二类精神药品。

第三十条　麻醉药品和第一类精神药品不得零售。

禁止使用现金进行麻醉药品和精神药品交易，但是个人合法购买麻醉药品和精神药品的除外。

第三十一条 经所在地设区的市级药品监督管理部门批准，实行统一进货、统一配送、统一管理的药品零售连锁企业可以从事第二类精神药品零售业务。

第三十二条 第二类精神药品零售企业应当凭执业医师出具的处方，按规定剂量销售第二类精神药品，并将处方保存2年备查；禁止超剂量或者无处方销售第二类精神药品；不得向未成年人销售第二类精神药品。

第三十三条 麻醉药品和精神药品实行政府定价，在制定出厂和批发价格的基础上，逐步实行全国统一零售价格。具体办法由国务院价格主管部门制定。

一、特殊管理药品的概念

（一）特殊管理药品

特殊管理药品是指在使用时如果处理不当，会给人体造成巨大伤害的药品，必须对其经营、使用进行严格的监督管理。特殊管理的药品一般分为四类：麻醉药品、精神药品、医疗用毒性药品和放射性药品。

1. 麻醉药品 是指连续使用后易产生生理依赖性，能成瘾癖的药品。

2. 精神类药品 是指直接作用于中枢神经系统，使之兴奋或抑制，连续使用能产生依赖性的药品。依据精神药品使人体产生的依赖性和危害人体健康的程度分为第一类和第二类。

3. 医疗用毒性药品 是指毒性剧烈、治疗剂量和中毒剂量相近，使用不当会致人中毒或死亡的药品。

根据《医疗用毒性药品管理办法》《卫生部药政局关于＜医疗用毒性药品管理办法＞的补充规定》《关于将A型肉毒毒素列入毒性药品管理的通知》，毒性中药品种系指原药材和饮品，毒性西药品种除亚砷酸注射液、A型肉毒毒素制剂外，均指原料药，另外毒性西药品种士的宁、阿托品、毛果芸香碱等包括其盐类化合物。详见项目八相关内容。

4. 放射性药品 是指用于临床诊断或治疗的放射线核素制剂或者其标记药物。包括裂变制品、推照制品、加速器制品、放射性同位素发生器及其配套药盒、放射性免疫分析药盒等。

（二）国家有专门管理要求的药品

国家还对以下药品实施专门管理。

1. 蛋白同化制剂 这类药品主要用于促进蛋白质合成，常被用于特定医疗或研究目的，但因其潜在滥用风险，需要特殊管理以防止滥用。

2. 肽类激素 这类激素药品在使用上也需要严格控制，以避免不良后果，确保它们仅被用于合法的医疗或科研目的。

3. 含特殊药品复方制剂 这类药品由于含有特殊成分，如麻黄碱、可待因等，具有特定的生理作用，因此也需要特别的管理措施，以防止滥用或非法流通。

4. 药品类易制毒化学品 这类化学品可用于制造毒品，因此对其生产、经营、购买、运输和储存等环节实施严格的监管措施，以防止其流入非法渠道。

5. 终止妊娠药品 这类药品具有终止妊娠的作用，涉及伦理和社会问题，因此国家对其实施特殊监管，确保其在合法、安全、有效的条件下使用。

二、特殊管理药品的销售管理

特殊管理药品的销售管理主要依据《中华人民共和国药品管理法》及其实施条例、《麻醉药品和精神药品管理条例》《医疗用毒性药品管理办法》《放射性药品管理办法》《易制毒化学品管理条例》《反兴奋剂条例》等法律法规。

对于药品零售企业或零售连锁企业的门店，必须建立健全的购进、储存、保管和销售制度，并配备如专柜及专用保管工具等必要设备。在销售特殊管理药品时，应严格遵循国家规定，仅凭盖有医疗单位公章和医生签章的处方限量供应，并确保销售及复核人员均在处方上签字或盖章，同时保存处方两年以备查。陈列和储存特殊管理药品时，也需严格遵守国家相关规定。

针对不同类型的特殊管理药品，具体要求如下。

1. 麻醉药品和精神药品

实施严格的"五专"管理：专人负责、专柜加锁、专用账册、专用处方、专册登记。

（1）采购、验收、储存、销售等各环节均需双人复核签字，以确保药品安全。

（2）麻醉药品和第一类精神药品禁止零售。禁止使用现金进行麻醉药品和精神药品交易，但个人合法购买除外。

（3）第二类精神药品零售企业需凭执业医师出具的处方，按规定剂量销售，并将处方保存2年备查；禁止超剂量或无处方销售，且不得向未成年人销售。

（4）麻醉药品和精神药品实行政府定价，逐步实行全国统一零售价格，具体办法由国务院价格主管部门制定。

2. 医疗用毒性药品　专柜加锁存放，专人保管，防止流失或被盗。严格凭处方销售，并保存处方备查。

3. 放射性药品　实行特殊管理，确保在运输、储存、使用过程中不造成放射性污染。

4. 含特殊药品复方制剂　如含麻黄碱类复方制剂、含可待因复方口服溶液等含特殊药品复方制剂，按照特殊管理药品的要求进行管理。设置专柜存放，专人管理。凭处方销售，并实施限量销售。

此外，对于国家有专门管理要求的药品，计算机系统内应设置相应的销售控制措施。若国家有明确规定，还需检查购买者的身份证，并登记其姓名和身份证号码，以确保药品的合法流通与使用。通过这些措施的实施能更有效地管理特殊药品，从而保障公众的健康与安全。

任务三　药品广告宣传管理

活动一　药品广告审查机关和审查依据

 **法规链接**

《中华人民共和国药品管理法》

第八十九条　药品广告应当经广告主所在地省、自治区、直辖市人民政府确定的广告审查机关批准；未经批准的，不得发布。

第九十条　药品广告的内容应当真实、合法，以国务院药品监督管理部门核准的药品说明书为准，不得含有虚假的内容。

药品广告不得含有表示功效、安全性的断言或者保证；不得利用国家机关、科研单位、学术机构、行业协会或者专家、学者、医师、药师、患者等的名义或者形象作推荐、证明。

非药品广告不得有涉及药品的宣传。

《药品、医疗器械、保健食品、特殊医学用途配方食品广告审查管理暂行办法》

第三条　药品、医疗器械、保健食品和特殊医学用途配方食品广告应当真实、合法，不得含有虚假或者引人误解的内容。

广告主应当对药品、医疗器械、保健食品和特殊医学用途配方食品广告内容的真实性和合法性负责。

第四条 国家市场监督管理总局负责组织指导药品、医疗器械、保健食品和特殊医学用途配方食品广告审查工作。

各省、自治区、直辖市市场监督管理部门、药品监督管理部门（以下称广告审查机关）负责药品、医疗器械、保健食品和特殊医学用途配方食品广告审查，依法可以委托其他行政机关具体实施广告审查。

第五条 药品广告的内容应当以国务院药品监督管理部门核准的说明书为准。药品广告涉及药品名称、药品适应症或者功能主治、药理作用等内容的，不得超出说明书范围。

药品广告应当显著标明禁忌、不良反应，处方药广告还应当显著标明"本广告仅供医学药学专业人士阅读"，非处方药广告还应当显著标明非处方药标识（OTC）和"请按药品说明书或者在药师指导下购买和使用"。

第六条 医疗器械广告的内容应当以药品监督管理部门批准的注册证书或者备案凭证、注册或者备案的产品说明书内容为准。医疗器械广告涉及医疗器械名称、适用范围、作用机理或者结构及组成等内容的，不得超出注册证书或者备案凭证、注册或者备案的产品说明书范围。

推荐给个人自用的医疗器械的广告，应当显著标明"请仔细阅读产品说明书或者在医务人员的指导下购买和使用"。医疗器械产品注册证书中有禁忌内容、注意事项的，广告应当显著标明"禁忌内容或者注意事项详见说明书"。

第九条 药品、医疗器械、保健食品和特殊医学用途配方食品广告应当显著标明广告批准文号。

第十条 药品、医疗器械、保健食品和特殊医学用途配方食品广告中应当显著标明的内容，其字体和颜色必须清晰可见、易于辨认，在视频广告中应当持续显示。

第十三条 药品、特殊医学用途配方食品广告审查申请应当依法向生产企业或者进口代理人等广告主所在地广告审查机关提出。

医疗器械、保健食品广告审查申请应当依法向生产企业或者进口代理人所在地广告审查机关提出。

第十四条 申请药品、医疗器械、保健食品、特殊医学用途配方食品广告审查，应当依法提交《广告审查表》、与发布内容一致的广告样件，以及下列合法有效的材料：

（一）申请人的主体资格相关材料，或者合法有效的登记文件；

（二）产品注册证明文件或者备案凭证、注册或者备案的产品标签和说明书，以及生产许可文件；

（三）广告中涉及的知识产权相关有效证明材料。

经授权同意作为申请人的生产、经营企业，还应当提交合法的授权文件；委托代理人进行申请的，还应当提交委托书和代理人的主体资格相关材料。

第十五条 申请人可以到广告审查机关受理窗口提出申请，也可以通过信函、传真、电子邮件或者电子政务平台提交药品、医疗器械、保健食品和特殊医学用途配方食品广告申请。

广告审查机关收到申请人提交的申请后，应当在五个工作日内作出受理或者不予受理决定。申请材料齐全、符合法定形式的，应当予以受理，出具《广告审查受理通知书》。申请材料不齐全、不符合法定形式的，应当一次性告知申请人需要补正的全部内容。

第十六条 广告审查机关应当对申请人提交的材料进行审查，自受理之日起十个工作日内完成审查工作。经审查，对符合法律、行政法规和本办法规定的广告，应当作出审查批准的决定，编发广告批准文号。

对不符合法律、行政法规和本办法规定的广告，应当作出不予批准的决定，送达申请人并说明理由，同时告知其享有依法申请行政复议或者提起行政诉讼的权利。

第十七条 经审查批准的药品、医疗器械、保健食品和特殊医学用途配方食品广告，广告审查机关应当通过本部门网站以及其他方便公众查询的方式，在十个工作日内向社会公开。公开的信息应当包括广告批准文号、申请人名称、广告发布内容、广告批准文号有效期、广告类别、产品名称、产品注册证明文件或者备案凭证编号等内容。

第十八条 药品、医疗器械、保健食品和特殊医学用途配方食品广告批准文号的有效期与产品注册证明文件、备案凭证或者生产许可文件最短的有效期一致。

产品注册证明文件、备案凭证或者生产许可文件未规定有效期的，广告批准文号有效期为两年。

第十九条 申请人有下列情形的，不得继续发布审查批准的广告，并应当主动申请注销药品、医疗器械、保健食品和特殊医学用途配方食品广告批准文号：

（一）主体资格证照被吊销、撤销、注销的；

（二）产品注册证明文件、备案凭证或者生产许可文件被撤销、注销的；

（三）法律、行政法规规定应当注销的其他情形。

广告审查机关发现申请人有前款情形的，应当依法注销其药品、医疗器械、保健食品和特殊医学用途配方食品广告批准文号。

第二十条 广告主、广告经营者、广告发布者应当严格按照审查通过的内容发布药品、医疗器械、保健食品和特殊医学用途配方食品广告，不得进行剪辑、拼接、修改。

已经审查通过的广告内容需要改动的，应当重新申请广告审查。

第二十三条 药品、医疗器械、保健食品和特殊医学用途配方食品广告中只宣传产品名称（含药品通用名称和药品商品名称）的，不再对其内容进行审查。

一、药品广告审查机关

根据《中华人民共和国药品管理法》以及《药品、医疗器械、保健食品、特殊医学用途配方食品广告审查管理暂行办法》的相关规定，药品广告的审查工作由国家市场监督管理总局负责组织指导。各省、自治区、直辖市市场监督管理部门、药品监督管理部门（以下称广告审查机关）负责具体的药品广告审查工作。这些机关依法可以委托其他行政机关具体实施广告审查。

二、药品广告审查依据

1. 法律法规 药品广告的审查首先必须遵循国家的相关法律法规，包括但不限于《中华人民共和国药品管理法》《中华人民共和国广告法》《药品、医疗器械、保健食品、特殊医学用途配方食品广告审查管理暂行办法》等。这些法律法规为药品广告的审查提供了基本的法律依据。

2. 广告内容真实性 药品广告的内容必须真实、合法，以国务院药品监督管理部门核准的药品说明书为准，不得含有虚假的内容。这是审查药品广告的首要原则，旨在保护消费者的合法权益，防止误导和欺诈行为。

3. 广告内容的限制 药品广告不得含有表示功效、安全性的断言或者保证；不得利用国家机关、科研单位、学术机构、行业协会或者专家、学者、医师、药师、患者等的名义或者形象作推荐、证明。此外，非药品广告不得有涉及药品的宣传。这些限制旨在确保广告的客观性和公正性，防止虚假宣传和误导消费者。

4. 广告批准文号 经审查批准的药品广告应当显著标明广告批准文号，这是广告合法性的重要标志。同时，广告批准文号的有效期与产品注册证明文件、备案凭证或者生产许可文件最短的有效期一致，以确保广告的时效性和合法性。

综上所述，药品广告的审查机关和审查依据是确保药品广告真实性、合法性和客观性的重要保障。广告主、广告经营者、广告发布者应当严格遵守相关法律法规和审查要求，共同维护一个健康、诚信的广告市场环境。

活动二　禁止发布广告的药品品种

 法规链接

《中华人民共和国广告法》

第十五条　麻醉药品、精神药品、医疗用毒性药品、放射性药品等特殊药品，药品类易制毒化学品，以及戒毒治疗的药品、医疗器械和治疗方法，不得作广告。

前款规定以外的处方药，只能在国务院卫生行政部门和国务院药品监督管理部门共同指定的医学、药学专业刊物上作广告。

《药品、医疗器械、保健食品、特殊医学用途配方食品广告审查管理暂行办法》

第二十一条　下列药品、医疗器械、保健食品和特殊医学用途配方食品不得发布广告：

（一）麻醉药品、精神药品、医疗用毒性药品、放射性药品、药品类易制毒化学品，以及戒毒治疗的药品、医疗器械；

（二）军队特需药品、军队医疗机构配制的制剂；

（三）医疗机构配制的制剂；

（四）依法停止或者禁止生产、销售或者使用的药品、医疗器械、保健食品和特殊医学用途配方食品；

（五）法律、行政法规禁止发布广告的情形。

第二十二条　本办法第二十一条规定以外的处方药和特殊医学用途配方食品中的特定全营养配方食品广告只能在国务院卫生行政部门和国务院药品监督管理部门共同指定的医学、药学专业刊物上发布。

不得利用处方药或者特定全营养配方食品的名称为各种活动冠名进行广告宣传。不得使用与处方药名称或者特定全营养配方食品名称相同的商标、企业字号在医学、药学专业刊物以外的媒介变相发布广告，也不得利用该商标、企业字号为各种活动冠名进行广告宣传。

特殊医学用途婴儿配方食品广告不得在大众传播媒介或者公共场所发布。

根据《中华人民共和国广告法》以及《药品、医疗器械、保健食品、特殊医学用途配方食品广告审查管理暂行办法》的明确规定，有一系列药品是严禁进行广告宣传的。这些药品主要包括以下内容。

（1）麻醉药品、精神药品、医疗用毒性药品、放射性药品、药品类易制毒化学品，以及戒毒治疗的药品、医疗器械。

（2）军队特需药品、军队医疗机构配制的制剂。

（3）医疗机构配制的制剂。

（4）依法停止或者禁止生产、销售或者使用的药品、医疗器械、保健食品和特殊医学用途配方食品。

（5）法律、行政法规禁止发布广告的情形。

此外，处方药广告也受到了严格的限制。除了国务院卫生行政部门和国务院药品监督管理部门共同指定的医学、药学专业刊物外，处方药不得在其他媒介上发布广告。不得利用处方药为各种活动冠名进行广告宣传。不得使用与处方药名称相同的商标、企业字号在医学、药学专业刊物以外的媒介变相发布广告，也不得利用该商标、企业字号为各种活动冠名进行广告宣传。这一规定旨在确保处方药的使用能在专业人士的指导下进行，避免误导性的广告宣传对公众造成不良影响。

活动三　药品广告中禁止出现的用语和内容

 法规链接

《中华人民共和国广告法》

第十六条　医疗、药品、医疗器械广告不得含有下列内容：

（一）表示功效、安全性的断言或者保证；

（二）说明治愈率或者有效率；

（三）与其他药品、医疗器械的功效和安全性或者其他医疗机构比较；

（四）利用广告代言人作推荐、证明；

（五）法律、行政法规规定禁止的其他内容。

药品广告的内容不得与国务院药品监督管理部门批准的说明书不一致，并应当显著标明禁忌、不良反应。处方药广告应当显著标明"本广告仅供医学药学专业人士阅读"，非处方药广告应当显著标明"请按药品说明书或者在药师指导下购买和使用"。

推荐给个人自用的医疗器械的广告，应当显著标明"请仔细阅读产品说明书或者在医务人员的指导下购买和使用"。医疗器械产品注册证明文件中有禁忌内容、注意事项的，广告中应当显著标明"禁忌内容或者注意事项详见说明书"。

第十七条　除医疗、药品、医疗器械广告外，禁止其他任何广告涉及疾病治疗功能，并不得使用医疗用语或者易使推销的商品与药品、医疗器械相混淆的用语。

第十八条　保健食品广告不得含有下列内容：

（一）表示功效、安全性的断言或者保证；

（二）涉及疾病预防、治疗功能；

（三）声称或者暗示广告商品为保障健康所必需；

（四）与药品、其他保健食品进行比较；

（五）利用广告代言人作推荐、证明；

（六）法律、行政法规规定禁止的其他内容。

保健食品广告应当显著标明"本品不能代替药物"。

第十九条　广播电台、电视台、报刊音像出版单位、互联网信息服务提供者不得以介绍健康、养生知识等形式变相发布医疗、药品、医疗器械、保健食品广告。

第四十条　在针对未成年人的大众传播媒介上不得发布医疗、药品、保健食品、医疗器械、化妆品、酒类、美容广告，以及不利于未成年人身心健康的网络游戏广告。

《药品、医疗器械、保健食品、特殊医学用途配方食品广告审查管理暂行办法》

第十一条　药品、医疗器械、保健食品和特殊医学用途配方食品广告不得违反《中华人民共和国广告法》第九条、第十六条、第十七条、第十八条、第十九条规定，不得包含下列情形：

（一）使用或者变相使用国家机关、国家机关工作人员、军队单位或者军队人员的名义或者形象，或者利用军队装备、设施等从事广告宣传。

（二）使用科研单位、学术机构、行业协会或者专家、学者、医师、药师、临床营养师、患者等的名义或者形象作推荐、证明。

（三）违反科学规律，明示或者暗示可以治疗所有疾病、适应所有症状、适应所有人群，或者正常生活和治疗病症所必需等内容。

（四）引起公众对所处健康状况和所患疾病产生不必要的担忧和恐惧，或者使公众误解不使用该产品会患某种疾病或者加重病情的内容。

（五）含有"安全"、"安全无毒副作用"、"毒副作用小"；明示或者暗示成分为"天然"，因而安全性有保证等内容。

（六）含有"热销、抢购、试用"、"家庭必备、免费治疗、免费赠送"等诱导性内容，"评比、排序、推荐、指定、选用、获奖"等综合性评价内容，"无效退款、保险公司保险"等保证性内容，怂恿消费者任意、过量使用药品、保健食品和特殊医学用途配方食品的内容。

（七）含有医疗机构的名称、地址、联系方式、诊疗项目、诊疗方法以及有关义诊、医疗咨询电话、开设特约门诊等医疗服务的内容。

（八）法律、行政法规规定不得含有的其他内容。

药品广告作为传递药品信息的重要方式，必须严格遵守相关法律法规，以确保其内容的真实性、客观性和合法性。根据《中华人民共和国广告法》以及《药品、医疗器械、保健食品、特殊医学用途配方食品广告审查管理暂行办法》的规定，药品广告中明确禁止出现一系列用语和内容。

首先，根据《中华人民共和国广告法》第十六条的规定，药品广告中禁止出现对功效和安全性的断言或保证，禁止说明治愈率或有效率，禁止与其他药品、医疗器械的功效和安全性进行比较，也禁止利用广告代言人作推荐、证明。这些规定主要是为了防止药品广告夸大其词，误导消费者。例如，广告中不能出现"包治百病""药到病除"等断言或保证，也不能宣传"治愈率高达95%"等夸大、虚假信息。同时，为了避免不正当竞争，广告中也不能将自身产品与其他药品进行直接比较。

此外，广告法还规定药品广告的内容不得与国务院药品监督管理部门批准的说明书不一致，并应当显著标明禁忌、不良反应。这是为了确保消费者能够全面了解药品的信息，做出明智的选择。对于处方药和非处方药，广告法还有额外的要求，如处方药广告应当显著标明"本广告仅供医学药学专业人士阅读"，非处方药广告应当显著标明"请按药品说明书或者在药师指导下购买和使用"。这些规定旨在保护消费者的用药安全和身体健康。

除了广告法的规定外，《药品、医疗器械、保健食品、特殊医学用途配方食品广告审查管理暂行办法》也对药品广告进行了详细规范。其中明确禁止药品广告利用国家机关、科研单位、学术机构、行业协会或者专家、学者、医师、药师等的名义或者形象作推荐、证明，以避免权威性的滥用和消费者的误导。同时，广告中也不得违反科学规律，明示或者暗示可以治疗所有疾病、适应所有症状、适应所有人群，以免引起不必要的担忧和恐惧。

此外，《暂行办法》还规定药品广告中不得含有一系列诱导性、保证性和综合性评价的内容。例如，广告中不得使用"安全无毒副作用""热销、抢购"等诱导性用语，也不得进行"评比、排序、推荐"等综合性评价，更不能提供"无效退款"等保证性承诺。这些规定旨在确保药品广告的客观性和真实性，防止消费者受到虚假宣传的影响。

值得特别注意的是，在未成年人经常接触的大众传播媒介上，严禁发布药品广告。这一规定旨在保护未成年人的身心健康，防止他们受到不适当广告的影响。

综上，药品广告中禁止出现的用语和内容主要集中在几个方面：对功效和安全性的夸大宣传、虚假信息的传递、对未成年人的不良影响以及违反科学规律的宣传。

技能训练

1. 模拟填写处方药登记销售记录。

处方药登记销售记录

编号：　　　　　　　　　　　　　　　类别：　　　　处方药销售员：

购药日期	药品名称规格	批号	数量	患者姓名	性别	年龄	联系方式	诊断结论	使用风险告知	审方人	配方人	复核人	备注

2. 模拟填写拆零销售记录。

拆零销售记录

类别：OTC
编号：

药品通用名		商品名		规格		批号			
生产企业				单位		有效期			
日期		数量		质量状况	患者信息	病情主述	剩余数量	分拆人	复核人	备注
拆零日期	销售日期	拆零数量	销售数量							

注：OTC类药品患者信息和病情主述项可不填。

目标检测

答案解析

一、单选选择题

1. 药品广告的内容应当以（　　）核准的说明书为准。
   A. 国家市场监督管理总局　　　　　B. 国务院药品监督管理部门
   C. 国家卫生健康委员会　　　　　　D. 省级药品监督管理部门

2. 下列不得在任何媒介上发布广告的药品是（　　）。
   A. 非处方药　　　　　　　　　　　B. 处方药（非指定医学、药学专业刊物）
   C. 保健品　　　　　　　　　　　　D. 医疗器械

3. 药品拆零销售时，拆零药品的包装上应注明（　　）。
   A. 药品名称、规格、数量　　　　　B. 药品生产企业名称
   C. 药品有效期、药店名称　　　　　D. 以上都是

4. 下列哪项不是药品销售记录必须包含的内容是（　　）。

    A. 药品的通用名称   B. 销售数量、单价

    C. 销售人员的心情状态   D. 销售日期

5. 下列可以在网络上销售的药品是（　　）。

    A. 麻醉药品   B. 精神药品

    C. 非处方药   D. 疫苗

二、多项选择题

1. 下列不得发布广告的药品是（　　）。

    A. 麻醉药品   B. 第二类精神药品   C. 放射性药品

    D. 非处方药   E. 第一类精神药品

2. 广告中禁止出现的用语和内容包括（　　）。

    A. 表示功效、安全性的断言或保证

    B. 说明治愈率或有效率

    C. 利用专家、学者名义作推荐

    D. 与其他药品、医疗器械的功效和安全性进行比较

    E. 利用患者名义进行宣传

3. 药品拆零销售时，需要注意（　　）。

    A. 拆零药品的储存环境

    B. 拆零药品应保留原包装和说明书

    C. 出售拆零药品时，应在药袋上写明用法、用量

    D. 建立拆零销售记录

    E. 拆零药品不用设拆零专柜

4. 编制药品销售计划的流程包括（　　）。

    A. 明确计划的目的   B. 分析营销环境   C. 编制损益表

    D. 调整控制方案   E. 确定销售目标

5. 下列关于药品广告审查的说法，正确的是（　　）。

    A. 药品广告必须经广告审查机关批准后才能发布

    B. 药品广告的内容必须以国务院药品监督管理部门核准的说明书为准

    C. 药品广告可以夸大药品的疗效和安全性

    D. 药品广告中必须显著标明广告批准文号

    E. 药品广告内容可以不按照核准的说明书内容来设计

三、简答题

请列举并解释药品广告中常见的违规用语和内容，并分析这些违规内容可能带来的后果。

书网融合……

重点小结   微课1－1   微课1－2   微课2   微课3   习题

项目十 出库与配送管理

PPT

学习目标

知识目标：通过本项目的学习，应能掌握药品出库的定义、出库的原则、药品出库要求和出库的流程，掌握医药运输、配送、医药配送、医药配送中心的含义，熟悉医药运输过程、医药冷链运药品运输注意事项、医药配送的功能、类型，了解我国医药配送中心的现状与发展。

能力目标：能认知出库与配送中的注意事项。

素质目标：通过本项目的学习，树立学生的法律意识，遵法守法、依法办事；培养学生用专业知识服务人民，严谨做事，做好药品出库与配送工作。

情境导入

情境：某医药物流公司接到客户的出库和配送通知，作为仓库出库人员，需要在出库和配送前准备哪些工作，其流程如何，有哪些注意事项？同学们让我们一起来熟悉一下出库作业的原则和要求吧！

思考：1. 药品出库与配送流程是什么？
2. 药品出库作业的原则是什么？

任务一 药品的出库管理

药品出库是药品在离开仓库时所进行的验证、配货、点交、复核、登账等工作的总称。药品出库是药品仓库业务活动的最终环节。

药品的出库检查与复核管理制度是为了规范药品出库复核管理工作，确保医疗机构使用的药品符合质量标准，杜绝不合格药品流出。对药品出库的原则、药品出库的质量检查与校对的内容、出库复核记录及其管理、相关人员的责任等都应明确下来，药品出库时应着重规范。

 法规链接

《药品经营质量管理规范》

第九十四条 出库时应当对照销售记录进行复核。发现以下情况不得出库，并报告质量管理部门处理：

（一）药品包装出现破损、污染、封口不牢、衬垫不实、封条损坏等问题。

（二）包装内有异常响动或者液体渗漏；

（三）标签脱落、字迹模糊不清或者标识内容与实物不符。

（四）药品已超过有效期；

（五）其他异常情况的药品。

第九十五条 药品出库复核应当建立记录，包括购货单位、药品的通用名称、剂型、规格、数量、批号、有效期、生产厂商、出库日期、质量状况和复核人员等内容。

第九十六条 特殊管理的药品出库应当按照有关规定进行复核。

第九十七条 药品拼箱发货的代用包装箱应当有醒目的拼箱标志。

第九十八条 药品出库时，应当附加盖企业药品出库专用章原印章的随货同行单（票）。

企业按照本规范第六十九条规定直调药品的，直调药品出库时，由供货单位开具两份随货同行单（票），分别发往直调企业和购货单位。随货同行单（票）的内容应当符合本规范第七十三条第二款的要求还应当标明直调企业名称。

第九十九条 冷藏、冷冻药品的装箱、装车等项作业，应当由专人负责并符合以下要求：

（一）车载冷藏箱或者保温箱在使用前应当达到相应的温度要求；

（二）应当在冷藏环境下完成冷藏、冷冻药品的装箱、封箱工作；

（三）装车前应当检查冷藏车辆的启动、运行状态，达到规定温度后方可装车；

（四）启运时应当做好运输记录，内容包括运输工具和启运时间等。

---

1. 医药商品出库需要遵循的原则

（1）**先产先出** 是指药品库存的同一品名的医药商品，对先生产的批号尽量优先出库。医药商品出库采取"先产先出"原则，有利于库存医药商品的更新，确保其质量和效益得到保障。

（2）**先进先出** 是指同一品种医药商品的进货，按进库的先后顺序出库。医药经营企业通常进货比较频繁，渠道较多，同一品种从不同医药商品生产企业进货的现象较为普遍，加之库存量大、堆垛分散，如不掌握"先进先出"的原则就有可能将后进库的医药商品先发出，而先进库的医药商品未发，时间一长，存库较久的医药商品就容易变质。只有坚持"先进先出"的原则，才能使不同企业生产的相同品种的医药商品都能做到"先产先出"，经常保持库存医药商品的轮换。

（3）**易变先出** 是指库存的同一医药商品，不宜久储、易于变质的应尽量先出库。有的医药商品虽然后入库，但由于受到阳光、气温、湿气、空气等外界因素的影响，比先入库的医药商品易于变质。在这种情况下，医药商品出库时就不能机械地采用"先产先出、先进先出"的原则了，而应根据医药商品质量的实际情况，将易霉、易坏、不宜久储的医药商品优先出库，防止不必要的损失。

（4）**近效期先出** 是指库存有"近效期"的同一医药商品，对接近失效期的先行出库。对仓库来说，所谓近效期，应包括给这些医药商品留有调运、供应和使用的时间，使其在失效之前进入市场并投入使用。某些医药商品虽然离失效期尚远，但因遭到意外事故不能长久储存时，则应采取"易变先出"办法尽量先出库，以避免受到损失。

（5）**按批号发货** 是指应将同一品种、同一批号的医药商品全部发完，再发下一个批号的。

2. 药品出库复核作业注意事项

库管人员发货完毕后在发货单上签字，将货交给复核、批号对实物及包装进行质量检查和数量、项目的核对做到出库药品质量合格且货单相符，复核项目应包括：品名、剂型、规格、数量、生产厂商、批号、生产日期、有效期、发货日期等项目核对完毕后应填写出库复核记录（表10-1）。

表10-1 药品出库复核记录

编号：

序号	出库日期	购货单位	通用名称	商品名称	剂型	规格	数量	批号	有效期至	药品上市许可持有人	生产企业	保管员	质量情况	复核人	备注

麻醉药品、一类精神药品、医疗用毒性药品等特殊药品出库时应双人复核。

出库检查与复核记录应保存不少于5年。

对实施电子监管的药品，在出库时应当进行扫码和数据上传。

3. 随货同行单内容 药品出库时应当附随货同行单（票）（表10-2）并加盖企业药品出库专用章原印章。药品拼箱发货使用的代用包装箱，应当有醒目的拼箱标志。随货同行单（票）应当包括销售日期、发货日期、购货单位、送货地址、品名/规格/型号、生产厂商、注册人/备案人/药品上市许可持有人、注册/批准/备案编号、批号生产日期（效期）、剂型/产地、储存及运输条件、价税合计、税额、件数/仓位等内容，并加盖供货单位药品出库专用章原印章。

表10-2 药品销售随货同行单示意

××公司随货同行销售清单

销售日期：××××-××-×× 　　发货日期：××××-××-××

购货单位：××公司

送货地址：××× 　　　　　　　　　　　　　　　　　　　　监管码：×××

品名/规格/型号	生产厂商	注册人/备案人药品上市许可持有人	注册/批准/备案编号	批号生产日期（效期）	数量/单位	剂型/产地	储存及运输条件	价税合计	零售价（含税单价）	税额	件数/仓位

业务员：××× 　　仓别：××× 　　价税合计：××× 　　运输员：××× 　　客户签收：×××

冷藏、冷冻药品装箱、装车作业时，应由专人负责，应当在冷藏环境下完成冷藏、冷冻药品的装箱、封箱工作。装车前检查车载冷藏箱或者保温箱是否达到相应的温度。要求采用冷藏车的，装车前应当检查冷藏车辆的启动、运行状态，达到规定温度后方可装车。启运时应当做好运输记录，内容应当包括运输工具和启运时间等。

出库复核与检查中，复核员如发现以下问题应停止发货，并按规定及时报告质量管理部门处理。相关记录格式见表10-3。

（1）药品包装内有异常响动和液体渗漏。

（2）外包装出现破损、封口不牢、衬垫不实、封条严重损坏等现象。

（3）包装标识模糊不清或脱落。

（4）药品已超出有效期。

表10-3 药品质量信息反馈单

编号：

商品名称	通用名称	规格	单位	数量	批号	供货单位	生产企业

质量情况：		
	反馈人：	日期：
反馈部门意见：		
	负责人：	日期：
质量管理部门意见：		
	经办人：	日期：
主管领导意见：		处理结果追踪：
签字： 　日期：		质管部： 　日期：

4. 如果出现下列药品，不得出库

（1）过期失效、霉烂变质、虫蛀、鼠咬及淘汰药品。

（2）内包装破损的药品。

（3）瓶签（标签）脱落、污染、模糊不清的品种。

（4）怀疑有质量变化未经质量管理部门明确质量状况的品种。

（5）有退货通知或药品监督管理部门通知，暂停使用的品种，出库复核应把握的要点：①整件药品的复核应注意检查包装的完好性；②拼箱药品应逐品种、逐批号对照销售记录进行复核，复核无误后，在拼箱内附随货同行票据并封箱；③药品拼箱应有醒目的拼箱标记，防止发运差错；④出库复核记录中必须标明质量状况，并由复核人签章。

5. 药品直调的程序

（1）直调申请　销售人员根据销售业务的需要，与药品采购人员协商并拟定供货单位后，提出药品直调申请，填制"直调药品申请表"（表10-4），交业务部经理签署意见转质量管理部审核。质量管理部对供货单位质量信誉及直调品种进行审查并签署具体意见后，报总经理或质量负责人审批。需要注意的是供货单位必须是经本公司确认的合格供货方，且近一年内无违规生产或经营记录和经销假劣药品的行为。首营企业或为首营品种，不得进行药品直调的操作。购货单位必须是证照齐全的合法企业或单位。

表10-4　直调药品申请表

申请直调原因		申请人		
供货方		是否进行资质审核		是□　　否□
收货方		是否进行资质审核		是□　　否□
申请部门经理		质管部意见		
质量负责人	同意□　　不同意□ 签字：	总经理		同意□　　不同意□ 签字：
拟直调品种信息				
序号	品名	规格		厂牌

申请人：　　　　　　　　　　申请日期：

（2）直调采购　采购人员根据总经理或质量负责人批准的"直调药品申请表"所列供货单位和药品进行采购，并与供货单位签订明确双方质量责任的质量保证协议书。

（3）直调验收　采购人员应将具体到货时间及时通知质量部，由质量部安排到场验收。如质量部不能派员到场验收，应事先与接收单位签订药品直调委托验收协议，由委托单位进行验收并做好验收记录，经验收合格的药品方可发货。

（4）直调记录　业务部必须根据验收记录做好直调药品的购进记录和销售记录，如果是委托验收的，还应保留加盖被委托单位质量管理部印章的验收记录，应至少保存5年。

（5）直调档案建立　药品直调档案内容包括直调申请表、直调药品购销记录、直调药品验收记录、药品直调委托验收协议等。

6. 医药商品出库的方式　是指医药商品仓库用什么样的方式将医药商品交付给用户。

（1）送货方式　仓库根据货主单位的出库通知或出库请求，通过发货作业把应发医药商品交运输部门送达收货单位，或使用仓库自有车辆把医药商品运送到收货地点的发货形式，就是通常所称的送货制。

（2）收货人自提方式　由收货人或其代理持取货凭证直接到仓库取货，仓库凭单发货。仓库发

货人与提货人可以在仓库现场划清交接责任，当面交接并办理签收手续。

（3）过户方式　过户是一种就地划拨的形式，医药商品实物并未出库，但所有权已从原货主转移到新货主的账户中。仓库必须根据原货主开出的正式过户凭证，才予办理过户手续。

（4）取样方式　货主由于商检或样品陈列等需要，到仓库提取货样。仓库应根据正式取样凭证发出样品，并做好账务记载。

（5）转仓方式　转仓是指货主为了业务方便或改变储存条件，将某批库存医药商品自甲库转移到乙库。仓库也应根据货主单位开出的正式转仓单，办理转仓手续。

任务二　药品的配送运输管理

 法规链接

《药品经营质量管理规范》

第二十二条　企业应当配备符合以下资格要求的质量管理、验收及养护等岗位人员：

从事疫苗配送的，还应当配备2名以上专业技术人员专门负责疫苗质量管理和验收工作。专业技术人员应当具有预防医学、药学、微生物学或者医学等专业本科以上学历及中级以上专业技术职称，并有3年以上从事疫苗管理或者技术工作经历。

第一百条　企业应当按照质量管理制度的要求，严格执行运输操作规程，并采取有效措施保证运输过程中的药品质量与安全。

第一百零一条　运输药品，应当根据药品的包装、质量特性并针对车况、道路、天气等因素，选用适宜的运输工具，采取相应措施防止出现破损、污染等问题。

第一百零二条　发运药品时，应当检查运输工具，发现运输条件不符合规定的，不得发运，运输药品过程中，运载工具应当保持密闭。

第一百零三条　企业应当严格按照外包装标示的要求搬运、装卸药品。

第一百零四条　企业应当根据药品的温度控制要求，在运输过程中采取必要的保温或者冷藏、冷冻措施。

运输过程中，药品不得直接接触冰袋、冰排等蓄冷剂，防止对药品质量造成影响。

第一百零五条　在冷藏、冷冻药品运输途中，应当实时监测并记录冷藏车、冷藏箱或者保温箱内的温度数据。

第一百零六条　企业应当制定冷藏、冷冻药品运输应急预案，对运输途中可能发生的设备故障、异常天气影响、交通拥堵等突发事件，能够采取相应的应对措施。

第一百零七条　企业委托其他单位运输药品的，应当对承运方运输药品的质量保障能力进行审计，索取运输车辆的相关资料，符合本规范运输设施设备条件和要求的方可委托。

第一百零八条　企业委托运输药品应当与承运方签订运输协议，明确药品质量责任、遵守运输操作规程和在途时限等内容。

第一百零九条　企业委托运输药品应当有记录，实现运输过程的质量追溯，记录至少包括发货时间、发货地址、收货单位、收货地址、货单号、药品件数、运输方式、委托经办人、承运单位，采用车辆运输的还应当载明车牌号，并留存驾驶人员的驾驶证复印件，记录应当至少保存5年。

第一百一十条　已装车的药品应当及时发运并尽快送达。委托运输的，企业应当要求并监督承运方严格履行委托运输协议，防止因在途时间过长影响药品质量。

第一百一十一条 企业应当采取运输安全管理措施，防止在运输过程中发生药品盗抢、遗失、调换等事故。

第一百一十二条 特殊管理的药品的运输应当符合国家有关规定。

活动一 医药运输管理

1. 医药运输的基本概念 医药运输指根据医药产品本身的特性，使用专用运输车辆和运输设备将医药产品从一个地点向另一个地点运送的过程。

医药商品运输环节的质量管理有关规定，包括《药品经营质量管理规范》《疫苗流通和预防接种管理条例》《麻醉药品和精神药品管理条例》等法规，医药运输中应该遵照国家有关商品医药运输的相关规定，规范药品运输和配送行为，需要合理选择运输和配送的工具及设施设备，实现药品物流的顺畅，确保药品运输的质量安全，并及时将药品送达目的地。

2. 医药运输的方式 主要包括铁路运输、水路运输、公路运输和航空运输。药品经营企业应当根据自身经营情况，以及药品的性质，综合考量运速、运量、运价、运输货物特点等，选择合适的运输方式。

（1）航空运输 速度快、成本高，适合在特殊情况下运输贵重药品和急救药品，特别是有政府指令的救灾、抢险、抢救的药品。

（2）水路运输 运量极大，而且运费低，但是运输速度慢，药品依托水路运输时在途时间长，而且容易受到天气和气候影响，适合运输对速度和资金周转要求不高的药品。

（3）公路运输 灵活性非常强，可以实现"门到门"的便利运输，但是公路运输运量不如铁路和水路那么大，运费也相对铁路和水路高，不适宜跨省市的长距离运输药品。

（4）铁路运输 能力强，运输比公路和水路都快，运费比航空运输低廉，运输安全性高，风险小，受天气影响不大，在中长距离的药品运输领域应用广泛。

3. 医药产品运输流程 由专门的药品运输和配送人员完成。在整个运输和配送过程中，医药运输人员在装卸搬运过程中，按要求轻拿轻放、堆码牢固，重下轻上，缓不围急。

（1）清点货物 运输人员按照《随货同行单》清点货物，注意事项包括对于拼箱药品需要清点件数，箱有无破损、渗漏；对于整箱药品需要核对名称、产地、批号、件数，箱有无破损、渗漏，储存运输条件；清点过程中若发生数量或质量问题则停止装车。

（2）检查确认无误后，检查储运车辆的情况，而后将药品由发货区搬至车厢内摆放整齐。

（3）关闭车厢，按规定路线运输至目标地。医药运输人员应选择安全适宜路线。

（4）客户的验收人员检查验收无误后，在《随货同行单》上签字注明到货时间，把签好的客户联留给客户。

（5）运输人员将客户签字的《随货同行单》交回公司储运部门存档。

4. 一般医药运输的注意事项

（1）医药运输工具和设备的注意事项

1）药品运输应当使用封闭式货物的运输工具。

2）企业要配备与经营规模相适应的，并符合药品质量要求的运输设备，如冷藏箱、干冰等。

3）运输药品，应当根据药品的包装、质量特性，并针对车况、道路、天气等因素，选用适宜的运输工具，采取相应措施防止出现破损、污染等问题。

4）对温度有要求的药品，必须装入冷藏箱，或采取保温措施。

5）运输药品过程中，运载工具应当密闭，有条件的情况下应当对在途药品实行GPS跟踪定位。

（2）医药运输过程的注意事项

1）发运药品要按照"及时、准确、安全、经济"的原则，根据商品流向、运输线路和运输工具状况、时间长短及运输费用高低进行综合研究，在药品能安全到达的前提下，选择最快、最好、最省的运输方法，努力压缩待运期。

2）药品发货前必须检查药品的名称、剂型、规格、单位、数量是否与《随货同行单》相符，有无液体药品与固体药品合并装箱的情况，包装是否牢固和有无破漏，衬垫是否妥实，包装大小重量等是否符合运输部门的规定。

3）填制运输单据，应做到字迹清楚、项目齐全，严禁在单据上乱签乱划，发运药品应按每个到站和每个收货单位分别填写运输交接单，也可用发货票的《随货同行单》代替，发送多个单位拼装成一车的必须分别给收货单位填写运输交接单，在药品包装上应加明显区别标志。

4）在装车前尚须按发运单核对发送标志和药品标志有无错漏，件数有无差错，运输标志选用是否正确，然后办好运输交接手续，做出详细记录，并向运输部门有关人员讲清该批号药品搬运装卸的注意事项。

5）装卸药品应轻拿轻放，严格按照外包装图示标志要求堆放和采取保护措施，防止重摔，液体药品不得倒置，如发现药品包装破损，污染或影响运输安全时，不得发运。

6）药品应标识清晰，包装牢固，数量准确，堆码整齐，不得将药品倒置，侧放，怕压药品要控制堆放高度。

7）拼箱药品的标签应粘贴牢固，操作过程中不得脱落。

8）药品在途中运输和堆放站台时，还必须采取防止日晒雨淋措施，以免药品受潮湿、光、热的影响而变质。

9）药品运输过程中，要针对运送药品的包装条件及道路状况，采取相应措施，防止药品的破损和混淆。

10）储存、运输设施设备的定期检查、清洁和维护应当由专人负责，并建立记录和档案。企业应当按照质量管理制度的要求，严格执行运输操作规程，并采取有效措施保证运输过程中的药品质量与安全。已装车的药品应当及时发运并尽快送达。

5. 冷链药品运输　根据中华人民共和国国家标准 GB/T 28577—2012《冷链物流分类与基本要求》中给出的定义，冷链物流（cold chain logistics）是指以冷冻工艺为基础，以制冷技术或蓄冷技术为手段，使冷链物品从生产、流通、销售到消费者的各个环节中始终处于规定的低温环境中，以保证冷链物品质量、减少冷链物品损耗的物流活动。

（1）有关冷链药品的概念

1）冷藏药品　是指对药品贮藏、运输有冷处、冷冻等温度要求的药品。

2）冷处　是指温度符合 2~10℃ 的贮藏运输条件，除另有规定外，生物制品应在 2~8℃ 避光贮藏、运输。

3）冷冻　是指温度符合 −25 ~ −10℃ 的贮藏、运输条件。

4）冷链　是指冷藏药品等温度敏感性药品，从生产企业成品库到使用前的整个储存、流通过程都必须处于规定的温度环境下，以保证药品质量的特殊供应链管理系统。冷库内温湿度自动监控系统至少每 10 分钟自动记录一次温湿度的实际数值，数据应真实、完整、准确、有效、可读取，各测点数据通过网络自动传送，记录至少保存 5 年。

5）控温系统　包括主动控温系统和被动控温系统。主动控温系统：是指带有机电仪表元器件控制温度的设施设备，通过程序运行来调节、控制药品的贮藏、运输温度在设定的范围内，被动控温系统：是指通过非机电式方法控制温度的设备，如保温箱等。

（2）药品冷链物流规定中的基本要求

1）冷藏药品在生产与流通过程中的温度应始终控制在规定范围内。

2）应配备确保冷藏药品温度要求的设施、设备和运输工具。

3）应采用信息技术与设备、提供温度监控记录，确保冷藏药品在生产与流通过程中可追溯。

4）应制定确保温度要求的管理制度及温度异常应急处理预案。

5）需要委托贮存或运输冷藏药品的单位，应对受托方的冷链条件进行查验，签订合同时应明确药品在贮存运输和配送过程中的温度要求。

（3）冷藏药品温度控制和监测管理要求

1）冷藏药品应进行24小时连续、自动的温度记录和监控，温度记录间隔时间设置不得超过10分钟/次。

2）冷库内温度自动监测布点应经过验证，符合药品冷藏要求。

3）自动温度记录设备的温度监测数据可读取存档，记录至少保存5年。

4）温度报警装置应能在临界状态下报警，应有专人及时处置，并作好温度超标报警情况的记录。

5）制冷设备的启、停温度设置：冷处应在3~7℃，冷冻应在-3℃以下。

6）冷藏车在运输途中应使用自动监测、自动调控、自动记录及报警装置，对运输过程中进行温度的实时监测并记录，温度记录时间间隔设置不超过10分钟，数据可读取温度记录应当随药品移交收货方。

7）采用保温箱运输时，根据保温箱的性能验证结果，在保温箱支持的、符合药品贮藏条件的保温时间内送达。

8）冷库应配备温度自动监测、显示、记录、调控、报警的设备，应按规定对自动温度记录设备、温度自动监控及报警装置等设备进行校验，保持准确完好。

9）经营冷藏、冷冻药品的，应当配备与其经营规模和品种相适应的冷库，经营疫苗的应当配备两个以上独立冷库。

10）冷库应配备制冷设备的备用发电机组或者双回路供电系统，对有特殊低温要求的药品，应当配备符合其储存要求的设施设备。

（4）冷链药品运输要求

1）运输冷藏、冷冻药品的冷藏车及车载冷藏箱、保温箱应当符合药品运输过程中对温度控制的要求。

2）运输冷链药品应当使用封闭式货物运输工具。

3）冷藏车具有自动调控温度、显示温度、存储和读取温度监测数据的功能；冷藏箱及保温箱具有外部显示和采集箱体内温度数据的功能。

4）储存、运输设施设备的定期检查、清洁和维护应当由专人负责，并建立记录和档案。

6. 危险药品运输注意事项　对于危险药品的运输，除要求符合一般药品运输要求，还应该严格遵照交通部的《危险货物运输规则》内的相关规定。

（1）危险药品运输驾驶人员要求　对于聘请的驾驶人员应符合道路运输经营条件，并与驾驶员签订安全生产责任书，将责任书内容分解到每个工作环节和工作岗位上，职责明确，责任清晰，层层落实安全生产责任制。对道路运输驾驶人员要求严格做到"八不"原则。即"不超载超限、不超速行车、不强行超车、不开带病车、不开情绪车、不开急躁车、不开冒险车、不酒后开车"。驾驶人员必须保证精力充沛，谨慎驾驶，严格遵守道路交通规则和交通运输法规。驾驶人员不得违章作业，驾驶人员连续驾驶时间不超过4小时。

（2）危险药品运输驾驶车辆要求　危险药品运输驾驶车辆每趟次出车前，都应对车辆的安全性能进行全面的检查，发现问题必须及时排除，不消除安全隐患不得出车。做好出车前、停车后的检查准备工作，危险药品运输驾驶车辆装载货物时，必须检查超载及危险品的情况，发现隐患应及时修复，确认无误后方可出车。根据规定，应不定时检查驾驶车辆是否符合安全管理规定。定期对危险药品运输驾驶车辆的消防器材、电路、车辆机件等进行自查自纠。建立和健全安全生产事故的相关隐患档案，吸取相应的经验教训，并且可以举一反三，组织研究并探讨新的技术应用。保持危险药品运输驾驶车辆良好的技术状况，绝对不擅自改装营运车辆。装货时严查超载和擅自装载危险品。不定期检查车辆的安全装置、灯光信号、证件等。

7. 特殊药品运输　运输和配送特殊药品必须按照《麻醉药品管理办法》《麻醉药品国内运输管理办法》《精神药品管理办法》《医疗用毒性药品管理办法》等相关规定进行办理，应当采用集装箱或者快件方式进行，能用直达运输尽量不进行中转，如需中转则尽量减少中转环节，并由专人进行中转。办理特殊药品的托管或邮寄应在货物运单上明确标出药品的具体名称，发货人需在记事栏内加盖"麻醉药品或精神药品专用章"，尽可能缩短特殊药品在车站、码头及现场的存放时间，并要求采用封闭式运输工具，铁路运输中不得使用敞篷车，水路运输不得配装至舱面，公路运输应当全部覆盖，并且严密，捆扎牢固。特殊药品运输途中如果有丢失情况，必须认真查找并且立即上报当地公安机关和药品监督管理部门。

药品运输采取安全管理措施，防止在运输过程中发生药品盗抢、遗失、调换等事故。企业应当在药品采购、储存、销售、运输等环节采取有效的质量控制措施，确保药品质量，并按照国家有关要求建立药品追溯系统，实现药品可追溯。

活动二　国家基本药物的配送管理

1. 医药配送的基本概念　医药商品配送是指医药流通企业根据客户订单的具体要求，对相关的医药商品进行拣选、加工、包装后，把客户预定的药品在规定的时间，规定的地点，以准确的数量提供给顾客。药品配送通常局限在一个层次或地区范围内进行。

2. 医药配送的作用

（1）有利于医药物流的合理化。

（2）降低医药物流成本，提高效益。

（3）集中库存使医药企业实现低库存或零库存。

（4）简化事务、方便客户。

（5）提高供应保证程度。

（6）有效解决交通问题。

（7）提高末端医药物流的效益。

（8）有利于开发和应用技术。

3. 新医改和国家基本药物制度　要求集中配送中标药品，这对医药流通企业来说既是一次挑战也是一次机遇，它能够倒逼医药流通企业积极提高自身实力，在优胜劣汰的基础上，能够把企业做大、做强，以适应现代医药体系的要求，深化基本药物集中配送对医药商业发展起到的积极和实效的促进作用，主要体现在以下几个方面。

（1）指导企业做大做强　按照新医改和基本药物制度要求，逐步实现集中采购和集中配送，为扩大配送能力、提高服务效率、加强市场布局，医药商业在加强自身配送实力时为实现网络下沉和延伸，必将通过资产投入、网络建设等渠道开办子、分公司，实现扩大、网络、强大销售、做大规模、壮大实力的目的。

（2）促进企业网络发展　基本药物集中配送要求各医疗机构对本县区卫生主管部门选定的配送企业无条件开户，医药商业市场网络必将因此得到发展空间，特别是获得配送权的医药商业，对先前难以进入的医疗机构，其进入成本将大大降低，效率会大大提高。

（3）优化企业品种结构　目前取得配送权的医药商业大多是以批发流通和零售市场的普药品种经营为主，强调的是大量、快速销售，在医疗机构网络规模扩大后，基本药物和增补药物的品类和数量也因此大幅增加，医药商业必然寻求更多品种生产厂家和供应商的业务联系，重点加强临床用药的采购，从而对品种经营范围和结构提出了新的要求，促进了对医药商业的品种结构优化。

（4）提高企业经营和管理水平　新医改和基本药物制度强调集中配送，对效率、能力、经营和管理提出了更高要求，在基本药物的集中配送中医药商业必然要针对医疗机构药物配送进行流程优化、组织调整、市场整合、财务梳理、员工教育，通过规范管理体制、优化业务流程，严格 GSP 操作，提升员工素质，医药流通企业的管理能力将得到显著提高。

（5）引领现代物流建设　物流是国家十大产业振兴规划之一，现代物流是今后医药商业一个重要的发展方向，各个省市在配送企业选择中都对现代物流条件赋予了重要的打分权重，医改政策和基本药物配送需要医药经营企业具备更为现代的物流条件，同时现行版 GSP 标准也加强了对现代医药物流硬件要求的规定。国家药品政策改革目标是建立以国家基本药物制度为基础的药品供应保障体系，保障人民群众基本用药和安全用药，国家基本药物制度作为一项惠民利国的医改新政，在促进社会公共医疗事业进步的同时，也对医疗、医药行业产生重要而深远的影响。

4. 未来医药配送的发展方向

（1）规模大　做大做强是总体目标，也是产业发展规划的方向，要求配送企业的经营规模、管理能力、资金实力、采购能力都应当十分强大。集中配送必然造就配送企业的规模化发展，同时也促进规范化发展。

（2）网络广　基层医疗机构分散广、基点多、高度集中、广泛分布的医疗服务终端，促使配送企业的销售网络扩大和深化，必然加大配送企业的市场网络布局。

（3）品种齐　取得配送权的配送商可以拥有更多的生产厂家合作资源，同时为了满足医疗机构的需要，侧重加大对医疗机构用药品规的采购，提高配送企业的采购能力和价格谈判能力。

（4）条件高　及时、安全、快捷、频繁的要求，对配送企业的管理能力提出了考验，在加强医疗机构配送的同时，配送企业自身条件需要提高，从管理软件到物流硬件都需要一个大的提升、大的飞跃。

（5）技术强　手搬肩扛的时代即将过去，电子标签、高架立体库、自动分拣、供应链信息管理、现代物流储运等是未来的必然选择。

（6）结算快　随着医药双方合作医疗机构在追求价格低廉的同时，药品配送企业在追求加快结算周转，通过大型医药流通企业进入医疗机构，配送必将促使医疗机构加快货款的支付，形成良性互动。

（7）合作紧　虽然集中配送必然导致医药商业的重组扁平化，营销将替代传统的三级分销模式，通过行业整合，留在药品配送领域的企业之间相互合作必然紧密，在竞争中合作，在合作中竞争，双方需要在网络互补、产品互补、信息互补、管理互补中实现更高层次的竞合状态。

（8）服务优　随着医药配送企业整体素质的提高，造就更多大型医药商业，服务质量必然提高。按照医疗用药要求，一般药品24小时，急救药品4小时，配送会有实质性行动，同时由于减少药品流通环节，对药品的质量把控力度会大大加强。

药物品种整合成必然，实现药物集中配送后，由于招标控制、集中使用、疗效竞争，通过集中配送，环节质量低、疗效差的品种，将在医疗临床中逐步淘汰，必将提高配送企业对于经营品种的整合，从而带动药品生产的整合，甚至是药品生产企业的重组，为此今后将涌现出更多质优价廉的药物，产生更强医药生产、研发、配送企业。

活动三　连锁药店的门店配送管理

法规链接

《附录5　验证管理》

第八条　应当确定适宜的持续验证时间，以保证验证数据的充分、有效及连续。

（一）在库房各项参数及使用条件符合规定的要求并达到运行稳定后，数据有效持续采集时间不得少于48小时。

（二）在冷藏车达到规定的温度并运行稳定后，数据有效持续采集时间不得少于5小时。

（三）冷藏箱或保温箱经过预热或预冷至规定温度并满载装箱后，按照最长的配送时间连续采集数据。

（四）验证数据采集的间隔时间不得大于5分钟。

第九条　应当确保所有验证数据的真实、完整、有效、可追溯，并按规定保存。

第十条　验证使用的温度传感器应当经法定计量机构校准，校准证书复印件应当作为验证报告的必要附件。验证使用的温度传感器应当适用被验证设备的测量范围，其温度测量的最大允许误差为±0.5℃。

连锁药店实现了"统一进货、统一配送和分散销售"，发挥规模经济效益，经营是提高零售企业经营能力的一种有效方法。连锁经营实现了商品销售的"最少环节、最短路径、最低费用、最高效率"，从而降低了商品的零售价格，提高了零售企业的市场竞争力。而配送能力的强弱直接决定着连锁企业经营成本的高低，影响企业盈利的能力，配送中心是连锁药店的关键部门，如何搞好药品配送非常重要。

1. 配送工作要解决的基本问题　从现场业务工作上来看，配送中心有接收、检验药品，储存药品，流通加工、分包药品，配送、调剂和配载药品等项具体的工作任务。从管理工作来看，配送中心有管理药品价格，统计分析各个连锁店药品的进、销、存，管理配送中心的总库存等项工作任务。

从实现配送中心的功能角度来看，配送中心的配送工作要解决的基本问题包括以下内容。

（1）科学地向基层零售商店配送药品做到药品配送的适销、适时、适量。

（2）及时、合理地调剂各个连锁商店药品的余缺，做到既不缺货又不积压。

（3）科学地统计和分析市场药品需求，制订合理的配送计划。

（4）合理地组织药品货源。

2. 提高配送效率的技术问题　为了提高配送工作的效能、效率和降低配送成本配送中心在具体实施药品配送的时候，应着重解决好以下三个方面的技术问题。

（1）药品配送数量的科学化　配送中心要科学地编制药品配送计划，确定配送药品的品种、数量、地点和时间，即要决定好向每个连锁店配送哪些品种、配送药品的数量和向连锁店配送药品的时间。药品配送数量的科学化最为重要，因为它是保证连锁经营的主要环节，在连锁药店的药品配送中常常采用以下两类药品配送的方法。

1）由连锁店按照销售申请配货的配送方式　这种配送方式通常称之为拉动式。它比较适用于松散型连锁经营集团，或者用于紧密型连锁经营集团的外围加盟店，也可以作为连锁药店临时药品需求的补充手段。对于一些特殊的药品，例如需要特殊储存条件或管理要求的药品、贵重的而销售量又少的药品、搬运麻烦的笨重医疗器械等，可以集中储存，根据销售需求的申请再配送调运。申请配货的配送方式的优点是容易实现，配送中心的管理工作简单；缺点是连锁药店基层领导的工作任务较重，不能全心致力于销售和服务，不利于连锁经营系统的集中核算、考核和管理。当强调经营效益的考核时，基层店有可能忽视库存核算，导致增大基层连锁店库存，产生药品积压的倾向

2）由配送中心按照计划配货的配送方式　这种配送方式通常称之为推动式，也是许多连锁药店使用的配送方式之一它适用于紧密型连锁经营集团，或者连锁经营集团的核心层连锁药店。它可以克服申请配货的配送方式的缺点，便于连锁经营系统的集中核算、考核和管理。但是配送中心必须周密地编制配送计划，这使得配送中心的管理工作复杂、难度增大，如果不采用计算机化的管理，难以奏效。

（2）药品配送路线的优化　配送路线的优化不仅可以极大节约运能和运费，而且可以提高配送的及时性。

（3）药品配载的合理化　药品的合理化配载也可以有效地节约运能和运费，达到降低配送业务成本的目的。

3. 医药配送的分类

（1）按配送商品的种类和数量不同分

1）单（少）品种、大批量配送　适用于企业需要量较大，单独一个品种或几个品种就可达到较大输送量，可以实行整车运输的配送方式，这种情况下可以由专业性很强的医药配送中心实行配送。

2）多品种、少批量配送　是根据用户的要求，将所需的各种医药商品（每种医药商品的需求量不大）配备齐全，凑整装车后由配送点送达用户的一种配送方式。多品种、少批量配送作业水平要求高，配送中心设备要求复杂，配货和送货计划难度大，因此需要有高水平的组织工作保证和配合，多品种、少批量配送往往有高频次、小批量、多用户和多品种的特点。

（2）按配送时间及数量分

1）定时配送　案例：某医药配送企业是一家为医药生产企业提供医药原材料配送的公司，因为用户的运行要求精密，原材料必须在规定的时间送到，迟延意味着生产中断。因此该医药配送企业采用日配的方式为制造业提供服务，即上午的配送订货，下午送达；下午的配送订货，第二天早上送达。这样就可以使用户获得在实际需要的前半天得到送货服务的保障，保证了用户生产的平稳，使用户满意度处于比较高的水平。

2）定量配送　是指根据医药配送企业和客户双方协议中规定的配送时间和时间间隔进行配送的一种配送方式。定时配送时，配送的医药种类和数量可根据预先在协议中确定的进行，也可以以双方商定的信息联络方式根据用户的实际需要，进行适当的调整。

案例：某企业是一家综合性医药配送企业，为周边的医药生产企业、医药销售企业和医院提供配送服务。因为有部分客户对送货时间的要求不是很严格，因此该公司决定针对这部分客户采取定量配送的方式。这样操作使得送货数量固定，备货工作较为简单，可以根据托盘、集装箱及车辆的装载能力规定配送的定量，有效利用托盘、集装箱等集装方式，也可做到整车配送，配送效率较高。对于用户来讲，每次接货都处理同等数量的货物，有利于人力、物力的准备工作。如此，既满足了客户的需求，又保持了较高的服务水平。

3）定时定量配送　是指按照医药配送企业和客户双方协议中规定的配送时间和配送数量进行配送的一种配送方式，这种配送方式兼有定时、定量两种方式的优点，是一种精密的配送服务方式。

案例：某配送公司是一家为药品生产制造商提供原材料配送的物流服务商。随着服务的开展，客户提出定时定量配送要求的越来越多，但是因为定时定量配送兼有定时配送和定量配送两种方式的特

点，对配送企业的要求比较严格，管理和作业的难度较大，公司对更改方式的使用一直比较谨慎。经过调研和自身能力的评估，公司认为，本公司的客户特点适合开展这种配送方式，因此积极地与客户协商签订了协议，依据协议采用看板方式来确定配送的时间和数量，取得了良好的效果。

4）定时定路线配送　通过医疗机构或零售药店的分布状况进行分析，设计出合理的运输路线，再根据运输路线安排到达站点的时刻表，沿着规定的运输路线进行配送。

客户可按规定路线规定时间接货及提出配送要求，对配送主体来讲，这种配送方式有利于计划安排运力，在配送医疗机构或零售药店较多的地区，也可避免过分复杂的配送要求所造成的配送组织工作及车辆安排的困难。对医疗机构或零售药店来讲，可以就一定路线和间进行选择，同时可以有计划的安排接货的人力和物力。

5）即时配送　是指完全按照用户突然提出的时间、地点、数量等配送要求，随即进行配送的方式。采用即时配送的方式，客户可以将安全储备降低为零，以即时配送代替安全储备，实现"零库存"经营。

案例：某医药配送公司是一家从事医疗器械的配送物流服务商，为医院和连锁药房提供医疗器械产品配送是其主要的业务。有一些产品的价格变化较快，客户往往只留很少的库存或者采取零库存策略，因此配送的时间和数量要求非常不确定。公司经常因为客户的临时插单而影响正常的工作程序。为了解决这一问题，公司开发了一套实用的软件来处理订单，安排配送工作流程。经过努力，公司目前已经能够应对这种预先不确定时间、数量及送货路线的订单，成为配送的先进企业。

（3）按配送的组织形式分

1）集中配送　医药商品集中配送又称配送中心配送，是指专门从事配送业务的配送中心，根据医疗机构集中采购的医药商品需求而进行的配送。

其特点是规模大、专业性强、计划性强，与医疗机构关系稳定和密切，通常集中配送具有配送品种多、数量大的特点，它是配送的一种主要形式。

2）分散配送　是医药商品销售网点或仓库根据自身或医药公司的需要，对小批量、多品种医药商品进行配送。它适用于分布广、服务面宽、近距离、品种繁多的小额医药商品的配送。

某医药配送公司坐落在一个医药零售药店附近，市场中的很多商户经常会临时要求送几件药品到附近的一些地方，因为距离比较近，商品数量也比较少，公司安排起来并不十分困难。因此，公司专门为这类要求配备了两个员工，同时配送了两辆电瓶车，技术地为客户提供服务。因为服务周到，促进了公司的发展。

3）销售－供应一体化配送　对于基本固定的客户和基本确定的配送，医药商品连锁药店经营公司可以在保证自己销售的同时，承担其他零售药店由计划供应者的职能，既是销售者又是供应者。

（4）按配送的主体分类

1）仓库配送　以仓库为节点进行配送，是传统医药仓库职能的扩大化。一般有两种形式：一种是按照一定的标准将仓库完全改造成药品配送中心，特点是投资大；另一种是在保持仓库原功能的前提下，以仓库原功能为主，再添加一部分的药品配送的职能，活动能力、经营规模和服务范围等方面均不及前者。但是第二种有利于挖掘传统医药仓库的潜力，投资不大，是我国医药企业发展药品配送起步阶段的主要形式。

2）医药配送中心配送　是一种大规模的配送形式，覆盖面宽，是目前我国医药商品配送的主要倡导模式。

医药配送中心配送一般是有计划的配送，具有配送能力强，品种多、数量大的特点，可以承担企业主要医药商品的配送和及时性补充配送任务，缺点是一旦医药配送中心配送建成很难改变，灵活机动性差，且前期投资高。

3）医药商品生产企业配送　这类医药商品配送的主体是医药商品生产企业，尤其是进行多品种生产的医药商品生产企业。

4）代存代供配送　是用户将属于自己的医药商品委托配送企业代存、代供，有时还委托代订，然后由配送企业组织配送的形式。代存代供配送的特点是货物所有权不发生变化，所发生的只是货物的位置转移，配送企业从代存代供业务中获取服务费。

案例：××配送是一家综合性医药配送中心，随着业务规模的不断扩大，资金不足的问题时有出现，致使部分生产能力闲置。经过与客户的沟通，公司开展代存代供业务。即商品所有权不发生转移，医药配送中心只是用户的代理人，医药商品在配送前后都属于用户所有。医药配送中心仅从代存、代理中获取收益。这项业务的开展不仅解决了资金不足的问题，还降低了药品贬值等风险，促进了公司的发展。

4. 医药配送的流程　如果储存区的存货量低于规定标准时，便需要向供应商进行采购订货。从仓库拣选出的医药商品经过整理之后即可准备"发货"，等到一切发货准备就绪，司机便可将货品装在配送车上，向用户进行"送货"作业。另外，在所有作业进行中，可发现只要涉及物的流动作业，其间的过程就一定有"搬运"作业。如果客户有加工要求，则流程中可能加入流通加工作业（图10-1）。

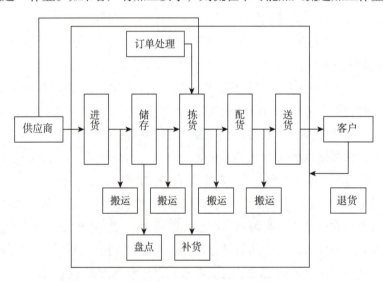

图10-1　医药商品配送流程图

5. 医药配送中心的含义　医药配送中心是配送业务活动的聚集地和发源地，其功能目的是按照客户的要求为客户提供高水平的供货服务。从事医药配送业务的物流场所和组织，应符合下列条件：①主要为特定的用户服务；②医药配送功能健全；③具有完善的信息网络；④辐射范围小；⑤配送的医药商品具有多品种、小批量、高频次的特点；⑥以医药配送为主，以医药储存为辅。

6. 医药配送中心的类别　见表10-5。

表10-5　医药配送中心的类别

分类方法	配送中心类别
按配送中心的设立者经营主体分类	以医药制造企业为主体的配送中心
	以医药批发企业为主体的配送中心
	以医药零售企业为主体的配送中心
	以第三方医药物流企业为主体的配送中心——专业医药物流配送中心

续表

分类方法	配送中心类别
按归属及服务范围	自营型医药配送中心
	共同型医药配送中心
	互用型医药配送模式
	第三方医药物流配送
按配送范围分类	城市医药配送中心
	区域医药配送中心
按配送中心的功能分类	储存型医药配送中心
	流通型医药配送中心
	加工型医药配送中心

7. 我国医药配送中心的现状及发展　目前我国的医药电子商务和医药物流业飞速发展，医药配送中心的规模和信息化程度也紧跟时代脚步，进一步的发展和规范，主要体现在以下几个方面：①医药配送组织的社会化、共同化、网络化程度增加；②医药配送规模化、区域扩大化；③医药配送方式多样化、经营个性化；④医药配送运输的专业化；⑤医药配送服务的信息化；⑥医药配送管理法制化。

技能训练

【训练目的】　通过参观让学生了解药品出库与配送流程。参观药品经营企业，初步了解药品出库和配送的流程。

【具体要求】

1. 了解药品出库流程。

2. 了解药品出库原则。

3. 了解药品出库注意事项。

4. 了解药品运输流程和注意事项。

5. 了解医药配送流程。

目标检测

答案解析

一、单项选择题

1. 药品仓库业务活动的最终环节是（　　）。

　　A. 药品入库　　　　　　　　　　B. 药品在库

　　C. 药品出库　　　　　　　　　　D. 药品盘点

2. （　　）是指药品库存的同一品名的医药商品，对先生产的批号尽量优先出库。

　　A. 先进先出　　　　　　　　　　B. 易变先出

　　C. 近效期先出　　　　　　　　　D. 先产先出

3. 出库检查与复核记录应保存不少于（　　）。

　　A. 3 年　　　　　　　　　　　　B. 4 年

　　C. 5 年　　　　　　　　　　　　D. 6 年

4. 冷藏药品应进行 24 小时连续、自动的温度记录和监控，温度记录间隔时间设置不得超过（ ）分钟/次。

A. 3　　　　　　　　　　　　　　　　B. 5

C. 8　　　　　　　　　　　　　　　　D. 10

二、多项选择题

1. 医药商品出库的原则包括（ ）。

A. 先进先出　　　　　B. 易变先出　　　　　C. 近效期先出

D. 先产先出　　　　　E. 按批号发货

2. 医药商品出库的要求包括（ ）。

A. 未接单据不翻账

B. 未经审单不备库

C. 未经复核不出库

D. 核实凭证、核对账卡、核对实物

E. 单据和实物要进行货号检查、品名检查、规格检查、单位检查、包装检查、件数检查

3. 出库注意事项包括（ ）。

A. 出库不能当天办完，需要分批处理的，应该办理分批处理的手续

B. 复核人员要用不同的人，用不同的方法，双人签字才能出库，单人没有权力将货物提出去

C. 对于失效药品，变质药品，没有使用价值的药品，在没有特殊批准的情况下，坚决不能出库，绝对不能以次充好

D. 当未入库验收，未办理入库手续时，原则上暂缓出库发货

E. 如果将出库凭证遗失，客户应及时向仓库和财务挂失，将原凭证作废，延缓发货；如果挂失前货物已经被冒领，保管员不承担责任

4. 医药商品出库的方式包括（ ）。

A. 送货方式　　　　　B. 收货人自提方式　　　　　C. 过户方式

D. 取样方式　　　　　E. 转仓方式

5. 医药商品的出库流程包括（ ）。

A. 核对出库凭证　　　　　B. 配货　　　　　C. 复核

D. 记账　　　　　E. 交接清点

6. 未来医药配送的主流方向包括（ ）。

A. 规模大和网络广　　　　　B. 品种齐和条件高　　　　　C. 技术强和结算快

D. 合作紧　　　　　E. 服务优

书网融合……

重点小结

习题

项目十一　药品售后与质量风险管理

PPT

学习目标

　　知识目标：掌握药品召回的流程、药品不良反应监测报告范围，熟悉药品召回的类别、药品质量风险管理程序，了解质量查询、质量投诉的原则和要求。

　　能力目标：能够根据 GSP 的要求，进行质量查询、质量投诉、药品召回、不良反应监测和风险管理。

　　素质目标：树立学生的遵法守法、服务客户意识，培养学生用专业知识分析问题、解决问题的素养。

情境导入

　　情境：提升风险管理意识和风险管理水平对药品经营企业规避风险至关重要。某医药批发企业收到药品生产企业召回药品的通知后，按照 GSP 的要求进行了药品召回，收到召回药品后，药品批发企业误将召回药品放置在合格区，导致召回的问题药品又一次被销售给客户，该情况被查出后，该医药批发企业受到了相应的处罚。

　　思考：1. GSP 对药品召回管理的规定有哪些？
　　　　　　2. 药品经营企业如何提升风险管理水平？

任务一　药品售后管理

活动一　质量查询与质量投诉

 法规链接

《药品经营质量管理规范》

　　第一百一十四条　企业应当按照质量管理制度的要求，制定投诉管理操作规程，内容包括投诉渠道及方式、档案记录、调查与评估、处理措施、反馈和事后跟踪等。

　　第一百一十五条　企业应当配备专职或者兼职人员负责售后投诉管理，对投诉的质量问题查明原因，采取有效措施及时处理和反馈，并做好记录，必要时应当通知供货单位及药品生产企业。

　　第一百一十六条　企业应当及时将投诉及处理结果等信息记入档案，以便查询和跟踪。

　　第一百七十四条　企业应当在营业场所公布食品药品监督管理部门的监督电话，设置顾客意见簿，及时处理顾客对药品质量的投诉。

一、质量查询

　　质量查询是企业在正常的业务经营活动中，针对经营产品质量问题向质量查询方提供的信息检索、资料索取、问题咨询、质量确认等工作。企业应按照 GSP 要求建立质量查询管理制度，规范质量查询工作，以达到完善售后服务工作和提高服务质量的目的。

1. 质量查询处理的原则 应遵循"准确、及时、有效"的原则。质量查询处理应以查询方关注的焦点和内容为中心，准确提供查询信息，及时处理质量查询，与查询方进行有效沟通，得到查询方反馈，保证质量查询处理的有效性。例如，接受购货单位对法规类的咨询时，需以被咨询者"真知、真懂"为前提，并及时将法规以传真、电子邮件的方式提供给对方。

2. 商品质量查询处理的依据 应强调以实证为依据。查询涉及药品外观性状、包装、标签、说明书等方面质量问题时，需由质量管理部确认才可以反馈信息；涉及药品质量检测项目内容查询的，必要时需由质量管理部负责组织抽样送检，取得检验报告书后再反馈。

3. 质量查询处理的责任制 实行"首接责任制"和"时限责任制"。一般情况下，质量查询的首接人即为受理人，受理人应在规定的时限内核实情况，落实相关部门予以解决，并做好跟踪和反馈。

二、质量投诉

按照 GSP 的要求，企业应当按照质量管理制度的要求，制定投诉管理操作规程，配备专职或者兼职人员负责售后投诉管理，查明投诉原因，采取有效措施及时处理和反馈，做好记录，并将投诉及处理结果等信息记入档案。客户投诉处理卡如表 11 - 1 所示。

表 11 - 1 客户投诉处理卡

资料存档号：

客户名称：					访问时间：		
反映主要问题	涉及产品名称	规格	药品上市许可持有人/药品生产企业	批号	单位	数量	质量问题
质量查询函件	共 件（原件附后）						
客户投诉内容	业务部签字：						
调查情况	业务部、质量管理部签字：						
处理意见	质量管理部：				主管领导：		
最终处理结果	质量管理部：						
改进措施日期					实施者：		
实施情况反馈							

1. 质量投诉受理遵循"客户至上"原则，实行"首接责任制" 质量投诉首接人即受理人，首接人受理客户质量投诉后，应及时反馈至相关部门处理并记录。

2. 质量投诉受理应做好"三核实" 核实投诉主体，确认投诉单位、通讯地址及联系方式等；

核实投诉事项，确认投诉事项发生的时间、地点，或涉及药品的品名、规格、批号、有效期、上市许可持有人和生产企业等信息；核实投诉目的，确认投诉事项所造成的不良后果及主体目的，并将核实内容记入质量投诉处理记录。

3. **科学确认与评估质量投诉项目涉及的质量状况**　质量投诉处理应以实证为依据。属药品外观性状、包装、标签、说明书等方面质量问题，由质量管理部作鉴别和确认；属质量检测项目，由质量管理部组织抽样送检，并取得检验报告书；属政府药品监督管理部门抽检发现的质量问题，应提供相关部门的通知或药检机构出具的检验报告书或药品监管部门出具的公告；属购货单位提出服务质量方面的投诉时，应详细记录所涉及的人员、部门、时间、地点和具体事项。

4. **按照质量投诉的制度和规程进行质量投诉的处理**　质量投诉事项经核实确认为不合格药品的，质量管理部应及时召回或追回；质量投诉事项经核实确认为药品不良反应及安全性信息，按照药物警戒管理制度和药品不良反应报告管理制度执行；质量投诉若涉及供货单位或药品上市许可持有人责任赔偿，按公司与供货单位签订的购销合同及协议中所约定的条款，向供货单位索赔；质量投诉若涉及质量责任事故，责任部门应查明原因，分清责任，落实整改预防措施；对服务质量方面的投诉，应由相关部门对投诉内容进行调查、评估、调解、处理和报告，并记录存档。

5. **及时进行质量投诉的反馈和事后跟踪**　质量投诉处理完毕，由质量管理部门向投诉方回复处理结果，并主动听取投诉方的反馈意见。投诉方为购货单位的，质量管理部、销售部门对质量投诉涉及的重点事项，需上门认真听取意见。投诉的问题改进后，相关部门应对投诉方进行事后跟踪，保证改进的持续性和有效性。

活动二　用户访问与药品召回

 法规链接

《药品经营质量管理规范》

第一百一十七条　企业发现已售出药品有严重质量问题，应当立即通知购货单位停售、追回并做好记录，同时向食品药品监督管理部门报告。

第一百一十八条　企业应当协助药品生产企业履行召回义务，按照召回计划的要求及时传达、反馈药品召回信息，控制和收回存在安全隐患的药品，并建立药品召回记录。

第一百七十六条　企业发现已售出药品有严重质量问题，应当及时采取措施追回药品并做好记录，同时向食品药品监督管理部门报告。

第一百七十七条　企业应当协助药品生产企业履行召回义务，控制和收回存在安全隐患的药品，并建立药品召回记录。

一、用户访问

为了完善和提高企业的经营服务质量水平，企业应定期或不定期地广泛征求用户对商品质量、服务质量、工作质量的意见和建议，可采用走访、问卷调查、会议座谈、委托第三方调查等形式。

进行用户访问活动应事先做好计划和准备，明确访问目的，落实责任人。用户访问的主要内容包括：对本企业药品经营中涉及质量管理的意见和要求；对本企业销售、配送、运输、售后服务工作的改进要求和建议；了解市场需求变化信息，对本企业的综合性评价意见等。访问活动应做好记录，建立访问工作档案。访问中对用户提出的意见应及时反馈到相关的责任部门处理，各部门向用户反馈处理措施的同时应进一步了解用户对整改工作的满意度。

二、药品召回

1. 药品召回的定义 《药品召回管理办法》对药品召回进行了定义，药品召回是指药品上市许可持有人按照规定的程序收回已上市的存在质量问题或者其他安全隐患药品，并采取相应措施，及时控制风险、消除隐患的活动（图 11 –1）。质量问题或者其他安全隐患是指由于研制、生产、储运、标识等原因导致药品不符合法定要求，或者其他可能使药品具有的危及人体健康和生命安全的不合理危险。

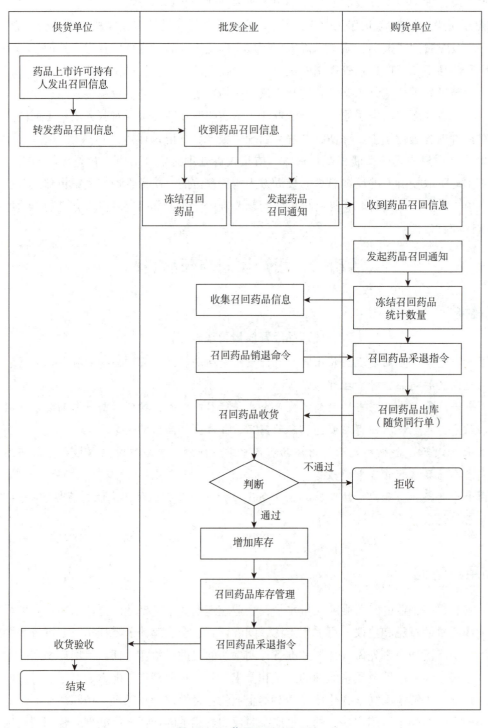

图 11 –1　药品召回流程图

药品上市许可持有人是控制风险和消除隐患的责任主体，应当建立并完善药品召回制度，收集药品质量和安全的相关信息，对可能存在的质量问题或者其他安全隐患进行调查、评估，及时召回存在质量问题或者其他安全隐患的药品。药品生产企业、药品经营企业、药品使用单位应当积极协助持有人对可能存在质量问题或者其他安全隐患的药品进行调查、评估，主动配合持有人履行召回义务，按照召回计划及时传达、反馈药品召回信息，控制和收回存在质量问题或者其他安全隐患的药品。

2. 药品召回的类别和级别　药品召回包括主动召回和责令召回两类。主动召回是指持有人经调查评估后，确定药品存在质量问题或者其他安全隐患的，应当立即决定并实施召回，同时通过企业官方网站或者药品相关行业媒体向社会发布召回信息。责令召回是指药品监督管理部门经过调查评估认为持有人应当召回药品而未召回的，药品监督管理部门经对持有人主动召回结果审查认为持有人召回药品不彻底的。

根据药品质量问题或者其他安全隐患的严重程度，药品召回分为三级。

（1）一级召回　使用该药品可能或者已经引起严重健康危害的。

（2）二级召回　使用该药品可能或者已经引起暂时或者可逆的健康危害的。

（3）三级召回　使用该药品一般不会引起健康危害，但由于其他原因需要收回的。

持有人作出药品召回决定的，一级召回在 1 日内，二级召回在 3 日内，三级召回在 7 日内，应当发出召回通知，通知到药品生产企业、药品经营企业、药品使用单位等，同时向所在地省、自治区、直辖市人民政府药品监督管理部门备案调查评估报告、召回计划和召回通知。

3. 药品经营企业药品召回的流程　药品经营企业有责任和义务协助药品上市许可持有人，及时准确地回收存在安全隐患的药品。当药品经营企业接到供货单位药品召回通知后，应严格按照药品召回管理制度及操作规程进行操作，拟定问题药品召回计划、锁定召回药品库存、向购货单位传递召回信息、召回药品、反馈药品召回信息，向供货单位退回已召回的所有药品，并建立药品召回记录（表 11 - 2）。

表 11 - 2　药品召回情况记录表

召回通知日期	药品名称	规格	单位	批号	药品上市许可持有人	召回数量	召回原因	客户名称	处理时间	处理结果

药品召回的流程如下。

（1）药品经营企业接到药品上市许可持有人或药品监督管理部门发出的召回通知后，在质量管理部门统一指挥协调下，拟定问题药品具体召回操作计划。

（2）销售部门根据召回计划，核实所有召回药品销售流向和明细，向所有购货单位发出召回通知（表 11 - 3），启动药品召回流程。

（3）物流部门锁定现有召回药品库存，根据召回销退指令，对购货单位销退回库的召回药品，加强收货验收，并对所有召回的药品标记管理，分门别类登记、汇总。

（4）采购人员根据召回工作的总体安排及库存情况，及时拟定召回采退指令，并与供货单位协调处理。

（5）物流部门根据召回采退指令，完成配货复核出库操作，将所采退的召回药品运输至供货单位，并收回、保存供货单位的签收回单。

（6）质量管理部门收集每批次召回销退和采退记录，及时统计召回执行情况，向供货单位反馈召回执行进度信息，待完成所有召回工作后，拟定召回评估报告，并连同药品召回情况记录等材料存档备查。

表 11 – 3　药品召回通知单

时间： 客户名称：		编号： 客户联系方式：	
药品名称：		规格：	批号：
药品上市许可持有人：			
召回类别：		召回级别：	
召回原因： 			
为保障公众用药安全，根据《药品召回管理办法》等国家法规规定，现决定对我司经营的本表所列的商品进行召回，请贵单位接到通知后立即停止销售，收集库存产品并封存退回我司。 　　　　　　　　　　　　　　　　　　　　　　　　　　　　年　月　日			
客户回执	已接到上述药品召回通知，本单位将立即停止销售及回收该药品，并于　　　日内退回贵公司。 　　　　　　　　　　　　　　客户签章：　　　　年　月　日		

任务二　药品不良反应报告

 法规链接 --

《药品经营质量管理规范》

第一百一十九条　企业质量管理部门应当配备专职或者兼职人员，按照国家有关规定承担药品不良反应监测和报告工作。

第一百七十五条　企业应当按照国家有关药品不良反应报告制度的规定，收集、报告药品不良反应信息。

活动一　药品不良反应监测报告制度的意义

药品不良反应（adverse drug reaction，ADR）是指合格药品在正常用法用量下出现的与用药目的无关的有害反应。实施药品不良反应监测报告制度的目的是为加强药品的上市后监管，规范药品不良反应报告和监测，及时有效控制药品风险，保障公众用药安全。药品不良反应发生的频率和严重程度是评价药品安全性的关键指标。

（一）开展 ADR 监测对医疗机构的意义

1. 促进临床药学发展，提高合理用药水平　临床药学在 20 世纪 50 年代中后期首先由美国提出并创建，当时美国制药工业已较发达，新药大量开发生产，伴随临床使用药品的增加，不合理用药情况日趋加重，药物毒副作用和过敏反应不断发生。当时医药学界对 ADR 认识不足，也未建立 ADR 监测，患者常受到 ADR 损害。这种情况引起了卫生行政部门和医药卫生界的重视，纷纷提出让药学专业技术人员加强处方审核、参与临床用药、促进合理用药。开展 ADR 监测，可以有效促进临床药学发展，从而降低 ADR 的发生率，提高合理用药水平。

2. 降低医疗费用，减轻患者负担　在医院，药物治疗仍然是当今治疗疾病的重要手段之一，全球药品销售每年都在增加，伴随着药品销售量的增长，ADR 的发生率也在增加，由此大大增加了医疗费用的支出。医疗机构通过 ADR 监测，可以避免严重 ADR 的重复发生，提高治愈率，降低死亡率，缩短住院天数，提高病床周转率，从而减轻患者的医疗负担，降低医疗费用。

3. 有利于推动医疗机构的科研工作　ADR 的发生原因和影响因素非常复杂，临床上使用的药物品种种类和联合用药方案较多，医疗机构的科研人员需要结合临床上出现的 ADR 情况，研究发生原因，找出影响因素，通过临床实践和研究提升 ADR 监测水平，进而提升医疗机构科研人员的科研水平。

（二）开展 ADR 监测对生产企业的意义

1. 为新药开发和企业决策提供依据　新药的开发需要大量资金投入，且周期较长，潜在的风险极高。若因存在严重的不良反应未获上市或上市不久即被撤销，将会给企业带来不可估量的损失。制药企业通过 ADR 监测，可以为本企业药品开发收集资料，如用药人群出现不良反应情况、同类药品相比较的情况等，以便及时调整和拟定本企业产品开发、生产和销售的策略，从而为新药开发和企业决策提供依据。

2. 有利于维护企业权益和树立企业形象　一方面，当制药企业处理药品安全性问题时，可应用企业的 ADR 数据资料，并快速、有效、科学的对药品安全性进行评估，以维护企业和产品的信誉和利益；另一方面，制药企业高度重视药品的安全性，及时反馈药品的安全性信息，指导用户合理用药，不仅不会损害企业的利益，反而会赢得用户的信任，提高企业知名度，从而有利于品牌创立，树立企业良好形象。

活动二　药品不良反应监测报告的范围

药品生产、经营企业和医疗机构获知或者发现可能与用药有关的不良反应，应当通过国家药品不良反应监测信息网络报告；不具备在线报告条件的，应当通过纸质报表报所在地药品不良反应监测机构，由所在地药品不良反应监测机构代为在线报告。报告内容应当真实、完整、准确。药品生产、经营企业和医疗机构应当建立并保存药品不良反应报告和监测档案。

《药品不良反应报告和监测管理办法》对药品不良反应类别、报告范围和要求进行了规定（表11-4）。

表11-4　药品不良反应报告范围和要求

类别	报告范围和要求	定义
个例药品不良反应	新药监测期内的国产药品应当报告该药品的所有不良反应；其他国产药品，报告新的和严重的不良反应；进口药品自首次获准进口之日起5年内，报告该进口药品的所有不良反应；满5年的，报告新的和严重的不良反应 新的、严重的药品不良反应应当在15日内报告，其中死亡病例须立即报告；其他药品不良反应应当在30日内报告；有随访信息的，应当及时报告	1. 严重药品不良反应是指因使用药品引起以下损害情形之一的反应：导致死亡；危及生命；致癌、致畸、致出生缺陷；导致显著的或者永久的人体伤残或者器官功能的损伤；导致住院或者住院时间延长；导致其他重要医学事件，如不进行治疗可能出现上述所列情况的 2. 新的药品不良反应是指药品说明书中未载明的不良反应。说明书中已有描述，但不良反应发生的性质、程度、后果或者频率与说明书描述不一致或者更严重的，按照新的药品不良反应处理 3. 药品群体不良事件是指同一药品在使用过程中，在相对集中的时间、区域内，对一定数量人群的身体健康或者生命安全造成损害或者威胁，需要予以紧急处置的事件 4. 同一药品指同一生产企业生产的同一药品名称、同一剂型、同一规格的药品 5. 药品重点监测是指为进一步了解药品的临床使用和不良反应发生情况，研究不良反应的发生特征、严重程度、发生率等，开展的药品安全性监测活动
药品群体不良事件	发现药品群体不良事件后，应当立即通过电话或者传真等方式报所在地的县级药品监督管理部门、卫生行政部门和药品不良反应监测机构，必要时可以越级报告	
境外发生的严重药品不良反应	进口药品和国产药品在境外发生的严重药品不良反应（包括自发报告系统收集的、上市后临床研究发现的、文献报道的），获知之日起30日内报送国家药品不良反应监测中心。进口药品和国产药品在境外因药品不良反应被暂停销售、使用或者撤市的，在获知后24小时内书面报国家食品药品监督管理局和国家药品不良反应监测中心	
定期安全性更新报告	设立新药监测期的国产药品，应当自取得批准证明文件之日起每满1年提交一次定期安全性更新报告，直至首次再注册，之后每5年报告一次；其他国产药品，每5年报告一次。首次进口的药品，自取得进口药品批准证明文件之日起每满1年提交一次定期安全性更新报告，直至首次再注册，之后每5年报告一次	
药品重点监测	新药监测期内的药品和首次进口5年内的药品，应当开展重点监测，对本企业生产的其他药品，应当根据安全性情况主动开展重点监测	

活动三　药品不良反应报告

药品生产、经营企业和医疗机构应当主动收集药品不良反应，获知或者发现药品不良反应后应当详细记录、分析和处理，填写《药品不良反应/事件报告表》（表11-5）并报告。药品生产、经营企业和医疗机构获知或者发现药品群体不良事件后，填写《药品群体不良事件基本信息表》（表11-6），对每一病例还应当及时填写《药品不良反应/事件报告表》，通过国家药品不良反应监测信息网络报告。

表11-5　药品不良反应/事件报告表

首次报告□　　跟踪报告□				编码：_____	
报告类型：新的□　严重□　一般□		报告单位类别：医疗机构□　经营企业□　生产企业□　个人□　其他□_____			
患者姓名：	性别：男□ 女□	出生日期：	民族：	体重（kg）：	联系方式：
原患疾病：		医院名称： 病历号/门诊号：		既往药品不良反应/事件：有□　无□　不详□ 家族药品不良反应/事件：有□　无□　不详□	
相关重要信息：吸烟史□　饮酒史□　妊娠期□　肝病史□　肾病史□　过敏史□　其他□_____					

续表

药品	批准文号	商品名称	通用名称	生产厂家	生产批号	用法用量（次剂量、途径、日次数）	用药起止时间	用药原因
怀疑药品								
并用药品								

不良反应/事件名称：		不良反应/事件发生时间：

不良反应/事件过程描述（包括症状、体征、临床检验等）及处理情况：

不良反应/事件的结果：痊愈□　好转□　未好转□　不详□　有后遗症□　表现：_____

死亡□　直接死因：_____　死亡时间：　　年　　月　　日

停药或减量后，反应/事件是否消失或减轻？是□　否□　不明□　未停药或未减量□
再次使用可疑药品后是否再次出现同样反应/事件？是□　否□　不明□　未再使用□

对原患疾病的影响：不明显□　病程延长□　病情加重□　导致后遗症□　导致死亡□

关联性评价	报告人评价：肯定□　很可能□　可能□　可能无关□　待评价□　无法评价□　签名： 报告单位评价：肯定□　很可能□　可能□　可能无关□　待评价□　无法评价□　签名：
报告人信息	联系电话：　　　　　　　　　职业：医生□　药师□　护士□　其他□_____
	电子邮箱：　　　　　　　　　签名：
报告单位信息	单位名称：　　　联系人：　　　电话：　　　报告日期：　年　月　日
生产企业请填写信息来源	医疗机构□　经营企业□　个人□　文献报道□　上市后研究□　其他□
备注	

表 11 - 6　药品群体不良事件基本信息表

发生地区：		使用单位：	用药人数：
发生不良事件人数：		严重不良事件人数：	死亡人数：
首例用药日期：　年　月　日		首例发生日期：　年　月　日	

		商品名	通用名	生产企业	药品规格	生产批号	批准文号
怀疑药品							

		产品名称	生产企业	生产批号	注册号
器械					
	本栏所指器械是与怀疑药品同时使用且可能与群体不良事件相关的注射器、输液器等医疗器械				

不良事件表现：
群体不良事件过程描述及处理情况（可附页）：
报告单位意见

报告人信息	电话：　　　　电子邮箱：　　　　签名：
报告单位信息	报告单位：　　　联系人：　　　电话：

报告日期：　年　月　日

任务三　质量风险管理

法规链接

第五条　企业应当依据有关法律法规及本规范的要求建立质量管理体系，确定质量方针，制定质量管理体系文件，开展质量策划、质量控制、质量保证、质量改进和质量风险管理等活动。

第十条　企业应当采用前瞻或者回顾的方式，对药品流通过程中的质量风险进行评估、控制、沟通和审核。

活动一　GSP对药品经营企业风险管理的要求

GSP对药品经营企业风险管理的要求是企业应当采用前瞻或者回顾的方式，对药品流通过程中的质量风险进行评估、控制、沟通和审核。

1. 前瞻的方式　是通过对预先设定的质量风险因素进行分析评估，从而确定该因素在影响流通过程中药品质量的风险评价。前瞻性研究注重对风险因素的牵连性、影响性、可发展性的把握，是对风险因素的本质（潜在性）的挖掘。例如，选择新的承运商合作前，对其进行质量审计和实地调查，从而确定与其合作的风险。

2. 回顾的方式　是通过追溯评价已发生的事件，回顾的方式是一种由"果"至"因"的研究方式，并举一反三采取纠正或预防措施，防止再次发生类似的风险。例如，当药品经营企业发现某一阶段药品持续发生质量问题，通过研究发现，是由于仓库温湿度控制系统出现问题，不稳定的温湿度影响到药品质量，企业应对仓库温湿度调控设备进行检修，并加强验证及日常保养维护，确保温湿度控制在规定范围内，从而保障药品质量。

3. 风险　是指危害的严重程度和危害发生概率的组合。企业在生产经营中会遇到各种不确定性事件，是影响经营目标实现的不确定性因素，这些不确定性事件、不确定性因素就是风险。根据风险的可接受性和严重程度，将风险划分为以下三个等级。

（1）可接受风险（低级风险）　不必采取风险干预措施。

（2）合理风险（中级风险）　通过实施风险控制措施，可以降低风险程度，使风险降低到可接受的水平。

（3）不可接受风险（高级风险）　可能导致严重损害，必须采取有效干预措施。

4. 质量风险　是指在产品或服务的生产、提供或使用过程中可能导致质量不符合预期的潜在风险。

5. 风险评估　是指在风险事件发生之前或之后（但还没有结束），该事件给人们的生活、生命、财产等各个方面造成的影响和损失的可能性进行量化评估的工作。风险评估包括风险识别、风险分析和风险评价。

6. 风险控制　是指风险管理者采取各种措施和方法，消灭或减少风险事件发生的各种可能性，或风险控制者减少风险事件发生时造成的损失。风险控制的四种基本方法是风险回避、风险降低、风险转移和风险自留。

7. 风险沟通　是个体、群体以及机构之间交换信息和看法的相互作用过程。这一过程涉及多侧面的风险性质及其相关信息，它不仅直接传递与风险有关的信息，也包括表达对风险事件的关注、意见以及相应的反应，或者发布国家或机构在风险管理的法规和措施等。

8. 风险审核 是根据风险相关的知识和经验，对风险管理过程的结果进行审核或监控。在风险管理流程的最后阶段，应该对风险管理的结果进行审核，尤其是对那些可能会影响到原先质量管理决策的事件进行审核。

活动二　药品质量风险管理

1. 质量风险管理的概念　质量风险管理（quality risk management，QRM）是指采取回顾性、前瞻性等方法，全面评估、控制、沟通与审核整个产品生产周期可能产生的质量风险，其属于一个系统过程。美国食品药品管理局在 2002 年时，最先在药品质量管理体系中运用了质量风险管理概念，经过不断完善，如今已广泛应用于各个领域，包括药品生产、经营、使用整个过程，并发挥了重要的作用。

2. 药品质量风险管理的意义　质量风险管理力求系统科学地将各类不确定因素产生的结果控制在预期可接受范围内，把风险导致的各种不利后果降低到最低程度，使之符合产品质量和服务质量的要求。质量风险管理是质量管理体系的一个重要组成部分，在质量管理中发挥着重要作用。一方面，质量风险管理能促进企业决策的科学化、合理化，减少企业决策的风险；另一方面，风险管理的实施可以使药品的研发、生产、流通和使用各个环节风险损失降低至最低。

活动三　药品质量风险管理程序

药品经营企业应结合自身质量管理实际，成立质量风险管理组织，设计企业质量风险管理方案，经审核批准后，依据质量风险管理计划，启动企业质量风险管理程序。

一、质量风险管理流程

根据国际人用药品注册技术协调会（ICH）ICH Q9 质量风险管理，风险管理流程包括：启动风险管理流程，进行风险评估（风险识别、风险分析、风险评价）、风险控制（风险降低、风险接受）、风险沟通，输出风险管理结果，并进行风险审核（图 11 – 2）。

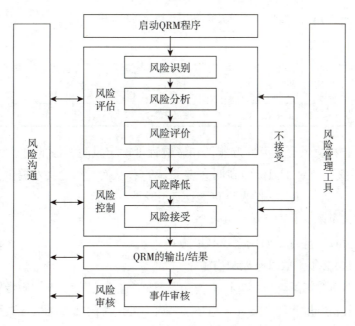

图 11 – 2　质量风险管理流程图

（一）质量风险评估

风险评估是风险管理过程的第一步，包括风险识别、风险分析和风险评价三个部分。

1. 风险识别　是指结合内外部环境、企业自身运营等因素，在对收集的信息进行必要的筛选、提炼、对比、分类、组合的基础上，查找各职能部门、各项重要经营活动及其重要业务流程中有无风险，以及有哪些风险。在药品经营过程中，质量风险的引发因素多种多样，如药品经营过程中的环节管理（采购、收货、验收、养护、销售等）以及相关企业管理人员的风险意识、管理方式等，在药品经营活动的每个环节都有相应的风险存在，需要通过合适的方法进行风险识别（表11-7）。

表11-7　风险识别方法

方法	说明
流程梳理	管理工作和制度流程化，以风险为导向，识别影响流程目标的风险因素
目标分解	根据各项目标进行分解，辨识影响目标实现的风险因素
职责分解	根据各部门的职责进行分解，找到影响工作职责完成的风险因素
核对表单	将当前累积的风险管理经验和已经发生过的风险事件罗列、核对
财务分析	以历史数据为依据，结果为导向，辨识风险
头脑风暴	通过组织相关人员互动参与的方式共同探讨风险因素
访谈/座谈	按照事先设计好，有一定结构的访谈问卷，面对面交谈发掘风险因素
问卷调查	运用统一设计的问卷，向被选取对象了解情况或征询意见，辨识风险

2. 风险分析　是用定性、定量的方法对已经被识别的风险进行分析，通过分析每个风险发生的可能性和影响程度（表11-8），对风险进行深入的描述，风险分析是风险评估最重要的环节，需要有经验的技术人员及质量相关人员采用适宜的分析方法完成风险分析。

表11-8　风险发生的可能性和影响程度评分标准表

评分		1	2	3	4	5
可能性	定性方法	稀少（发生频次小于每十年一次）	不太可能发生（发生频次为每五至十年一次）	可能发生（发生频次为每一至五年一次）	很可能发生（发生频次约每年一次）	经常发生（发生频次约每季度一次）
	定量方法	发生概率在10%以下	发生概率在10%~30%	发生概率在30%~70%	发生概率在70%~90%	发生概率在90%~100%
影响程度		Ⅰ（可忽略）	Ⅱ（微小）	Ⅲ（中等）	Ⅳ（严重）	Ⅴ（毁灭性）

3. 风险评价　是指根据风险发生的可能性和影响程度确定风险等级的过程，可用"风险综合指数（R）"或"风险等级"来评价风险的高低（表11-9），从而为风险决策提供依据。

$$R = 风险发生可能性评分 \times 影响程度评分$$

低级风险：$R < 5$，可不必采取风险干预措施；

中级风险：$5 \leq R < 12$，建议采取风险控制措施；

高级风险：$R \geq 12$，必须采取风险控制措施。

例如，药品监管部门对某医药公司进行检查，发现该企业质量负责人、质量管理部负责人岗位虚设，经核实质量负责人、质量管理部负责人均是某私人口腔医院的在职医生，故可能性评价为可能发生，评分为3，影响程度评价为毁灭性，评分为5，$R = 3 \times 5 = 15$，风险等级为高级。

表 11 - 9　风险等级评价表

影响程度	可能性				
	1 级	2 级	3 级	4 级	5 级
Ⅰ级	1	2	3	4	5
Ⅱ级	2	4	6	8	10
Ⅲ级	3	6	9	12	15
Ⅳ级	4	8	12	16	20
Ⅴ级	5	10	15	20	25

（二）质量风险控制

风险控制是指在风险评估的基础上，将质量风险降低到可接受水平所采取各项决定和措施的过程。风险评估后，应根据风险等级制定风险控制措施和危机处理计划。

1. 风险回避　即考虑影响预定目标达成的诸多风险因素，结合决策者自身的风险偏好性和风险承受能力，从而做出的中止、放弃或调整、改变某种决策方案的风险处理方式，以避免或减轻损失。例如，根据风险评估结果，医药企业应杜绝与不守信用的供应商业务往来，杜绝与不符合质量要求的客户合作。

2. 风险降低　即权衡成本效益后，准备采用适当控制措施消除、降低或减轻损失。当风险超过了可接受水平时，应采取降低风险的措施，减少损失发生的可能、降低损失严重程度、提高发现质量风险的能力等。例如，使用冷藏车进行冷藏药品的多点运输配送时，增加其他隔热保温措施并增加附于药品上的温度记录仪（时间温度标签），避免车厢门开启时车载温度记录仪出现短暂超温。

3. 风险转移　是指通过合同或非合同的方式将风险转嫁给另一个人或单位的一种风险处理方式，是对风险造成的损失的承担的转移，即通过将风险转移给第三方，将风险控制在风险承受度之内。例如，公司财产向专业性保险公司投保；与上游供应商订立购销合同时添加退货或补偿约定。

4. 风险自留　指风险保留在风险管理主体内部，通过采取内部控制措施来化解风险或者对这些保留下来的风险不采取任何措施。风险自留与其他风险控制措施的根本区别是它不改变风险的客观性质，既不改变风险的发生概率，也不改变风险潜在损失的严重性。例如，将损失摊入成本或费用，预留风险金。

（三）质量风险沟通

在风险管理实施过程的各个阶段，风险评估者、管理者以及其他各方应该对进行的风险管理程度和管理方面的信息进行交流和共享，通过风险沟通，促进风险管理的实施，使各方掌握更全面的信息，从而调整、优化、改进相应管理措施，提升风险管理效果。

药品经营过程包括药品购进、收货、验收、储存与养护、药品销售、出库与运输、售后服务等多个环节和关键控制点，针对以上过程开展质量风险管理，进行质量风险的识别、分析、评价、控制、处理等，均需要进行充分的信息交流和沟通，并将质量风险管理实施过程通过文件的形式记录下来。

（四）质量风险审核

风险审核是风险管理流程的最后阶段，应对风险管理结果进行审核，尤其是对那些可能会影响原先质量管理决策的事件进行审核。风险管理是一个持续性的质量管理过程，应当建立阶段性的审核检查机制。

在药品经营过程中，结合企业质量管理工作中的质量管理体系审核和 GSP 内部评审，适时开展质量风险管理的定期审核，从而检验 GSP 实施的有效性和持续性。质量风险审核一般每年一次，并通过药品经营过程的质量风险审核表记录药品经营过程中的质量风险审核过程。

二、药品批发企业质量风险管理

药品经营活动是管理制度、组织架构、人员及职责、设施设备、过程管理等诸多要素共同整合、相互作用的有机整体，任何一个要素发生偏离，对经营药品的质量产生影响，均会引发质量风险。

（一）经营环节质量风险管理

药品批发企业经营环节和业务流程主要包括质量管理体系、机构职责和文件，人员与培训，供货单位申请审核，经营商品申请审核，采购与订单下达，收货与验收，商品储存与养护，购货单位申请审核，销售与开票，商品拣选、复核与出库，运输与配送，售后服务，不合格品的管理，设施与设备管理，质量管理基础数据的建立及更新，信息管理系统，特殊药品安全管理。企业应根据内外部环境信息、法律法规要求、核心业务经营过程，对企业的经营环节进行风险识别，以下列举出部分药品批发企业药品经营质量风险点（表11-10）。

表11-10 药品批发企业药品经营质量风险点

经营环节/业务流程	风险点
质量管理体系、机构职责和文件	1. 企业未按药品经营质量管理规范的要求建立质量管理体系或质量体系与经营范围和规模不相适应 2. 企业设立的组织机构或者岗位与其经营活动和质量管理不相适应；没有明确规定各组织机构或者岗位的职责、权限及相互关系 3. 未按照规定制定包括药品追溯制度的质量管理体系文件 4. 未建立药品采购、验收、养护、销售、出库复核、销后退回和购进退出、运输、储运温湿度监测、不合格药品处理等相关记录，或者记录未能真实、完整、准确、有效和可追溯 5. 质量管理部门没有履行职责，没有及时进行质量管理体系内部审核
人员与培训	1. 违反规定聘用人员或有关岗位人员资质不符合要求，从事质量管理、验收工作的人员没有在职在岗，兼职其他业务工作 2. 无依法经过资格认定的药师或者其他药学技术人员、无与所经营药品相适应的质量管理机构或者人员 3. 药品经营相关的法规出台后、企业质量管理制度新修订后未进行全员培训
供货单位申请审核	1. 未从药品上市许可持有人或者具有药品生产、经营资格的企业购进药品 2. 对首营企业的资料查验审核，未确认资料真实、有效；未发现供货单位资质文件造假，不具有合法资格 3. 供货单位的经营范围与所供商品不符合
经营商品申请审核	1. 质量部门审核未发现产品是假药或劣药 2. 进口未取得药品批准证明文件的药品 3. 经营未按照规定印有、贴有标签或者附有说明书，标签、说明书未按照规定注明相关信息或者印有规定标志的药品
采购与订单下达	1. 采购药品时未取得供货单位的合法票据 2. 购进药品未按照规定进行记录、未能实现药品可追溯 3. 未按照规定向允许药品进口的口岸所在地药品监督管理部门备案 4. 进口、采购疗效不确切、不良反应大或者因其他原因危害人体健康的药品
收货与验收	1. 未建立并执行进货检查验收制度 2. 未验明药品合格证明和其他标识，导致销售未经检验合格的药品 3. 进货检查验收时，收货人员未核实运输方式等信息 4. 进货检查验收未按照规定进行记录 5. 发生直调时未建立专门的直调药品验收记录
商品储存与养护	1. 未制定并执行药品储存保管制度 2. 未采取必要的冷藏、防冻等措施，保证药品质量 3. 未采取防潮、防虫、防鼠等措施，保证药品质量 4. 未按照药品包装标示的贮藏温度要求储存保管药品 5. 知道或者应当知道属于假药、劣药，而为其提供储存、运输等便利条件

续表

经营环节/业务流程	风险点
购货单位申请审核	1. 未对购货单位的资质文件仔细审核，出现生产范围、经营范围或者诊疗范围与销售药品的管理分类的偏差 2. 未对购货客户的采购人员的身份证明进行核实 3. 未对购货单位的送货地址进行核实 4. 未能识别购货单位明显造假的文件
销售与开票	1. 没有开具合法票据 2. 开具的发票信息与实际销售不符 3. 销售药品未按照规定进行记录，未能实现药品去向可追 4. 没有建立信息正确、全面的销售记录
商品拣选、复核与出库	1. 未建立并执行药品出库检查制度 2. 拣选的商品与购货单位的订单信息不符 3. 未采取必要的措施进行冷藏、冷冻药品的装箱、封箱工作 4. 未对库存商品的有效期进行控制，导致过期商品销售出库
运输与配送	1. 未对承运商运输药品的质量保障能力进行审计，承运商的运输设施设备条件不符合要求 2. 未能将药品按照运输时限和经确认的地址送达购货单位或购进退出供货单位 3. 冷藏药品的运输记录、温度监测数据记录不规范，或数据无法追溯 4. 知道或者应当知道属于假药、劣药而为其提供储存、运输等便利条件 5. 对突发事件：如运输过程中出现的异常气候、设备故障、交通事故等意外或紧急情况，没有应急预案及时采取有效的应对措施
售后服务	1. 没有按照要求确认是否为本企业售出药品，退货药品中混入假劣药品 2. 对销后退回的冷藏药品，未检查退货方提供的温度控制说明文件和售出期间温度控制的相关数据 3. 未设立或者指定机构并配备专（兼）职人员，承担本单位的药品不良反应报告和监测工作 4. 未能履行向药品上市许可持有人直接报告不良反应的职责
不合格品的管理	1. 对存在质量问题或者其他安全隐患的药品，未配合药品上市许可持有人及时停止销售、召回 2. 发现已售出药品有质量问题，未立即通知购货单位停售、收回并做好记录 3. 不合格药品的处理过程（采退、销毁）没有完整的手续和记录 4. 质量管理部门未对不合格药品的销毁过程实施监督
设施与设备管理	1. 企业的经营场所和库房与经营范围、经营规模不相适应 2. 库房没有配备温湿度自动监测系统或未经验证；未配足记录库房温湿度的设备或未经校准 3. 未对冷库、冷藏运输等设施设备进行使用前验证、定期验证及停用时间超过规定时限的验证 4. 未根据验证确定的参数及条件，正确、合理使用相关设施设备
质量管理基础数据的建立及更新	1. 购销药品未建立真实、完整的购销记录 2. 质量管理部门未负责质量管理基础数据的建立及更新 3. 基础数据的更改过程未留有记录或未经质量管理部门审核并在其监督下进行
信息管理系统	1. 信息管理系统（应用软件和相关数据库）不完全符合药品经营质量管理规范的要求及企业管理实际需要 2. 企业未建立符合经营全过程管理及质量控制要求的计算机系统，实现药品质量可追溯 3. 企业计算机系统没有支持系统正常运行的服务器和终端机 4. 计算机系统各类数据的录入、修改、保存等操作不符合授权范围、操作规程和管理制度的要求，不能保证数据原始、真实、准确、安全和可追溯
特殊药品安全管理	1. 未按照国务院规定采购麻醉药品、精神药品、医疗用毒性药品、药品类易制毒化学品 2. 未能执行"双人双锁、双人进出、双人验收、双人保管、双人配发、双人复核、双人押运" 3. 特殊药品的销毁未报请监管部门监督销毁 4. 未按照规定建立并实施特殊药品追溯制度

　　药品批发企业应根据企业经营实际情况，进行药品经营风险识别，根据识别结果，进行风险分析和风险评价，并根据风险评估结果制定对应的风险控制措施。

（二）冷链药品质量风险管理

　　冷链药品的质量管理是药品经营企业风险管理的重要内容，药品批发企业应对冷链药品进行全过程质量风险管理，包括人员、计算机系统、设施设备、验证等方面。以下列举部分药品批发企业冷链药品质量风险点和管控措施（表11-11）。

表11-11 药品批发企业冷链药品质量风险点及管控措施

项目		风险点	管控措施
人员		1. 冷链操作人员对操作规程不熟悉、不专业 2. 冷链操作管理人员频繁更换，不稳定	1. 加强冷链药品法律法规和各环节操作规程培训，尤其是新员工培训，提升操作人员专业性 2. 冷链应专人管理且人员相对固定，提升稳定性
计算机系统		1. 冷链的质量管理基础数据库不准确、不完整 2. 计算机系统冷链药品质量管控功能不完善	1. 详细维护包括储存条件在内的品种质量特性基础数据信息，储存条件应准确细分到常温区、阴凉区、冷藏冷冻区及具体温度范围 2. 计算机系统应能按照产品的管理类别及药品质量特性要求，自动提示相应的储存库区；冷链药品在计算机系统维护中应是重点养护品种
设施设备	冷库	1. 无冷库缓冲库（区）的情况下开关门作业，对冷库温度产生影响 2. 冷库制冷参数设定的权限管控不严 3. 冷链收货及装车区域非冷藏环境，存在断链风险	1. 应设置2~8℃缓冲区，可极大限度避免冷库开门时的温湿度影响 2. 冷库控制系统版面应置于安全场所并有专人管理，密码的设置需要进行权限设计 3. 冷链收货及装车区域需要冷藏环境，应采用保温措施和设施设备，避免出现断链风险
	冷藏车	1. 冷藏车的维护保养工作不规范，未根据其类型和特性科学进行 2. 车厢门开启时外界环境对车厢内温度产生影响 3. 未根据验证结论正确使用冷藏车作业	1. 应熟悉冷藏车类型，属于独立制冷还是非独立制冷。通常发动机是按照行驶里程进行维护和保养，而制冷机组是按照工作小时进行维护和保养 2. 车厢需要配备专业设备，保证车厢内冷空气流动均匀、充分。货物不应过于满载，确保车厢内六面空气流动良好，不应阻塞蒸发器的入口 3. 车厢门应配备隔热帘，减少车门开启时外界环境对车厢内温度的影响 4. 严格根据验证结论进行冷藏车使用。车载温度计的安装位置，应根据最近一次验证结论来调整；对于验证确认的不宜存放冷链产品的区域，应采取标识标线等措施来明示
	冷藏箱和保温箱	1. 冷藏箱使用过程中未能持续供电 2. 保温箱内药品与蓄冷剂未有效隔离 3. 温度监测探头接触蓄冷剂	1. 冷藏箱为主动制冷原理，使用时需要确保电源供应持续，确保制冷效果 2. 保温箱为被动制冷原理，保温箱内药品与蓄冷剂应有阻隔设计，实现有效隔离，避免影响药品质量 3. 保温箱温度监测探头的位置应符合验证结论，在保温箱装配时应保证监测探头不能接触蓄冷剂
	温湿度自动监测系统	温湿度自动监测系统参数设定不规范、监控功能不完善、预警报警功能不及时准确	1. 系统应当至少每隔1分钟更新一次测点温湿度数据，在药品储存过程中至少每隔30分钟自动记录一次实时温湿度数据，在运输过程中至少每隔5分钟自动记录一次实时温度数据 2. 当监测的温湿度值达到设定的临界值或者超出规定范围，系统应当能够实现就地和在指定地点进行预警报警，同时采用短信通讯的方式，向至少3名指定人员发出预警报警信息
过程管理		1. 冷链收货操作不规范，到货冷链药品信息核实不完备 2. 对运输过程和到货时的温度核查不足	1. 根据GSP要求认真核实到货药品名称、数量、生产企业、发货单位、运输单位、发运地点、启运时间、运输工具、到货时间、到货温度、过程温度等信息是否完备且符合要求 2. 冷链药品到货时应当查验冷藏车、车载冷藏箱或保温箱的温度状况，核查并留存运输过程和到货时的温度记录；到货温度数据有偏差，需根据生产厂家的评估报告，评估该批药品质量是否符合要求，是否可以放行
		1. 冷链验收操作不规范，未在符合要求的库区验收冷链药品 2. 对不符合要求的冷链药品处理不当	1. 冷链药品应当在符合温度范围内的库房待验区验收，确保冷链药品验收符合要求 2. 冷链药品验收不符合要求的，应当做好隔离并设置标识，暂存并及时处理
		冷链储存养护操作不规范，对超温超湿的预警报警处理不及时、汇总分析和预防措施不到位	1. 当库房温湿度超出规定范围时，尤其是非工作时间的温度超标预警报警，应当及时采取适当的调控措施，并定期回顾分析温湿度数据 2. 应根据验证和温湿度监测数据，确定需要除湿的区域，并考虑每台除湿机的除湿能力、冷凝水的收集和处理情况、除湿机的使用和维护保养

续表

项目	风险点	管控措施
过程管理	1. 冷链出库复核操作不规范 2. 装车码放药品操作不规范	1. 需要认真核对出库冷链药品的信息，确保无误 2. 需要根据冷藏和冷藏/保温箱的验证结论，规范装车码放和装箱封箱的操作 3. 应用冷藏车时，装车码放药品的数量应合适，避免过载而导致车厢内冷空气循环不足，从而导致运输过程出现温度偏差
	1. 冷链运输操作不规范，出车前检查不足，温度未确认 2. 送达后与客户签收对接不规范	1. 冷藏车出车前需按要求检查，保证车内卫生干净整洁、车内设施齐全、轮胎气压正常、各仪表显示正常、油量充足、空调机组运转正常 2. 确认冷藏车装车温度达到温度要求，完成装车后，再次确认车厢预冷达到温度要求后，方能启运 3. 冷链药品送达下游客户后，提醒客户方核对冷链药品运输记录，在运输记录上签字确认，司机应确保下游客户签收单据的完整性和规范性，并取回客户签收回单联
	冷链产品销后退回操作管理不规范	检查退货方提供的温度控制说明文件和售出期间温度控制的相关数据，针对质量风险较高的退货，应在业务合作以及质量保证协议上做好相关约定
应急管理	1. 应急预案欠科学、可操作性不强 2. 冷链应急管理不完善，未充分考虑多种意外和紧急情况	1. 应制定应急预案，并按预案进行应急演练，确保应急预案可行有效；应急预案应包含储存、运输环节，应考虑断电、异常气候、设备故障、交通事故等意外或紧急情况，确保方案科学性 2. 需采取有效的应对措施，防止因异常突发情况造成的温度失控；备用发电机组应重点养护检查，制定操作维保程序，并定期进行测试
验证管理	1. 冷链验证过程不完善，验证项目不齐全 2. 未根据验证结论正确指导设施设备使用	1. 应保证冷链验证的完整性、科学性，验证项目要齐全，验证流程步骤要科学 2. 科学准确应用验证结果，重点关注验证的偏差处理、调整和纠正措施

答案解析

····· **目标检测**

一、单项选择题

1. 以下不属于质量查询原则的是（　　）。
　　A. 准确　　　　　　　　　　B. 及时
　　C. 有效　　　　　　　　　　D. 科学

2. 企业发现已售出药品有严重质量问题，应当立即通知购货单位（　　）、追回并做好记录，同时向食品药品监督管理部门报告。
　　A. 召回　　　　　　　　　　B. 下架
　　C. 停售　　　　　　　　　　D. 封存

3. 持有人作出药品召回决定的，一级召回应在（　　）日内发出召回通知。
　　A. 1　　　　　　　　　　　　B. 3
　　C. 5　　　　　　　　　　　　D. 7

4. 新的、严重的药品不良反应应当在（　　）日内报告。
　　A. 1　　　　　　　　　　　　B. 15
　　C. 20　　　　　　　　　　　D. 30

5. 以下说法错误的是（　　）。

A. 风险是指危害的严重程度和危害发生概率的组合

B. 可接受风险可不必采取风险干预措施

C. 合理风险可能导致严重损害，必须采取有效干预措施

D. 回顾的方式是一种由"果"至"因"的研究方式

二、多项选择题

1. 质量投诉受理应做好"三核实"，主要包括（　　）。

A. 核实投诉主体　　　　B. 核实投诉事项　　　　C. 核实投诉目的

D. 核实投诉原因　　　　E. 核实投诉结果

2. 药品召回包括（　　）。

A. 主动召回　　　　　　B. 责令召回　　　　　　C. 被动召回

D. 依法召回　　　　　　E. 即刻召回

3. 以下说法正确的是（　　）。

A. 药品不良反应是指合格药品在正常用法用量下出现的与用药目的有关的有害反应

B. 开展ADR监测可促进临床药学发展，提高合理用药水平

C. 开展ADR监测为新药开发和企业决策提供依据

D. 新药监测期内的国产药品应当报告该药品的所有不良反应

E. 新药监测期内的药品和首次进口10年内的药品，应当开展重点监测

4. 以下属于严重药品不良反应的是（　　）。

A. 导致死亡

B. 危及生命

C. 致癌、致畸、致出生缺陷

D. 导致住院或者住院时间延长

E. 导致显著的或者永久的人体伤残或者器官功能的损伤

5. 企业应当采用前瞻或者回顾的方式，对药品流通过程中的质量风险进行（　　）。

A. 评估　　　　　　　　B. 评价　　　　　　　　C. 控制

D. 沟通　　　　　　　　E. 审核

书网融合……

重点小结

微课1

微课2

微课3

习题

项目十二 质量管理体系文件

PPT

学习目标

知识目标：掌握建立质量管理体系文件的原则、质量管理体系文件的类型与主要内容。

能力目标：能认知企业建立质量管理体系的要求。

素质目标：深入了解法律法规，培养遵法守法、依法办事的职业素养。

情境导入

情境：某大药房向当地药品监督管理局申请现场验收，验收小组严格按照现行版 GSP 对该药店依法进行认证验收，现场检查发现该企业质量管理体系文件存在不规范情况（购进药品验收记录填写不完整），认证小组依据 GSP "验收人员对购进的药品，应根据原始凭证，严格按照有关规定逐批验收。药品验收应做好记录。验收记录记载供货单位、数量、到货日期、品名、规格、批准文号、生产批号、生产厂商、有效期、质量状况、验收结论和验收人员等项内容"之规定，责令企业整改，暂不通过。

思考：质量管理体系文件包括哪些方面内容？

任务一　质量管理体系文件概述

质量管理体系文件是指用于保证药品经营质量管理的文件系统，是由一切涉及药品经营质量的书面标准和实施过程中的记录结果组成的，贯穿药品质量管理全过程的连贯有序的系列文件。企业的质量管理是通过对工作过程进行管理来实现的，需要明确对过程管理的要求、管理的人员、管理人员的职责、实施管理的方法以及实施管理所需要的资源。把这些用文件形式表述出来形成企业的质量体系文件。

现行版 GSP 将质量管理体系文件作为单独一节提出，显示出质量管理体系文件的重要性，质量管理体系文件是药品经营质量管理的决定性要素，是实施、保证和保持质量管理体系有效运行的基础，是企业质量活动的法规，是各级管理人员和全体员工都应遵守的工作规范，是药品经营企业贯彻执行 GSP 的内部依据和外部见证，是质量体系审核和质量体系认证的主要依据。

质量管理体系文件不等同于"质量管理文件"，质量管理文件仅是质量管理体系文件中的一个专项部分，药品经营企业质量管理体系文件的内容应当涵盖所有与药品质量相关的管理与业务活动。包括采购、收货、验收、储存、销售、运输、财务、信息、人力资源以及质量管理等方面。

质量管理体系文件一般应由质量管理部门统一归口管理，其管理职责包括组织编制、审核、修订、换版、解释、培训、指导、检查及分发、销毁等。企业可以按照自己实际情况确定具体责任部门。

活动一　GSP 对药品批发和零售连锁企业的要求

 法规链接

《药品经营质量管理规范》

第五条　企业应当依据有关法律法规及本规范的要求建立质量管理体系，确定质量方针，制定质量管理体系文件，开展质量策划、质量控制、质量保证、质量改进和质量风险管理等活动。

第六条　企业制定的质量方针文件应当明确企业总的质量目标和要求，并贯彻到药品经营活动的全过程。

第七条　企业质量管理体系应当与其经营范围和规模相适应，包括组织机构、人员、设施设备、质量管理体系文件及相应的计算机系统等。

现行版 GSP 对药品批发和零售连锁企业的具体要求如下。

（1）企业制定质量管理体系文件应当符合企业实际。文件包括质量管理制度、部门及岗位职责、操作规程、档案、报告、记录和凭证等。

1）质量管理体系文件内容应符合现行药品法律法规、政策文件的规定，围绕企业质量方针和质量目标来建立，覆盖质量管理的所有要求。

2）质量管理体系文件应齐全、层次清晰，包括质量管理制度、部门职责、岗位职责、操作规程、工作程序、档案、报告、记录和凭证等。

3）质量管理体系文件应符合经营规模、经营方式、经营范围、操作过程、控制标准等企业实际，满足实际经营需要。

4）文件之间应保持内存逻辑性、关联性、一致性、不互相矛盾。

5）计算机管理信息系统的功能设计、操作权限、数据记录等应符合质量管理体系文件的规定，覆盖企业能够控制和施加影响的所有质量过程。

（2）文件的起草、修订、审核、批准、分发、保管，以及修改、撤销、替换、销毁等应当按照文件管理操作规程进行，并保存相关记录。

1）有文件管理操作规程。

2）文件的起草、修订、审核、批准、分发、保管、修改、撤销、替换、销毁等与文件管理操作规程的规定相符。

3）应根据现行法律法规的变化，或企业质量方针、目标的改变及时修订、替换文件。

4）文件管理的相关记录应按规定保存。

（3）文件应当标明题目、种类、目的以及文件编号和版本号。文字应当准确、清晰、易懂。文件应当分类存放，便于查阅。

1）文件管理操作规程应明确文件格式，要求文件应标明题目、种类、目的以及文件编号和版本号。

2）文件中文字表述应准确、清晰、易懂，文件内容不得模棱两可、含糊不清、前后矛盾。

3）文件应按文件编号、业务部门、操作程序等条件进行分类存放，便于查阅。

（4）企业应当定期审核、修订文件，使用的文件应当为现行有效的文本，已废止或者失效的文件除留档备查外，不得在工作现场出现。

1）文件管理操作规程应规定审核、修订文件的周期和条件。

2）文件应随质量管理体系的运作环境的变化而变化，要始终保持有效。

3）有定期审核、修订、收回、撤销、销毁等文件管理记录，且记录内容应符合文件管理操作规程的规定。

4）工作现场使用的文件应为现行有效的文本，不得出现已废止或者失效的文件。

（5）企业应当保证各岗位获得与其工作内容相对应的必要文件，并严格按照规定开展工作。

1）文件管理操作规程应有文件发放、培训、检查、考评的规定。

2）各部门或岗位在使用处应有相应的现行文件。

3）应对文件内容进行培训、考核并有相关记录，确保各岗位能正确理解文件要求。

4）应对文件执行情况进行检查、考核并有相关记录，确保各岗位严格按照规定开展工作。

活动二　GSP 对药品零售企业的要求

 法规链接

《药品经营质量管理规范》

第一百二十条　企业应当按照有关法律法规及本规范的要求制定质量管理文件，开展质量管理活动，确保药品质量。

第一百三十三条　企业应当按照有关法律法规及本规范规定，制定符合企业实际的质量管理文件。文件包括质量管理制度、岗位职责、操作规程、档案、记录和凭证等，并对质量管理文件定期审核、及时修订。

第一百三十四条　企业应当采取措施确保各岗位人员正确理解质量管理文件的内容，保证质量管理文件有效执行。

现行版 GSP 对药品零售企业的具体要求如下。

（1）企业应当按照有关法律法规及 GSP 规定，制定符合企业实际的质量管理文件。

1）质量管理文件内容应符合现行药品法律法规、政策文件的规定、覆盖质量管理的所有要求。

2）质量管理文件应齐全、层次清晰，包括质量管理制度、岗位职责、操作规程、档案、记录和凭证等。

3）质量管理文件应符合经营方式、经营范围、经营规模、操作过程、控制标准等企业实际，满足实际经营需要。

4）文件之间应保持内存逻辑性、关联性、一致性，不互相矛盾。

5）计算机管理信息系统的功能设计、操作权限、数据记录等应符合质量管理文件的规定，覆盖企业能够控制和施加影响的所有质量过程。

（2）企业应定期对质量管理文件进行审核，及时修订。

1）应有文件管理制度或规程，并规定审核、修订文件的周期和条件。

2）有定期审核、修订、收回、撤销、销毁等文件管理记录，且记录内容应符合文件管理制度或规程的规定。

3）文件应随质量管理运作环境的变化而变化，应始终保持有效。

4）工作现场使用的文件应为现行有效的文本，不得出现已废止或者失效的文件。

（3）企业应当采取措施确保各岗位人员正确理解质量管理文件的内容，保证质量管理文件有效执行。

1）文件管理制度或规程应有质量管理文件发放、培训、检查、考评的规定。

2）各部门或岗位在使用处应有相应的现行文件。

3）应对文件内容进行培训、考核，并有相关记录，确保各岗位能正确理解文件的内容和要求。

4）应对文件执行情况进行检查、考核，并有相关记录，保证质量管理体系文件得到有效执行。各岗位人员能严格按照规定开展工作。

活动三　建立质量管理体系的原则

 法规链接

《中华人民共和国药品管理法》

第五十二条　从事药品经营活动应当具备以下条件：

（四）有保证药品质量的规章制度，并符合国务院药品监督管理部门依据本法制定的药品经营质量管理规范要求。

《药品经营质量管理规范》

第三十一条　企业制定质量管理体系文件应当符合企业实际，文件包括质量管理制度、部门及岗位职责、操作规程、档案、报告、记录和凭证等。

第三十四条　企业应当定期审核、修订文件，使用的文件应当为现行有效的文本，已废止或者失效的文件除留档备查外，不得在工作现场出现。

按照《中华人民共和国药品管理法》《中华人民共和国药品管理法实施条例》、GSP等的要求，建立质量管理体系文件的原则如下。

1. 合法性原则　质量管理体系文件内容应符合国家相关法律法规，并与之保持同步变动，及时调整。

2. 指令性原则　质量管理体系文件为企业内立法，必须明确指出企业、部门、岗位工作的具体要求、程序及禁止事项等，应在文件中给予明确详细的规定。

3. 实用性原则　质量管理体系文件既要与有关法规、标准的要求相衔接，又要充分考虑其有效性与实用性，应与实际情况紧密结合，符合企业实际，满足实际经营需要。

4. 先进性原则　质量管理体系文件的编制既来源于实际，又要适当高于实际，要具有一定前瞻性。还应注意学习和借鉴外部的先进管理经验，通过文件的编制和使用不断提高企业管理水平。

5. 系统性原则　编制的文件既要层次清晰，又要前后协调，各部门质量的管理程序、职责应紧密衔接。

6. 可操作性原则　质量管理体系文件的规定都是实际工作中能够达到和实现的，要能符合岗位员工实际操作流程。

7. 可检查性原则　质量管理体系文件应能够便于监督部门量化检查。

活动四　质量管理体系文件的类型与主要内容

 法规链接

《药品经营质量管理规范》

第一百三十三条　企业应当按照有关法律法规及本规范规定，制定符合企业实际的质量管理文件。文件包括质量管理制度、岗位职责、操作规程、档案、记录和凭证等，并对质量管理文件定期审核、及时修订。

一、文件的类型

质量管理体系文件分为四类：质量管理制度类；部门及岗位职责类；操作规程类；档案、报告、记录和凭证类。质量管理制度、部门及岗位职责、操作规程属于执行性文件，是开展各项工作和活动的基本准则和标准。档案、报告、记录和凭证属于结果性文件，也是对各项工作和活动进行追溯、核实的依据，要与企业计算机系统的功能紧密结合。

1. 质量管理制度　是企业根据质量管理工作的实际需要而制定的质量规则，是对企业各部门和各业务环节如何实施质量管理做出的明确规定，对企业质量管理过程具有权威性和约束力，是首要的支持性文件。

2. 质量职责　是企业根据质量管理工作的需要，对组织机构中设置各部门和岗位的工作内容、工作目标、工作结果等提出的明确要求，即明确相关的质量管理工作由谁负责完成的问题。

3. 操作规程　是为进行某项质量活动或过程所规定的途径或方法，是对各项质量活动采取方法的具体描述，也是企业规范经营活动的支持性文件。

在操作规程中应明确规定何时、何地以及如何做，应采取什么材料、设备，应用哪些质量管理文件，如何对活动进行控制和记录等。

4. 质量记录　是阐明所取得的结果或提供所完成活动的证据性文件。记录是工作过程的真实记载，反映工作的质和量，为工作的有效性、在需要追溯相关质量信息时提供证据。在药品流通过程中，伴随着大量记录的流转，相关人员可以依据记录了解、追溯、控制药品流转的情况，使经营过程清晰、透明、可追溯。

二、质量管理体系文件的主要内容

质量管理体系文件的内容应符合以下要求。

（1）质量管理文件内容应符合现行药品法律法规、政策文件的规定，围绕企业质量方针和质量目标来建立，覆盖质量管理的所有要求。

（2）质量管理文件应齐全、层次清晰、包括质量管理制度、部门职责、岗位职责、操作规程、工作程序、档案、报告、记录和凭证等。

（3）质量管理文件应符合经营规模、经营方式、经营范围、操作过程、控制标准等企业实际。满足实际经营需要。

（4）文件之间应保持内在逻辑性、关联性、一致性，不互相矛盾。

（5）计算机管理信息系统的功能设计、操作权限、数据记录等应符合质量管理文件的规定，覆盖企业能够控制和施加影响的所有质量过程。

任务二　质量管理文件示例

 法规链接

第一百三十五条　药品零售质量管理制度应当包括以下内容：

（一）药品采购、验收、陈列、销售等环节的管理，设置库房还应当包括储存、养护的管理；

（二）供货单位和采购品种的审核；

（三）处方药销售的管理；

……

（十八）其他应当规定的内容。

活动一 制度类文件

<table>
<tr><td colspan="3" align="center">_____药店管理文件</td></tr>
<tr><td colspan="2">文件名称：药品销售管理制度</td><td>编号：</td></tr>
<tr><td>起草人：</td><td>审核人：</td><td>批准人：</td></tr>
<tr><td>起草日期：</td><td>批准日期：</td><td>执行日期：</td></tr>
<tr><td colspan="2">变更记录：</td><td>版本号：</td></tr>
</table>

1. 目的 加强药品销售环节的质量管理，严禁销售质量不合格药品。

2. 依据 GSP第一百六十五条至一百七十二条，《中华人民共和国药品管理法实施条例》第十五条及其他相关法律法规。

3. 适用范围 适用于本公司药品销售的质量管理。

4. 责任 执业药师或药师、营业员对本制度的实施负责。

5. 内容

（1）凡从事药品零售工作的营业员，上岗前必须经过业务培训，考核合格后取得上岗证，同时取得健康证明后方能上岗工作。

（2）在营业场所的显著位置悬挂《药品经营许可证》、营业执照、执业药师注册证等。

（3）药品陈列应清洁美观，摆放应做到药品与非药品分开、处方药与非处方药分开、内服药与外用药分开、品名与包装易混淆的药品分开，药品要按用途陈列。

（4）认真执行国家价格政策，做到药品价格标签、标识齐全，信息填写准确规范。

（4）营业员依据顾客所购药品的名称、规格、数量、价格核对无误后，将药品交予顾客。

（5）销售药品必须以药品的使用说明书为依据，正确介绍药品的适应证或功能主治、用法用量、不良反应、禁忌及注意事项等，指导顾客合理用药，不得虚假夸大药品的疗效和治疗范围，误导顾客。

（6）在营业时间内，应有执业药师或药师在岗，营业人员应当佩戴有照片、姓名、岗位等内容的工作牌，是执业药师和药学技术人员的，工作牌还应当标明执业资格或者药学专业技术职称。在岗执业的执业药师应当挂牌明示。

（7）顾客凭处方购药，按照《药品处方调配管理制度》执行，处方药必须经药师审核签章后，方可调配和出售。

活动二 操作规程类文件

<table>
<tr><td colspan="3" align="center">_____药店管理文件</td></tr>
<tr><td colspan="2">文件名称：营业场所药品陈列及检查操作规程</td><td>编号：</td></tr>
<tr><td>起草人：</td><td>审核人：</td><td>批准人：</td></tr>
<tr><td>起草日期：</td><td>批准日期：</td><td>执行日期：</td></tr>
<tr><td colspan="2">变更记录：</td><td>版本号：</td></tr>
</table>

1. 目的 通过制定营业场所的药品陈列及检查操作规程，有效控制营业场所的药品陈列及检查符合质量规定的要求。

2. 依据 《中华人民共和国药品管理法》、GSP第一百五十九条至一百六十四条及其他相关法律法规。

3. 适用范围 适用营业场所的药品陈列及检查全过程。

4. 责任者 门店养护人员及门店营业员。

5. 内容

（1）药品陈列

1）仓库管理员按照药品剂型、用途以及储存要求分类陈列，设置醒目标志，类别标签要求字迹清晰、放置准确，药品陈列于销售区域柜台或货架上，摆放整齐有序，避免阳光直射。

2）药品分类要求：处方药、非处方药分区陈列，并有处方药、非处方药专用标识；处方药不得采用开架自选的方式陈列和销售；外用药设置外用药品专柜；拆零销售的药品集中存放于拆零专柜；特殊管理的药品和国家有专门管理要求的药品不得陈列，按有关要求专人负责；冷藏药品放置在冷藏设备中，按规定对温度进行监测和记录，并保证存放温度符合要求；中药饮片柜斗谱书写正名正字；装斗前认真复核，防止错斗、串斗，定期清斗，防止饮片生虫、发霉、变质；不同批号的饮片装斗前必须清斗并填写清斗记录，非药品在专区陈列，与药品区域明显隔离，并有醒目标志。

续表

（2）陈列药品检查方法

1）药品养护员依据陈列药品的流动情况，制定养护检查计划，对陈列的一般药品进行"三三四"循环养护检查，对重点养护品种每一个月检查一次，并认真填写"陈列药品检查记录"。

2）药品养护：药品养护员在质量养护检查中，依据陈列药品的外观质量变化情况，抽样进行外观质量的检查，抽样的药品依照"药品外观质量检查要点"，按照药品剂型逐一检查，检查合格的药品填写好"陈列药品检查记录"可继续上架销售；质量有问题或有疑问的品种要立即下柜停止销售，并详细记录，同时上报质量管理部门进行复查。

3）中药饮片养护：中药饮片要按其特性分类存放，药斗要做到一货一斗，不得错斗、串斗；新进饮片装斗前要填写"清斗记录"，按要求真实、准确记录相关项目；养护员每月检查药斗内饮片质量，防止发生生虫、霉变、走油、结串、串药等现象；夏防季节，对易变质饮片要每天检查，如有变化要及时采取相应的养护措施，并如实填写"中药饮片检查记录"。

4）药品效期管理：药品养护员根据每月对陈列药品的检查，填写《近效期药品催售表》；一式三份，质量负责人、养护员各一份，柜组一份，质量负责人督促营业员按照"先进先出、近期先出"的原则进行销售；养护员每月对近效期商品进行核查，在"近效期药品催销表"上如实记录已售、退货结论。

_____药店管理文件		
文件名称：营业场所冷藏药品的存放操作规程		编号：
起草人：	审核人：	批准人：
起草日期：	批准日期：	执行日期：
变更记录：		版本号：

1. 目的 通过制定营业场所冷藏药品的存放操作规程，有效控制营业场所冷藏药品的存放符合质量规定的要求。
2. 依据 《中华人民共和国药品管理法》、GSP 第一百六十一条及其他相关法律法规。
3. 适用范围 适用营业场所冷藏药品的存放全过程。
4. 责任者 门店在册上岗人员。
5. 内容
（1）冷藏药品的收货、验收操作程序

1）冷藏药品收货区应在冷藏环境中，不得置于露天、阳光直射和其他可能改变周围环境温度的位置。营业员收货前，应查看并确认运输全程温度符合规定的要求后，方可接收货物，移入待验区并立即通知验收人员进行验收。

2）冷藏药品的验收人员需按照冷藏药品的温度要求及外观质量情况进行验收，验收合格后立即将药品转入符合药品储存温度的冷藏柜存放；如对质量不合格或有疑问的药品要及时上报质量管理部门待查。

（2）冷藏药品的贮藏、养护操作程序

1）冷藏药品需存放在符合药品储存温度的冷藏柜中，养护人员每天两次对符合药品储存温度的冷藏柜柜内温湿度进行监测并记录，确保冷藏药品质量合格。

2）符合药品储存温度的冷藏柜要定期进行维护保养并做好记录。养护人员如发现设备故障，应先将药品隔离，暂停销售，做好记录并及时上报质量管理部门。

活动三 职责类文件

_____药店管理文件		
文件名称：药品验收员岗位职责		编号：
起草人：	审核人：	批准人：
起草日期：	批准日期：	执行日期：
变更记录：		版本号：

1. 目的 规范药品的验收工作，保证入库药品的质量。
2. 依据 《中华人民共和国药品管理法》、GSP 第一百五十四条至一百五十八条及其他相关法律法规。
3. 适用范围 适用于企业的药品验收员。
4. 责任 药品验收员对本职责的实施负责。
5. 工作内容
（1）按法定标准和验收规程，及时完成入库药品的验收工作并做好验收记录。
（2）严格按规定的标准、验收方法和抽样原则进行验收和抽取样品。
（3）对验收合格的药品，与保管员办理入库交接手续。
（4）对验收不合格的药品进行拒收，做好不合格药品的隔离存放工作，并及时上报质量管理部门处理。
（5）规范填写验收记录，并签章。收集药品证明文件，按规定保存备查。

<table>
<tr><td colspan="3" align="center">_____药店管理文件</td></tr>
<tr><td colspan="2">文件名称：营业员岗位职责</td><td>编号：</td></tr>
<tr><td>起草人：</td><td>审核人：</td><td>批准人：</td></tr>
<tr><td>起草日期：</td><td>批准日期：</td><td>执行日期：</td></tr>
<tr><td>变更记录：</td><td colspan="2">版本号：</td></tr>
</table>

1. 目的　规范企业的销售行为，保证销售的服务质量和销售药品的质量。
2. 依据　《中华人民共和国药品管理法》、GSP第一百六十五条至一百七十二条及其他相关法律法规。
3. 适用范围　适用于本企业的在职营业员。
4. 责任　本企业营业员对本职责的实施负责。
5. 工作内容
（1）严格遵守企业纪律、规章制度，执行相关质量管理制度及程序。
（2）每日做好当班责任区内的清洁卫生、陈列、整理、定价、调价、养护、退库、效期跟踪等作业。
（3）保证仪容仪表符合企业规定，对顾客礼貌招呼，热情微笑服务，文明用语。
（4）掌握并不断提高服务技巧、销售技能，不断熟悉药品知识，及时掌握新品种的药学内容，销售药品做到准确无误，并且正确说明用法、用量和注意事项，务必提醒顾客要认真阅读说明书，不得夸大宣传和欺骗顾客。
（5）做好药品的防盗和防止药品变质的工作。
（6）负责协助进行经营场所的气氛营造，装饰物的悬挂等。
（7）做好每班的贵重药品的交接班工作。
（8）协助搞好企业经营场所的设备维护、设施维护保养。

<table>
<tr><td colspan="3" align="center">_____药店管理文件</td></tr>
<tr><td colspan="2">文件名称：处方审核人员岗位职责</td><td>编号：</td></tr>
<tr><td>起草人：</td><td>审核人：</td><td>批准人：</td></tr>
<tr><td>起草日期：</td><td>批准日期：</td><td>执行日期：</td></tr>
<tr><td>变更记录：</td><td colspan="2">版本号：</td></tr>
</table>

1. 目的　为规范处方审核人员的行为，保证处方药销售的合法性。
2. 依据　《中华人民共和国药品管理法》、GSP一百六十七条及其他相关法律法规。
3. 适用范围　适用于处方审核人员。
4. 责任　处方审核人员对本职责的实施负责。
5. 工作内容
（1）负责药品处方内容的审查及所调配药品的审核并签字。
（2）负责执行药品分类管理制度，严格凭处方销售处方药。
（3）对有配伍禁忌或超剂量的处方，应当拒绝调配、销售。
（4）指导营业员正确、合理摆放及陈列药品，防止出现错药、混药及其他质量问题。
（5）营业时间必须在岗，并佩戴标明姓名，不得擅离职守。
（6）为顾客提供用药咨询服务，指导顾客安全、合理用药。
（7）对销售过程中发现的质量问题，应及时上报质量管理部门。
（8）对顾客反映的药品质量问题，应认真对待、详细记录、及时处理。

技能训练

【模拟填写】 药品养护管理制度文件

<table>
<tr><td colspan="4" align="center">×××市××大药房管理文件</td></tr>
<tr><td colspan="3">文件名称：药品养护管理制度</td><td>编号：</td></tr>
<tr><td>起草人：</td><td>审核人：</td><td>批准人：</td><td>颁发人：</td></tr>
<tr><td>起草日期：</td><td>审核日期：</td><td>批准日期：</td><td>生效日期：</td></tr>
<tr><td colspan="4">分发人员：</td></tr>
</table>

续表

1. 目的：
2. 依据：
3. 适用范围：
4. 责任：
5. 内容：

目标检测

答案解析

一、单项选择题

1. 记录及相关凭证应当至少保存（　　）。
   A. 2 年　　　　　　　　　　　　B. 3 年
   C. 1 年　　　　　　　　　　　　D. 5 年

2. 药品批发企业组织制定质量管理体系文件的部门是（　　）。
   A. 药品监督管理部门　　　　　　B. 董事会
   C. 企业质量管理部门　　　　　　D. 企业质量负责人

3. 计算机系统记录的数据需要更改时，应由（　　）审核并在其监督下进行。
   A. 采购部门　　　　　　　　　　B. 质量负责人
   C. 质量管理部门　　　　　　　　D. 信息管理部门

4. 企业组织质量管理体系的内审和风险评估的部门是（　　）。
   A. 质量管理部门　　　　　　　　B. 信息管理部门
   C. 采购部　　　　　　　　　　　D. 财务部

二、多项选择题

1. 企业制定质量管理体系文件包括（　　）。
   A. 质量管理制度　　　B. 部门及岗位职责　　　C. 操作规程
   D. 档案、报告　　　　E. 记录和凭证

2. 文件应当标明（　　）文字应当准确、清晰、易懂。
   A. 题目　　　　　　　B. 种类　　　　　　　　C. 目的
   D. 文件编号　　　　　E. 文件编号

3. 企业应当建立的相关记录有（　　）。
   A. 药品采购　　　　　B. 验收　　　　　　　　C. 销售
   D. 陈列检查　　　　　E. 温湿度监测

书网融合……

重点小结

微课

习题

项目十三 计算机系统

PPT

学习目标

知识目标： 掌握计算机系统的组成，熟悉 GSP 对计算机系统的需求，了解计算机系统的作用、计算机系统在 GSP 中的运用。

能力目标： 能采用视频的方式讲述药品批发企业应当根据计算机管理制度对系统各类记录和数据进行安全管理的要求。

素质目标： 强化学生对计算机系统的认知；培养学生依法办事的能力，实现药品经营过程全程可追溯。

情境导入

情境： 近日，飞行检查组在××市××药品批发公司进行检查时，发现××药品批发公司一天之内养护 800 余个药品，养护记录除了养护数量是手工填写，其余内容均为电脑打印。

思考： 1. 该案例中存在什么问题？

2. 作为药品从业人员，将来在工作中应如何管理计算机系统？

任务一 药品经营企业对计算机系统的要求

活动一 计算机系统的组成

企业计算机系统是由硬件设备和相关软件组成并完成企业经营、管理及质量控制的系统，用于企业经营和管理各项活动中的信息化处理，包括数据输入、处理和输出，可提高企业管理的效率、准确性和质量控制的有效性。企业应建立计算机系统，并能满足经营全过程的管理及质量控制的要求，企业应具有满足电子监管的实施条件。

对于药品经营企业，计算机系统一般由硬件、软件两部分装置组成，详见表 13-1，同时配备相应的管理文件。

 法规链接 ·······

《药品经营质量管理规范》

第五十七条 企业应当建立能够符合经营全过程管理及质量控制要求的计算机系统，实现药品可追溯。

第五十八条 企业计算机系统应当符合以下要求：

（一）有支持系统正常运行的服务器和终端机；

（二）有安全、稳定的网络环境，有固定接入互联网的方式和安全可靠的信息平台；

（三）有实现部门之间、岗位之间信息传输和数据共享的局域网；

（四）有药品经营业务票据生成、打印和管理功能；

（五）有符合本规范要求及企业管理实际需要的应用软件和相关数据库。

第五十九条 各类数据的录入、修改、保存等操作应当符合授权范围、操作规程和管理制度的要求，保证数据原始、真实、准确、安全和可追溯。

第六十条 计算机系统运行中涉及企业经营和管理的数据应当采用安全、可靠的方式储存并按日备份，备份数据应当存放在安全场所，记录类数据的保存时限应当符合本规范第四十二条的要求。

表 13 – 1　计算机系统组成一览表

序号	组成部分	具体配置	具体说明
1	硬件	电脑	质量管理、采购、收货、验收、储存、养护、出库复核、销售、财务等岗位配备操作流程程序的客户端计算机
		服务器	配置专业塔式服务器，用来储存、备份数据，程序升级等
		不间断电源	配备一台在断电情况下可持续供电 1 小时不间断电源（UPS）
		打印机	具备联机打印功能，部分终端应为网络共享打印机，具有经营业务票据生成、打印和管理功能
		扫描枪、RF 手持设备	用于条码扫描和电子监管码采集等
		电子标签	主要用于仓库的快速拣货
		自动分拣流水线设备	现代化物流仓库分拣设备
2	软件	业务 ERP	用来管理企业的采购、销售、库存、财务、应收、应付、价格管理、对接近失效的质量管理基础数据进行提示、预警，提醒相关部门及岗位人员及时处理等
		网络	配备具有稳定、安全的互联网，实现每个部门、每个岗位之间的信息传输和数据共享的局域网
		数据库	一般采用 SQL Server 数据库，用来建立相关质量管理基础数据库
		仓储管理系统（WMS）	相关的硬件设备，管理商品的入库、拣选、出库、库间调拨、库位移动、盘点等业务

活动二　GSP 对计算机系统的要求

计算机系统是企业从事药品经营活动和质量管理活动的物质载体，是企业质量管理体系的重要组成部分。企业的计算机系统必须满足药品经营管理活动的全过程控制，实施药品在流通领域运动轨迹的完全掌握，实现药品追溯达到零死角，保证药品质量管理活动有序高效运行。GSP 对企业提出计算机管理信息系统要求的目的就是要企业建立符合规范要求的计算机系统，能对药品的购、储、销等质量控制环节进行全面规范管理，能对购进产品合法性、购货单位资质审核、首营企业审核、首营品种审核、销售人员资格审核、收货验收、储存、养护、效期、出库、销售、运输、退回、召回、追溯等过程或行为进行有效管理。药品经营企业应当按照《药品经营质量管理规范》相关规定，在系统中设置各经营流程的质量控制功能，与采购、销售以及收货、验收、储存、养护、出库复核、运输等系统功能形成内嵌式结构，对各项经营活动进行判断，对不符合药品监督管理法律法规以及《药品经营质量管理规范》的行为进行识别及控制，确保各项质量控制功能的实时和有效。具体要求详见表 13 – 2。

表 13 – 2　现行版 GSP 对药品经营企业计算机系统的需求

序号	管控点	需求描述	GSP 要求	备注
1	系统权限设置、管控	1. 严格按岗位设置权限，质管部可查询业务经营相关权限设置 2. 各操作岗位通过输入用户名及密码登录，在权限范围内录入、查询数据	1. 购、销、存各流程入口、出口，与数据录入、修改的权限应有质管部审核 2. 质管应定期对权限进行检查、跟踪	1. 系统权限审批表 2. 系统权限检查表
2	系统数据修改、管控	1. 关闭所有岗位业务经营数据修改权限 2. 经申请、批准，临时开通修改权限；修改结束，关闭修改权限 3. 记录修改原因和过程	修改各类业务经营数据时，操作人员在职责范围内提出申请，经质量管理人员审核批准后方可修改，修改的原因和过程在系统中予以记录	业务经营数据修改审批表
3	记录	1. 各操作人员用自己的用户名及密码进入业务系统和 ERP 系统操作、录入信息，系统自动记录操作人、日期等 2. 所有记录按日备份，保存 5 年	1. 系统对各岗位操作人员姓名的记录，应当根据专有的用户名及密码自动生成，不得采用手工编辑或菜单选择等方式录入 2. 系统操作、数据记录的日期和时间应当由系统自动生成，不得采用手工编辑、菜单选择等方式录入 3. 应建立采购、验收、养护、销售、出库复核、销退和购退、运输、储运温湿度监测、不合格药品处理等相关记录；记录保存 5 年 4. 药品经营企业购销药品，应当有真实、完整的购销记录。购销记录应当注明药品的通用名称、剂型、规格、产品批号、有效期、上市许可持有人、生产企业、购销单位、购销数量、购销价格、购销日期及国务院药品监督管理部门规定的其他内容	
4	数据备份	业务系统和 ERP 系统数据按日备份，数据保存 5 年	1. 采用安全、可靠的方式存储和备份各类记录和数据 2. 按日备份数据，保证系统日志的完整性 3. 备份数据的介质应当存放在安全场所，防止与服务器同时遭遇灾害造成损坏或丢失 4. 相关数据保存 5 年	
5	客商信息管理	1. 在每个客商信息下，每个证（《药品经营许可证》《营业执照》等）的信息为一个信息块，逐项录入证照、资料的基本信息及有效期 2. 对客商资料进行效期管理：①资料的有效期与购、销业务关联，某客商的任一资料到期，系统自动停止与该客商的业务往来；②客商资料到期前 3 个月起系统自动提示、预警；采购预报或销售开票界面自动提示 3. 客商信息录入经营方式、经营范围（或诊疗科目），"经营范围"名称设定可修改、增或减，应与商品信息的"经营范围"名称一致 4. 供应商的销售人员，客户的采购人员信息按客商信息录入 5. 客商信息增"档案号"，便于查找纸质档案	1. 质量管理基础数据包括供货单位及购货单位、经营品种、供货单位销售人员资质等相关内容 2. 基础数据应与对应的单位或产品的合法性、有效性相关联，与供货单位或购货单位的经营范围相对应，由系统进行自动跟踪、识别与控制 3. 应对接近失效的基础数据进行提示、预警，提醒相关部门索取、更新相关资料；任一基础数据失效，均应对与该数据相关的业务功能自动锁定，直至该数据更新、生效后相关功能方可恢复 4. 基础数据由专职质量管理人员对相关资料审核合格后据实录入、更新，录入、更新的时间由系统自动生成 5. 其他各岗位应当按照规定权限查询、应用基础数据，不能修改数据的任何内容	1. 供应厂商档案 2. 客户档案

续表

序号	管控点	需求描述	GSP 要求	备注
6	商品信息管理	1. 商品信息增加"经营范围"一栏，与客商信息的"经营范围"的名称一致 2. 增加"药品批件（注册证）"有效期、"档案号"		药品质量档案
7	拒绝超经营方式和范围购进	1. 拒绝"经营方式"为药品零售、医疗机构的采购订单生成 2. 供应商的"经营范围"应包含购进品种的"经营范围"，相符的可购进该药品，否则拒绝购进该药品，拒绝采购订单的生成	应当严格审核购货单位的生产范围、经营范围，并按照相应的范围购进药品	
8	首营品种（从批发公司购进）审核及药品批件管理	1. 验收员审核药品批件（注册证），根据实物新增首营品种信息，系统自动转换成"首营品种审批表"，打印；审批与验收入库同时进行 2. 药品批件复印、盖章、扫描、上传至系统，供质管员查询、打印 3. 药品批件扫描件可供客户查询、下载	对首营企业的审核，应当查验加盖其公章原印章的以下资料，确认真实、有效： （一）《药品生产许可证》或者《药品经营许可证》复印件 （二）营业执照、税务登记、组织机构代码的证件复印件，及上一年度企业年度报告公示情况 （三）《药品生产质量管理规范》认证证书或者《药品经营质量管理规范》认证证书复印件 （四）相关印章、随货同行单（票）样式 （五）开户户名、开户银行及账号	1. 首营品种审批表 2. 药品质量档案
9	采购预报	1. 录入采购订单，除价格、金额以外的采购订单信息自动转换为采购预报，作为收货查询的凭证之一 2. 系统拒绝无企业或商品基础信息的采购预报生成；经首营首批，质管部新增企业或商品信息审批后方可录入采购订单 3. 基础信息中供应商的"经营范围"应包含商品信息的"经营范围"，否则，拒绝该"采购预报"的生成 4. 采购员可停用自己的废预报	1. 药品的采购订单中基础数据应当依据数据库生成。系统对各供货单位的法定资质能够自动识别、审核，拒绝超出经营方式或经营范围的采购订单生成 2. 采购订单确认后，系统自动生成采购记录 3. 采购记录应当有药品的通用名称、剂型、规格、生产厂商、上市许可持有人、供货单位、数量、价格、购货日期等内容，采购中药材、中药饮片的还应当标明产地	
10	收货验收	1. 收货、验收流程：检查到货情况，查验随货同行单，签收，并回填到货运输情况→调取采购预报核对，打印收货、验收通知单→质量验收，填写验收记录→回填验收信息→保管员用手持终端扫描核对、确认，形成库存记录→采购审核，打印入库单→采购结算 2. 系统支持按供应商或预报单号查询采购预报（正常）；无预报或到货大于预报数量的，采购员补预报；来货少于预报，按实到货（随货单数量）收货 3. 采购预报转换为收货、验收通知单，打印 4. 在系统中回填到货运输检查情况，保存记录。如①冷藏药品，记录到货时间、运输方式、温控方式、到货时温度等内容；②冷藏药品，导出在途温度记录，保存	1. 药品到货，系统应当支持收货人员查询采购记录，随货同行单、来货、采购记录三者一致方可收货；不相符，且供应商不予以确认的，则拒收 2. 破损、污染、标识不清等情况的，拒收 3. 验收药品应当按照批号逐批查验药品合格证明文件：同批号的检验报告书、《生物制品批签发合格证》、进口药品资料等 4. 冷藏药品到货，应当查验冷藏车、冷藏箱或保温箱的温度状况，核查并留存运输过程和到货时的温度记录	

续表

序号	管控点	需求描述	GSP 要求	备注
10	收货验收	5. 质量验收、查验资料，回填验收信息，生成验收记录；①一个品种多个批号的，支持预报信息拆分（总数量一致）；②系统自动记录验收员姓名、验收日期，不得采用手工编辑或菜单选择方式回填；③拒收：录入拒收数量及原因，打印"拒收单"；商品物流状态为"拒收"（可通过补货或减供应商货款方式处理） 6. 验收后，在商品外包装上加贴"验收标签"（与验收记录关联） 7. 系统自动分配储存库区，保管员用手持终端扫描核对、确认，生成库存记录；商品为可销售状态 8. 采购员确认采购订单的到货、入库情况，打印"入库单" 9. 采购结算（财务），结束 10. 暂不入库的商品，物流状态为"待验"，超过验收时限的应填写待验原因，待验商品可供采购、质管查询，以便及时处理	5. 冷藏药品收货检查记录包括药品名称、数量、生产企业、上市许可持有人、发货单位、发运地点、启运时间、运输方式、温控方式、到货时间、温控状况、运输单位、收货单位、收货人员等内容 6. 在系统采购记录的基础上录入药品的批号、生产日期、有效期、到货数量、验收合格数量、验收结果等，生成验收记录，验收记录应包括通用名称、剂型、规格、批准文号、批号、生产日期、有效期、生产厂商、上市许可持有人、供货单位、到货数量、到货日期、验收合格数量、验收结果等。验收员签署姓名和验收日期；（中药材、中药饮片应标明"产地"） 7. 系统应当按照药品的管理类别及储存特性，自动分配储存库区	1. 收货凭证：①随货同行单；②药品检验报告书；③收货验收通知单（采购预报） 2. 验收记录 3. 拒收单 4. 入库单
11	检验报告书管理	1. 药品厂检报告书管理 ①药品入库时，验收员将药品厂检报告书复印、盖章、扫描、上传至系统，供物流部查询、打印 ②药品出库时，系统支持按客户类型（药品批发企业和零售连锁企业）选择性打印药品厂检报告书 ③药品厂检报告书扫描件可供客户查询、下载 2. 进口药品、生物制品等资料管理 ①药品入库时，验收员将进口药品、生物制品复印、扫描、上传至系统，供物流部查询、打印 ②药品出库时，进口药品、生物制品资料打印与出库单联动，自动打印 ③进口药品、生物制品资料扫描件可供客户查询、下载	1. 药品到货，应查验、保存药品检验报告书 2. 药品出库，应随货附药品检验报告书	1. 国产药品：厂检报告书 2. 进口药品：进口药品注册证、进口药品检验报告书、进口药品通关单等 3. 生物制品：生物制品批签发合格证
12	商品盘点	1. 盘点方式：动碰货盘点、对账式盘点、地毯式盘点 2. 录入手工盘点数据（实货库存），系统自动记录盘点过程中的所有操作和处理记录 3. 做到票、账、货相符	应当对库存药品定期盘点，做到票、账、货相符	商品盘点表
13	养护计划及养护记录	1. 系统建立养护模块，自动生成养护计划（每天应养护的品种明细），筛选条件：①在库 90 天以上；②按库区、货位筛选；③在库 90 天以上的药品每季度循环养护一次 2. 对储存温度特殊、有效期较短的药品形成重点养护计划，重点养护品种每月养护检查一次 3. 养护计划转换成养护记录，打印、回填、保存 4. 系统通过养护员的养护情况回填自动记录养护员的姓名、日期等；不得采用手工编辑或菜单选择等方式录入	1. 系统应当依据质量管理基础数据和养护制度，对库存药品按期自动生成养护工作计划，提示养护人员对库存药品进行有序、合理的养护 2. 对储存温度特殊、有效期较短的药品按要求进行重点养护检查，并记录	1. 循环养护记录 2. 重点品种养护记录

续表

序号	管控点	需求描述	GSP 要求	备注
14	商品有效期管控	1. 系统应当对库存药品的有效期进行自动跟踪和控制 2. 近效期 6 个月或 3 个月的，开票界面分别用不同颜色提示、预警 3. 商品超有效期自动锁定及停售	系统应当对库存药品的有效期进行自动跟踪和控制，具备近效期预警提示、超有效期自动锁定及停售等功能	近效期药品催销表
15	销售管理	1. 药品销售与客户的资质信息联动，拒绝无基础数据或停用状态基础数据的销售订单生成 2. 客户信息的"经营范围"与商品信息的"经营范围"联动，前者包含后者时，可生成销售订单；否则，拒绝该订单的生成 3. 拒绝经营方式为"生产"的销售订单生成 4. 拒绝无有效库存数据的任何销售订单生成 5. 销售记录至少包括：通用名称、规格、剂型、批号、有效期、生产厂商、购货单位、销售数量、单价、金额、销售日期等	1. 销售药品，系统依据基础数据及库存记录生成销售订单，系统拒绝无基础数据或无有效库存数据支持的任何销售订单的生成 2. 系统对各购货单位的法定资质能够自动识别并审核 3. 拒绝超出经营方式或经营范围销售订单的生成 4. 销售记录至少包括：通用名称、规格、剂型、批号、有效期、生产厂商、上市许可持有人、购货单位、销售数量、单价、金额、销售日期	销售清单
16	销退管理	1. 流程：销退申请（附原销售清单）→审批→销退预报→质量验收，填写验收信息→销退清单→结算 2. 销退申请单（附原销售清单）交销售主管审批，对是否同意退货、价格等进行审核，同意的做销退预报，标注退货原因 3. 销退预报自动转换生成销退收货验收记录；退回药品实物与原记录信息不符时，系统应拒绝药品退回操作 4. 系统不能支持对原始销售数据的更改，销退数量不可大于销售数量	1. 销退收货时应当调出原对应的销售、出库复核记录 2. 对应的销售、出库复核记录与销退药品实物信息一致的方可验收，并依据原记录数据生成销退验收记录 3. 退回药品实物与原记录信息不符时，系统应拒绝药品退回操作 4. 系统不支持对原始销售数据的任何更改	1. 销退申请单 2. 销退预报（验收记录） 3. 销退清单
17	质量锁、物流锁	1. 按流程和要求设置质量、物流锁，对不能正常购、销的商品进行锁定 2. 按流程设定锁定岗位，质量锁定信息自动传达到质管人员，质管人员确认回填或解除锁定 3. 系统记录锁定时间、原因、状态、处理措施、操作人、采购员意见等；采购员、质管员等相关人员可随时查询、跟踪锁定商品当前状态和处理情况	系统应对经营过程中发现的质量有疑问的药品进行控制 1. 发现质量有疑问药品，应按本岗位操作权限实施锁定，系统自动通知质管人员 2. 被锁定药品应当由质管人员确认，不属于质量问题的解除锁定，属于不合格药品的由系统生成不合格记录 3. 系统对质量不合格药品的处理过程、处理结果进行记录，跟踪处理结果	药品停售通知单
18	出库复核	1. 销售数据传输至物流部，生成出库单，拣货、复核操作完成后，系统自动生成出库复核记录：购货单位、通用名称、剂型、规格、数量、批号、有效期、生产厂商、出库日期、质量状况和复核员等 2. 系统通过操作人的动作自动记录操作人的姓名、日期等；不得采用手工编辑或菜单选择等方式录入 3. 系统由销售记录生成、打印随货同行（销售清单随货联）：供货单位、生产厂商、通用名称、剂型、规格、批号、数量、收货单位、收货地址、发货日期等 4. 系统支持药品厂检报告书选择性打印；进口药品、生物制品等资料打印与出库单联动，自动打印	1. 系统将确认后的销售数据传输至仓储部门提示出库及复核。复核员完成出库复核操作后，系统自动生成出库复核记录，包括购货单位、通用名称、剂型、规格、数量、批号、有效期、生产厂商、上市许可持有人、出库日期、质量状况和复核员等 2. 随货同行单：供货单位、生产厂商、上市许可持有人、通用名称、剂型、规格、批号、数量、收货单位、收货地址、发货日期等 3. 药品出库应随附药品检验报告书	1. 出库单 2. 随货同行单 3. 药检报告书

序号	管控点	需求描述	GSP 要求	备注
19	运输跟踪、记录	1. 系统自动跟踪运输车辆，终端信息自动传达到管理主机，具有提示、警告功能 2. 录入药品出库信息，打印出车运输单（自运）或发运签收单（托运） 3. 运输单、随货清单签收回执，运输单回填生成运输记录，运输记录包括发货时间、发货地址、收货单位、收货地址、货单号、药品件数、运输方式、委托经办人、承运单位，车牌号等	1. 系统应当对药品运输的在途时间进行自动跟踪，对有运输时限要求的应当提示、警告相关部门及岗位 2. 系统应当按照《规范》要求，生成药品运输记录：发货时间、发货地址、收货单位、收货地址、货单号、药品件数、运输方式、委托经办人、承运单位，车牌号等	
20	库房温湿度监控	1. 自动、不间断监测和记录库房温湿度。温湿度显示至少每隔1分钟更新一次，至少每隔30分钟自动记录一次；当检测的温湿度超出规定范围时，至少每隔2分钟记录一次 2. 报警：库房温湿度达到临界值或者超出规定范围，以及系统发生供电中断等情况，能够进行声光报警，同时以短信等方式对不少于3名指定人员报警 3. 测点终端采集的数据通过网络自动传送到管理主机进行处理、记录、保存 4. 系统对记录数据不可更改、删除，不得设置反向导入数据的功能 5. 数据按日备份，保存5年 6. 系统与企业计算机系统进行连接，数据自动存储于计算机系统中，可进行实时数据查询和历史数据查询	1. 自动、不间断监测和记录药品储存运输过程中的温湿度。系统至少每隔1分钟更新一次数据，储存过程中至少每隔30分钟自动记录一次数据，运输过程中至少每隔5分钟自动记录一次数据。当检测的温湿度超出规定范围时，至少每隔2分钟记录一次数据 2. 监测的温湿度数据达到设定的临界值或者超出规定范围，以及系统发生供电中断等情况，能够就地和在指定地点进行声光报警，同时以短信等方式对不少于3名指定人员报警 3. 监测数据应当真实、完整、准确、有效 ①测点终端采集的数据应当通过网络自动传送到管理主机进行处理和记录，并采用可靠的方式进行数据保存，确保不会丢失和不被改动 ②系统应当具有对记录数据不可更改、删除的功能，不得设置反向导入数据的功能 ③系统不得对用户开放温湿度校正参数调整功能，防止用户随意调整校正参数造成监测数据失真 4. 对监测数据采用安全、可靠的方式按日备份，备份数据应当存放在安全场所，数据保存5年 5. 系统与企业计算机系统进行连接，自动在计算机系统中存储数据，可以通过计算机终端进行实时数据查询和历史数据查询	1. 库房温湿度检查记录 2. 设备使用记录
21	冷链运输温度数据采集、记录、报警	1. 显示并自动采集和记录运输途中冷藏车和车载冷藏箱内的温湿度。显示温度至少每隔1分钟更新一次，至少每隔5分钟自动记录一次；当检测的温湿度超出规定范围时，至少每隔2分钟记录一次 2. 报警：具有远程及就地实时报警功能，可通过计算机读取和存储所记录的监测数据 3. 测点终端采集的数据通过网络自动传送到管理主机进行处理、记录、保存 4. 系统对记录数据不可更改、删除，不得设置反向导入数据的功能 5. 数据按日备份，保存5年	冷库配置温湿度自动监测系统，冷藏车、冷藏箱和保温箱配置温度自动监测系统，均可实时采集、显示、记录温（湿）度数据，并具有远程及就地实时报警功能，可通过计算机读取和存储所记录的监测数据	
22	库房安全防护	库房安装门禁系统	库房有可靠的安全防护措施，能够对无关人员进入实行可控管理	

任务二 计算机系统在药品经营企业中的应用

活动一 计算机系统的作用

企业计算机系统是企业进行 GSP 质量管理活动的重要基础条件。和一般设备系统不同，计算机系统对企业经营管理活动和质量管理活动的影响是全方位的。建立一个有效的计算机管理系统，对于企业更有效地实施各环节的质量控制和质量保证有强大地支撑作用。现行版 GSP 明确"全面推进一项管理手段、强化两个重点环节、突破三个难点问题"的目标。其中一项管理手段就是实施企业计算机管理信息系统，作为药品许可经营的必备条件，企业应当建立符合要求的计算机系统。这里面有两个层次的含义：一是要求企业应当建立并使用一个计算机系统，以支持经营管理和质量管理活动。没有建立系统或者建立了系统但没有真正实际使用，都是不符合 GSP 规范的；二是规定企业建立的计算机系统的功能应当达到一定的要求。前者规范了必要性，后者规范了系统功能的程度。

活动二 计算机系统在 GSP 中的运用

在企业计算机系统构成上，计算机硬件、网络等是支持管理信息应用软件系统的技术基础。企业计算机系统的功能主要是通过管理信息软件系统来体现的。因此，判断企业计算机系统功能能否满足要求，主要是要看相关数据库软件和管理信息应用软件能否满足相关的功能要求。下面从质量控制支持、业务经营过程支持两个方面分析对管理信息系统的功能要求。

1. 质量控制支持 使用计算机系统更有效地支持质量管控是 GSP 中引入计算机系统的最核心目的。GSP 在购进、销售、入库、出库、发运、存储养护等环节都有对质量控制方面的要求和规定。企业执行这些质量控制的主体是各环节工作人员，主要通过人员的核查、判断、处置等来实现的。在这里，有效的人员质量控制活动是重点，设备和信息系统的支持处于辅助地位。如供应商或购货单位证照真实性合法性审查、收货验收养护等环节的药品质量状态检查等都需要通过人的综合判断力，计算机无法替代，但仍然有一些规则明确的控制活动适合通过计算机实现，能够充分发挥计算机信息处理的长处。例如，对于购货单位业务审核，企业应当要审查其经营范围，不允许向其销售规定范围外的药品。鉴于药品品规数量、客户数量都比较大，业务繁忙，如果采用人工来执行这一控制，需要花费大量的人工来比对，其结果是难以保证控制的有效性，失控的概率增大，同时还大大影响业务的处理速度和服务能力。因此，对一些规则明确的质量控制，要求企业通过计算机系统来实施，能够大大提升企业整体的质量控制能力，同时提高业务作业效率。因此，计算机系统是企业质量体系的重要组成部分。

企业应当通过计算机系统实现下面的质量控制。

（1）在使用计算机系统下达购进或销售时，不能够选择或录入没有通过首营审批的企业和品种。

（2）在使用计算机系统下达购进订单时，应当控制其品种在相关证照的规定范围内，同时供应商和品种相关证照处于有效期范围内。否则，不允许下达购进订单。

（3）在使用计算机系统确定并发出销售指令时，应当控制其品种在购货单位相关证照的规定范围内，同时相关证照处于有效期范围内。否则，不允许签发和打印销售发货凭证。

（4）计算机系统要能跟踪在库药品的批号和有效期。对近效期药品要提醒，对超有效期药品要控制不能签发和打印销售发货凭证。

（5）计算机系统要能够根据品种的养护规则自动生成养护计划，养护人员按照养护计划的指示进行养护活动。

（6）对于养护过程中发现有问题的药品，计算机系统要提供相应的功能用于锁定该药品的销售。

2. 业务经营过程支持　这里需要解释一个基本问题：GSP是医药企业质量保证体系领域的规范，为什么要规定计算机系统应当支持经营管理过程。其核心逻辑是：为了保证企业实施关键环节质量控制的有效性，因此规定一些关键环节应当使用计算机系统进行质量控制。如果这些主要业务环节本身就不是通过计算机系统来完成实际业务，那么没有了被控制的过程标的和对象又如何实现计算机质量控制呢？其必然的结论是：主要业务环节应当通过计算机系统来实时完成。

如果有些企业安装使用了某种专门GSP管理软件系统，而实际做业务又使用另外一套业务系统（或者不使用计算系统），两者之间相互脱离，这种状况是不符合条款规定的。GSP管理软件和企业主要业务环节的作业应当共用一个系统，才能真正实现计算机质量控制。

企业经营的关键环节应当使用计算机系统来实时完成。

（1）企业应当使用计算机系统下达购进订单，经计算机系统检查和确定的购进订单才能打印传送或电子传送至供应商执行。先行下达购进订单，而后再补录到计算机系统的做法是不符合要求的。

（2）企业应当使用计算机系统确定销售业务的内容，确定后打印签发销售发货凭证先行手工签发销售凭证，而后再补录计算机系统的做法是不符合要求的。

（3）企业仓库应当配置并使用计算机系统来反映进出库活动导致的在库货物品种、批号、效期、数量和状态的变动，以满足批号、有效期、货物状态方面的质量控制要求。

（4）企业仓库应当配置并使用计算机系统来反映养护的结果，并反映在库货物品种批号、效期、数量和状态的变动，以满足批号、有效期、货物状态方面的质量控制要求。

技能训练

【训练目的】通过视频的拍摄使学生更加深刻的掌握药品批发企业应当根据计算机管理制度对系统各类记录和数据进行安全管理的要求。

通过小组合作的方式，共同完成一个视频，寓教于乐，锻炼学生的合作能力、组织协调能力、表达能力与信息处理能力。

【具体要求】

1. 掌握药品批发企业应当根据计算机管理制度对系统各类记录和数据进行安全管理的要求，视频中的内容必须包括：①采用安全、可靠的方式存储、备份；②按日备份数据；③备份记录和数据的介质存放于安全场所，防止与服务器同时遭遇灾害造成损坏或丢失；④记录和数据的保存时限符合《药品经营质量管理规范》第四十二条的要求等内容。

2. 每3~4人为一个小组，小组成员分工明确。

【要点提示】视频画质清晰，内容符合要求，具有教育意义。

目标检测

答案解析

一、单项选择题

1. 药品批发企业销售药品时，系统应当依据质量管理基础数据及库存记录生成（　　），系统拒绝无质量管理基础数据或无有效库存数据支持的任何销售订单的生成。

A. 销售订单　　　　　　　　　　B. 出库订单

C. 采购订单　　　　　　　　　　D. 入库订单

2. 药品批发企业计算机管理系统应按（　）备份数据。

A. 年　　　　　　　　　　　　　B. 月

C. 日　　　　　　　　　　　　　D. 季

3. 药品采购订单中的质量管理基础数据应当依据数据库生成。系统对各供货单位的合法资质，能够自动（　），防止超出经营方式或经营范围的采购行为发生。

A. 识别　　　　　　　　　　　　B. 审核

C. 识别、审核　　　　　　　　　D. 审核、校准

二、简答题

1. 简述药品批发企业系统对销后退回药品应当具备哪些功能。

2. 简述药品零售企业系统的销售管理应当符合哪些要求。

书网融合……

重点小结

习题

附　录

参考文献

［1］梁毅．药品经营质量管理——GSP 实务［M］.4 版．北京：中国医药科技出版社，2023.

［2］张瑜.GSP 实务［M］.2 版．北京：中国医药科技出版社，2019.

［3］欧阳小青．医药物流实务［M］.2 版．北京：中国医药科技出版社，2021.

［4］万春艳，朱雪梅．药品经营质量管理规范（GSP）实用教程［M］.4 版．北京：化学工业出版社，2021.